한미
관계
독본
:정치군사편

목차

들어가며 04

정치편

1장 12.3 내란과 한미관계 17

2장 대한민국 정치와 한미관계 41

3장 미국의 내정간섭사 93

[보론] 미국 정치개입의 구조 165

군사편

4장 평화를 위한 점령은 없다 *173*

5장 신냉전 시대 한미동맹의 변화 *249*

[보론] 160년 미일 결탁의 역사와 한미동맹 *311*

6장 트럼프 제국주의와 자주화 전략 *329*

들어가며

대한민국 민주주의는 왜 이토록 취약한가

교과서에만 존재할 줄 알았던 '비상계엄'이 현실 세계로 튀어나왔다. 총소리 한 방으로 전쟁이 일어나고, 자신을 반대하는 모든 세력을 '종북·좌파 반국가세력'으로 몰아 제거할 수 있는 사회를 윤석열은 시도했다.

굳건하다고 믿었던 대한민국 민주주의는 왜 이토록 취약했을까. 우리 민주주의는 왜 살얼음판 위에 위태롭게 서 있어야 했을까? 누구는 87년 헌법의 불안정성에서 그 답을 찾기도 한다. 그러나 헌법 그 자체의 불안정성이 민주주의가 취약한 근거는 될 수 없다. 87년 헌법에서 규정한 국회의 비상계엄 해제 권리가 12.3 내란을 저지하지 않았던가. 문제는 87년 헌법 그 자체에 있는 것이 아니다. 민주주의의 취약성은 오랜 세월 훨씬 더 깊이 뿌리내리고 있다.

12.3 내란의 원인은 분단과 종속 그리고 '전쟁 체제'와 '병영 국가'라는 구조적 현실에 있다. 이 구조가 바뀌지 않는 한, 민주주의는 언제든 다시 유린당할 수 있는 허약한 성벽에 불과하다.

윤석열 파면과 내란 세력 척결을 위한 '빛의 혁명'이 건드릴 수 없는 성역이 있다. 오히려 더 강화되고 있는 그 영역은 바로 한미동맹이다.

이제 동맹을 가장한 한미관계의 본질을 직시할 때가 왔다.

12.3 내란 후에도 변함없는 '동맹 강화론'

장면 1

2024년 12월 23일 당시 이재명 민주당 대표는 필립 골드버그 주한미대사를 만나 "미국이 동맹의 일원으로서 민주주의와 법치주의 회복에 대해 관심을 가져주고 입장을 신속하고 다양하게 내주셔서 감사하다"면서 "한미동맹이 군사동맹에서 경제동맹, 기술동맹으로 확장돼 왔는데 앞으로는 인권과 환경동맹을 포함한 포괄

동맹으로 발전할 것"이라며 기대를 표명했다.

#장면 2

2025년 1월 21일 민주당은 '한반도 평화를 위한 한미동맹 지지 결의안'을 제출했다. 이 결의안에는 이재명 민주당 대표를 포함해 민주당 소속 국회의원 82명이 제안자로 참여했다.

#장면 3

2025년 1월 22일 이재명 민주당 대표는 조셉 윤 주한미대리대사를 만났다. 이재명 대표는 "지난 계엄 이후 한국의 정치적 혼란과 관련해서 우방 동맹국인 미국이 민주주의를 지지한 것에 대해 국민을 대표해 진심으로 감사하다"면서 "한미관계 발전을 위해 함께 노력할 것"을 약속했다.

미국이 12.3 내란 후 대한민국의 민주주의를 일관되게 지지했는지 여부는 신중한 검토가 필요하다. 미국 관리들이 여러 차례 '한국의 민주주의 회복력', '민주적 절차 지지'라는 입장을 내기는 했지만, 진정성이 의심되는 현상이 발견되기 때문이다.

대통령 권한대행이던 한덕수 국무총리 탄핵안이 가결되었던 지난해 12월 26일로 돌아가 보자. 당시 민주당을 비롯한 야당은 국민의힘의 격렬한 반대에도 불구하고 한덕수 탄핵안을 가결했다. 가결하기 직전 미 국무부는 "한덕수 체제를 지지한다"는 입장을 공식적으로 발표했다. 한덕수 탄핵을 반대한다는 입장을 우회적으로 피력한 것으로 해석된다. 미 국무부의 입장 표명은 내란 세력을 옹호하기 위한 내정간섭이 아닌지, 미국이 지지한 것이 한국의 민주주의가 아니라 내란 옹호 세력이 아닌지 '합리적 의심'을 갖기에 충분하다.

새로운 양상으로 진행되는 한미연합군사연습

 # 장면 1

2025년 1월 21~24일 '폴라리스 해머-코리아' 군사연습이 진행되었다. 2022년 설립된 주한미우주군이 주도한 최초의 연습이었다. 한국의 공군 그리고 미본토의 우주군 조직도 참여했다고 알려졌다. 주한미우주군 사령관 존 패트릭 대령은 "한국의 파트너들과 함께 이 훈련을 완료함으로써 주한미우주군이 우주 작전을 계획하고 통합할 수 있는 능력을 보여줬다"고 평가했다. '폴라리스 해머-코리아' 군사연습이 한미연합작전능력이 아닌 미우주군 작전

능력 배양이 목적이라고 밝힌 것이다.

우주군은 미본토 방어를 위해 2019년 미국이 설립한 군조직이다. 따라서 우주군이 주도하는 '폴라리스 해머-코리아' 군사연습은 미국의 한국 방어 능력을 배양하는 것이 아니라 미본토 방어에 한국공군을 동원하는 능력을 배양하는 군사연습이다.

장면 2

2024년 5월 16일 미국의 전투기 F-22와 한국 공군 전투기 F-35A가 근거리 공중전 훈련을 진행했다. 중국과의 가상 공중전 형태로 진행된 이 훈련에서 한국 전투기 F-35A는 중국의 전투기 J-20의 역할을 수행했다.

미국의 전투기가 중국의 전투기를 상대로 공중전을 펼치는 가상 훈련이 진행된 것이다. 중국을 상대로 한 전쟁연습이 버젓이 한국 영토의 상공에서, 한국 전투기를 동원하여 진행되고 있다.

장면 3

2024년 6월 27~29일 한미일 다영역 군사연습인 프리덤 엣지(Freedom Edge)가 최초로 진행되었다. 언론은 한미일 삼국의 정례 군사훈련이라는 점에 주목했지만, '다영역'이라는 점 역시 주목해야 한다. '다영역전'은 육지, 해상, 공중, 사이버, 우주 등 모든 공간과 영역에서 펼쳐지는 전쟁으로, 중국을 겨냥한 미국의 새로운 국방정책을 상징하는 용어이다. 프리덤 엣지 군사연습은 미국의 새로운 국방정책을 뒷받침하는 한미일 군사연습인 셈이다.

한미군사연습이 미본토 방어를 위해, 미국의 대중국 전투 능력 배양을 위해, 미국의 새로운 국방정책을 뒷받침하기 위해 진행되고 있다. 이는 한미상호방위조약의 범위를 넘는 행위이다. 또한 한반도 및 동북아시아 평화와 안전을 위협하는 행위이다. 그러나 한국 어느 정치세력도 어느 언론이나 전문가도 이 문제를 제기하지 않는다.

미국의 전쟁기지가 되고 있는 대한민국

장면 1

2024년 6월 한미핵협의그룹(NCG)은 '한미핵작전지침'을 합의했고, 7월 11일 워싱턴에서 열린 한미정상회담에서 '한미핵작전지침에 관한 공동성명'을 채택했다. 윤석열은 "한미 간에 함께하는 일체형 확장억제의 토대가 완성되었다"라고 평가했고, 바이든은

"앞으로 한미동맹과 한미일 협력을 더욱 공고히 하면서 역내에서 많은 일을 해 나가자"고 발언했다.

공동성명에서 주목해야 할 것은 "한미 핵·재래식 통합을 통한 유사시 미국 핵 작전에 대한 한국 재래식 지원"이라는 대목이다. 미국의 핵작전을 한국의 재래식 전력이 지원한다는 것을 노골적으로 밝히고 있다. 바이든이 언급한 '일체형 확장억제'는 소위 '핵우산'이 아니다. 미국의 핵작전에 한국군을 동원하는 것이다.

장면 2

2024년 10월 1일 대한민국 합동참모본부 예하에 한국전략사령부가 창설되었다. 그리고 11월 20일엔 합참에 다영역작전부를 신설하는 '합참 직제 개정안'이 입법예고되었다. 이와 관련하여 김선호 국방차관은 7월 18일 "전략사령부는 한미 핵협의그룹(NCG)운용과 연계하여 핵·재래식 통합작전 개념 및 방안 발전과 우주·사이버·전자기스펙트럼 등 신영역에서 전투발전을 주도하는 부대가 될 것"이라고 소개한 바 있다.

'핵·재래식 통합작전'은 미국의 핵작전에 한국군을 동원하는 작전을 의미하며, '우주·사이버·전자기스펙트럼 등 신영역'은 다영역전을 의미한다. 미국의 핵작전과 다영역전쟁에 맞춰 한국의 군체계가 개편되고 있는 것이다.

장면 3

2025년 들어와 B-1B 폭격기가 주일미군에 전진배치되고 있고, 주한미군 기지에도 F-16 전투기와 F-35A 전투기가 집중배치되고 상시배치되고 있다. 미국과 일본은 남중국해와 대만, 한반도를 하나의 전장(One Theater)로 묶는 구상을 현실화하고 있다.

한국이 사실상 미국의 전쟁기지가 되고 있는데도 이를 막으려는 시도는 어디에서도 발견되지 않는다.

한미관계, 이대로 좋은가

미국의 내정간섭, 오직 미국의 이익을 위한 한미군사연습, 그리고 한반도를 전쟁기지로 만드는 정책이 '한미동맹'이라는 이름 아래 무사히 통과된다.
지금은 국회의원이 된 한 정치학자가 한미동맹을 '가스라이팅'에 비유해 논란이 된 적이 있다. 그는 한미동맹을 신화처럼 떠받드는 한국 사회의 '동맹 중독'을 비판했다. 그의 지적은 결코 과장이 아니었다. 오히려 그 중독 현상은 시간이 갈수록 더 심각해지고 있다.

이제는 민주당 내부에서도 한미동맹의 문제를 공개적으로 지적하는 정치인이 거의 없다. 균형 잡힌 한미관계를 주장하는 전문가나 언론인도 찾아보기 어렵다. '중독'을 넘어 이제는 한미동맹이 한국 사회를 지배하고 있다고 해도 과언이 아니다.

2025년 3월 6일, 한미연합군사연습 도중 오폭 사고가 발생해 다수의 민간인이 다치는 참사가 벌어졌다. 국방부는 즉각 사고의 원인이 밝혀질 때까지 군사훈련을 중단한다고 발표했다. 그러나 이 중단 조치는 오직 한국군에만 적용되었고, 한미연합훈련은 아무 일도 없었다는 듯이 그대로 강행되었다.

한미연합훈련 중 발생한 사고라면, 상식적으로 훈련 자체가 중단되는 것이 순리이다. 그러나 이런 상식적 순리조차 한미동맹 앞에서는 무력해진다.

12.3 내란 이후, 한국 사회에는 대개혁을 요구하는 목소리가 거세지고 있다. 분명한 것은 이 '사회대개혁'의 범주에 반드시 한미동맹도 포함되어야 한다는 점이다.

만약 지금처럼 한미동맹이 무비판적으로 강화된다면, 개혁은커녕 내란 세력이 다시 한국 사회를 장악하는 상황이 재연될 수 있다.

따라서 우리는 한미동맹을 신화나 금기로 여길 것이 아니라, 냉정하고 정확하게 이해하고 직시해야 한다. 미국과의 관계를 자주적으로 재정립하는 일은, 단지 외교적 자립의 문제가 아니라 내란 세력을 완전히 청산하는 문제이기도 하다.

12.3 내란은 우리 모두에게 분명한 사실 하나를 알려주었다.

대한민국의 민주주의는 내란세력에 의해 언제든지 뒤집힐 수 있다는 것.

하지만 아직 대다수가 분명히 인식하지 못한 것이 있다.

바로 그 내란세력의 배후에 미국이라는 거대한 권력이 존재한다는 사실이다.

한국 민주주의를 위협하는 내란세력의 부활과 국가적 위기의 근저에는, 예속과 분단을 고착화시킨 뒤틀린 한미관계가 자리하고 있다.

이제 우리는 그 실체를 정면으로 응시해야 한다.

한미동맹은 종속성을 가리는 장치

우리는 을사조약을 '조약'이라 부르지 않는다. 일본이 강압적으로 체결한 것이기 때문에 '을사늑약'이라 명명한다. 조약이라는 형식을 갖췄다고 해서 국가의 자발적 의사에 따라 체결된 정상 외교인 것은 아니다. 한미동맹조약도 마찬가지다. 1953년 미국과 한국 정부가 체결한 '한미상호방위조약'은 형식상 동맹조약이지만, 그 실질은 지배와 예속의 구조를 제도화한 것이다. 동맹이라는 외피를 쓰고 있지만, 내용은 미국의 전략과 이익에 한국이 일방적으로 종속되는 관계에 가깝다.

그 출발은 1945년 미군정 시기로 거슬러 올라간다. 제2차 세계대전 종료와 함께 한반도 남쪽에 진주한 미 제24군단 사령관 존 하지(John R. Hodge)는 남한을 미국의 군정 하에 두고 한국 정치와 행정 전반을 직접 통제했다. 그의 통제 하에 이승만을 중심으로 한 친미 반공 체제가 자리잡게 되었다.

이 시기 가장 상징적인 인물은 미군 대위 제임스 하우스만(James Hausman)이다. 그는 조선경비대 창설을 주도하고, 한국군 인사에 깊숙이 개입했으며, 여순사건과 제주 4.3 사건 진압 과정에도 직접 관여했다. 그는 경무대를 자유롭게 드나들며 대통령에게 군사정책을 조언하고, 국군의 주요 인사를 사실상 결정했다. 당시 한국은 '정부는 수립되었으나, 실질적 주권은 미군에 있었다'는 현실을 단적으로 보여준다.

요컨대, 한미동맹은 이름만 '동맹'이지, 출발부터 주권이 제한된 종속적 구조였다. 을사늑약이 '형식은 조약이나 실질은 강제'였듯, 한미상호방위조약 역시 형식은 동맹이나 실질은 종속이었다. 더욱이 '한미동맹'이라는 이름 자체가 종속적 한미관계를 감추는 장치로 기능해왔다. 겉으로는 평등하고 상호적인 외교·안보 협력처럼 보이지만, 실제로는 미국의 전략적 이익을 한국이 일방적으로 따라야 하는 구조가 제도화된 것이다.

그럼에도 한국 사회에서는 한미동맹을 성역처럼 다루는 분위기가 오랫동안 지속되어 왔다.

한미동맹을 비판하면 곧장 '안보 불안', '반미'로 몰리기 일쑤였고, 정치권조차 한미동맹의 구조적 문제를 정면으로 거론하는 데 소극적이었다. 전문가, 언론, 학계 역시 동맹의 이름 앞에서는 한 발 물러섰다. 이러한 침묵과 회피는 동맹이라는 이름 아래 종속적 관계를 지속·은폐하는 데 일조해온 셈이다.

결국, 한미동맹은 안보 협력 체제가 아니라, 종속적 한미관계를 은폐하는 정치적 장치로 작동해왔다. 겉으로는 '자유 세계의 우방', '가치 동맹'이라는 수사를 내세우지만, 실제로는 한국이 독자적 판단을 내릴 수 없도록 하는 구조를 고착화해온 것이다. 이 구조는 군사뿐만 아니라 외교, 경제, 심지어 정보체계까지 미국의 전략 하위에 배치되는 결과로 이어졌다.

이제는 이러한 구조를 냉정하게 직시하고, '동맹'이라는 단어에 묻어 있는 신화와 금기를 걷어낼 필요가 있다.

1

12.3 내란과 한미관계

12.3 내란과 미국

12.3 '비상계엄', 결정적 2시간 30분

12월 3일 밤 10시 30분 윤석열의 '비상계엄' 담화, 밤 11시 박안수 '계엄사령관'의 계엄포고령 1호 발표, 12월 4일 1시 국회의 '비상계엄 해제 요구 결의안'까지의 2시간 30분은 대한민국의 운명을 좌우한 결정적 시간이었다.

현행 헌법상 '비상계엄'을 해제할 수 있는 유일한 권한을 갖고 있는 국회가 해제 결의안을 채택하지 못했다면, 그래서 그들의 내란이 성공했다면 대한민국이 어떻게 되었을지 상상하는 것은 그리 어렵지 않다.

12.3 윤석열 비상계엄 담화문과 계엄사령부 포고령 1호 그리고 노상원 수첩 등 그 이후 밝혀진 사실들을 종합하면 내란 세력은 다음과 같은 수순을 통해 남북 전쟁을 일으키고, 파쇼 체제를 강화하고, 장기집권하려 했다는 것을 쉽사리 예상할 수 있다.

> 첫째, 이재명을 수괴로 하는 '내란 사건'을 조작하여 중요하고 영향력 있는 정치인과 언론인, 사회활동가 등을 체포한다.
> 둘째, 22대 국회의원 선거를 부정선거로 규정하고, 부정선거로 당선된 국회의원을 제명함으로써 국회를 해산하여 비상계엄 체제를 장기화한다.
> 셋째, 비상계엄을 통해 언론·출판의 자유와 집회·결사의 자유를 차단하고, 이에 저항하는 모든 국민을 철저히 진압하고 처단한다.
> 넷째, 남북 군사적 충돌을 일으켜 전시체제를 구축하고, 장기집권을 준비한다.
> 다섯째, 비상계엄 하 헌법 개정 등을 통해 윤석열 장기집권 체제를 완성한다.

그들의 내란이 성공했다면 제주4.3 학살, 한국전쟁, 5.16·12.12 쿠데타, 5.18 학살 등 우리 현대사의 비극을 하나로 모아도 부족할 최악의 사태가 펼쳐졌을 것이다. '2시간 30분'은 이런 모든 비극적이고 파국적 사태를 막은 결정적 시간이었다.

수 차례의 시도와 실패

내란 수사를 통해 구체적으로 밝혀져야 할 일이겠지만, 윤석열이 오래 전부터 남북 군사적 충돌을 유도해 혹은 조작해 비상계엄의 명분으로 삼으려 했다는 사실이 국회 현안질의 및 국정조사특위 등을 통해 확인되었다. 경호처장 김용현을 국방부 장관으로 앉힌 8월 12일은 윤석열 내란이 본격적으로 실행되기 시작한 날이라고 해도 과언이 아닐 것이다.

그로부터 3일 뒤 윤석열은 광복절 경축사에서 "허위 선동과 사이비 논리"를 "자유 사회를 교란시키는 무서운 흉기"라고 언급하고, 그런 세력을 "반자유세력, 반통일세력"이라고 규정했다. "검은 세력의 거짓선동으로부터 우리 국민을 지켜내겠다"는 '포부'를 밝히기도 했다. '비상계엄 선포 담화'의 "자유민주주의의 기반이 되어야 할 국회가 자유민주주의 체제를 붕괴시키는 괴물이 되었다", "지금 대한민국은 당장 무너져도 이상하지 않을 정도의 풍전등화의 운명에 처해있다"는 문장과 오버랩된다. 윤석열은 '비상계엄'을 염두에 두고 광복절 경축사를 작성했다고 보는 것이 타당할 것이다.

구체적인 내막과 과정은 드러나지 않았으나 12월 3일 불법적인 '비상계엄' 선포 전에 수차례의 '비상계엄' 시도가 있었다.

첫째, 6월 서해 최북단 백령도 인근에서 '통합정보작전'이라는 이름의 훈련이 실시되었다. 이 훈련에는 아파치 공격헬기, 해병대, 공군 전투기 등이 대거 동원되었으며, 훈련에 참가한 복수의 아파치 조종사들은 "NLL을 따라 이례적으로 근접 비행을 해, 지나치게 자극적이라는 생각이 들었다"고 증언했다.

둘째, 9월 해병대 서북도서방위사령부 주도로 백령도 및 연평도에서 K-9 자주포와 다연장로켓 '천무'를 동원한 해상 사격훈련이 약 1시간 동안 진행되어 총 390여 발이 발사되었다. 11월에도 유사한 훈련이 반복되었다. 군 관계자는 "사격 구역이 2010년 연평도 포격 도발 당시와 유사하다"며 "북한군의 반응을 예상했으나 아무런 도발 징후도 없었다"고 밝혔다.

셋째, 10월 초 윤석열 정권은 의도적으로 소음이 큰 무인기를 평양 상공에 침투시켜 북한의 군사 대응을 유도하고, 이를 빌미로 '원점 타격'을 단행해 남북 교전을 유도하려고 시도했다. 그러나 조선은 이에 반응하지 않았다.

넷째, 11월 말 김용현 국방부 장관은 김명수 합참의장에게 '오물 풍선 경고 사격'과 '원점 타격'을 지시했다. 드론 침투에 실패하자 오물 풍선으로 여론의 시선을 돌리려 한 것이다. 김명수 의장이 "위험하다"며 반대하자, 김용현은 합참 작전본부장에게 동일한 지시를 내렸으나, 작전본부장도 거부하면서 이 계획 또한 무산되었다.

이처럼, 윤석열 정권은 수개월에 걸쳐 반복적으로 군사적 충돌을 유도하려 했고, 그것을 통해 비상계엄이라는 극단적 조치를 정당화하려 한 정황이 여러 군사 훈련 및 지시 기록을 통해 드러났다. 이러한 일련의 시도들이 단순한 훈련을 넘어 정치적 목적이 개입된 계획된 도발이었는지에 대해, 향후 수사를 통해 명확히 규명되어야 한다.

12.3 내란으로 드러난 윤석열의 파쇼본색

윤석열은 '비상계엄'으로 '반국가세력'이라는 명분 아래 야당 정치인과 사회활동가를 비롯한 수많은 인사들을 '처단, 사살'하려 했고, 국회의 기능을 정지하고, 본인 직속의 '비상입법기구'를 만들려했다. 공화주의 자체를 마비시키고 민주주의의 최소원칙마저 파괴함으로써 파쇼 체제를 구축하려 했던 것이다.

윤석열의 내란은 1933년 히틀러의 친위 쿠데타와 상당히 유사하다. 당시 히틀러는 독일 정부 총리를 맡고 있었으나 나치당이 국회 과반을 확보하지 못한 관계로 국정을 마음대로 펼칠 수 없었다.

이에 히틀러는 국회에서 발생한 화재 사건을 명분삼아 독일공산당의 방화 사건이라고 주장하면서 공산당의 활동을 원천 금지하고, 나치 친위대와 돌격대를 앞세워 국회를 봉쇄한 후 수권법을 통과시켰다.

'민족과 국가의 위난을 제거하기 위한 법률'이라는 이름을 갖는 수권법은 다음과 같은 내용을 담고 있었다.

> 제1조 독일의 법률은 헌법에서 규정되고 있는 절차 이외에 독일 행정부에 의해서도 제정될 수 있다.
> 제2조 독일 행정부는 <중략> 헌법에서 정한 것과 다른 내용의 법률을 제정할 수 있다.
> 제3조 독일 행정부에 의해 제정된 법률은 총리에 의해 작성되어 관보를 통해 공포된다.
> 제4조 독일이 외국과 조약을 체결하는 경우 그 조약은 입법권을 가진 다른 기관과의 합의를 필요로 하지 않는다.

수권법은 히틀러가 총리 하의 독일 정부가 헌법의 범위를 뛰어넘는 법을 제정하고, 법률 선포권을 총리에게 부여하며, 의회의 비준동의 없이 타국과의 도약을 체결할 수 있도록 함으로써 히틀러에게 초헌법적 권력을 부여했다.

1934년 대통령이 사망하자 히틀러는 대통령과 총리의 권한을 통합하는 '국가원수에 관한 법률'을 제정하여 히틀러는 대통령과 총리의 권한을 모두 행사할 수 있게 되었다. 그 후 히틀러는 독일군 최고사령관이 되었으며, 일본 제국과 동맹을 체결하고 마침내 폴란드를 침공함으로서 제2차 세계대전을 일으켰다.

윤석열의 12.3 내란은 정확하게 히틀러의 친위 쿠데타를 닮았다. 12월 3일 윤석열의 비상계엄 대국민담화엔 '건국 이후 전혀 유례없는 상황', '사법 업무 마비', '행정부 마비', '국가 본질 기능 훼손', '민생 치안 공황 상태'라는 단어들이 나열되어 있다. 국가 재난 상황이라는 것을 애써 강조한 것이다.

또한 '망국의 원흉 반국가 세력 반드시 척결', '북한 공산 세력의 위협으로부터 자유대한민국 수호'라는 비장한 표현이 등장한다. '반국가 세력 척결'은 자신을 반대하는 모든 세력을 없애고 파쇼 체제를 구축한다는 것이다. '공산 세력으로부터 자유대한 수호'는 조선과 전쟁을 하겠다는 것이다.

윤석열은 이른바 '전쟁 가능한 파쇼 체제'를 구축하려고 했던 것이다.

히틀러는 친위 쿠데타를 통해 파쇼 체제를 구축하고 제2차 세계대전을 일으켰다. 윤석열은 12.3 '비상계엄'을 통해 파쇼 체제를 구축하여 전쟁을 일으키려 했다.

히틀러와 윤석열에게서 공통적으로 보이는 것은 '파쇼'와 '전쟁'

이다. 히틀러, 무솔리니, 일본 군국주의 등에서 볼 수 있듯이 모든 파쇼 세력은 전쟁을 통해 장기집권을 획책하고 활로를 찾으려 했다. 윤석열 또한 마찬가지였다. 신냉전 대결이 치열하게 전개되는 혼란한 국제 상황을 틈타 파쇼 체제 구축, 장기 집권, 전쟁 도발을 향해 나아갔다. 그래서 파쇼는 민주주의를 붕괴시키고 평화를 파괴한다.

파쇼는 정상적인 민주적 질서 속에서 자신의 정치적 목표를 달성할 수 없는 한계에 봉착했을 때 나오는 폭력적이고 억압적인 비정상적 정치체제이다. 의회정치와 선거를 무력화시키고, 외부와 내부의 적을 설정하여 폭압 정치의 정당성을 확보하며, 경찰과 군대, 비밀조직을 통해 공포정치를 실시한다. 언론을 통제하고 허위 정보와 군중 선동을 통해 대중을 이데올로기적으로 지배한다. 특히 경제위기가 심화되었을 때 국민들 속에서 분출하는 배타주의, 혐오정서를 정치적 자양분으로 한다.

파쇼 세력은 자신을 제외한 모든 정치 세력을 제거하는 것을 본질로 한다. 부르주아 개혁 정당은 물론이고, 적색(사회주의·공산주의), 녹색(환경주의), 보라색(페미니즘·성소수자 인권) 등으로 대표되는 모든 진보적 정치 세력을 불법화하거나 탄압의 대상으로 삼는다. 그들은 '국가의 안정'과 '법과 질서'를 명분으로 내세우지만, 실제로는 다원성과 다양성을 제거하고 자신들의 권력 독점을 정당화하는 데 그 목적이 있다.

제2차 세계대전은 파시즘과 반(反)파시즘 연합 세력 간의 총력전이었다. 자본주의 국가인 미국과 사회주의 국가인 소련이 한 편이 되고, 사회주의 혁명 세력과 민족해방 운동 세력이 함께 싸웠다는 점은, 파시즘에 맞선 연대가 이념을 초월한 인류 공동의 선택이었음을 보여준다.

윤석열이 시도했던 12.3 내란은 파쇼 체제 구축을 향한 시도였으며, 명백한 헌정질서 파괴 행위였다. 이 시도는 대한민국의 모든 민주 세력, 시민사회, 양심적 언론, 국민적 저항의 힘이 결집되어 무력화되었다.

그러나 파시즘은 한 번의 패배로 끝나지 않는다. 유럽에서 파시즘과 나치즘이 지금도 다양한 형태로 재등장하고 있는 것처럼, 대한민국에서도 12.3 내란을 통해 본색을 드러낸 파쇼 세력은 기회가 있을 때마다 부활을 시도할 것이다.

파쇼의 본질은 은폐되거나 사라지지 않는다. 침묵과 방관 속에서 자라고, 혼란과 불안 속에서 다시 고개를 든다. 따라서 12.3 내란과 같은 반헌법적 행위에 대해서는 단호한 응징과 법적 책임, 정치적 청산이 반드시 뒤따라야 한다.

그것이 바로 민주주의를 지키는 길이며, '다시는 그런 일이 반복되지 않게 하기 위한 역사적 의무'이다.

12.3 '비상계엄', 미국은 몰랐을까

12월 3일 '비상계엄' 선포를 사전에 몰랐다는 것이 미국의 공식적인 입장이다. 바이든은 TV를 통해서 계엄 선포 사실을 알게 되었다고 발언한 바 있다. 조태열 외교장관 역시 비상계엄 선포 직후 주한미대사에게 전화가 왔으나 받지 않았다고 답변한 바 있다.

그러나 미국이 사전에 몰랐다는 것은 한미관계의 속성상 상식에 부합하지 않는다.

첫째, 미국은 모든 정보라인을 통해 한국 정부 주요 기관의 정보를 실시간으로 파악하고 있다. 2023년 3월 31일 미국의 정보기관이 용산 대통령 집무실에서 나눈 김성한 당시 국가안보실장과 이문희 당시 국가안보실 외교담당비서관의 대화를 도청하고, 미 국방부에 전달한 사실이 밝혀져 파문이 일었던 것을 상기할 필요가 있다.

둘째, 앞에서 서술했듯이 윤석열은 최소한 두번 '비상계엄'을 시도했다. 10월 3일과 9일, 10일 세 차례에 걸쳐 무인기를 평양 상공에 띄워보냈다. 한차례에 그치지 않고 세 차례나 무인기를 보냈는데, 한미연합사령관이자 주한미군사령관이 이를 모를리 없다. 평상시에도 ▶전쟁 억제와 방어를 위한 한미연합 위기관리 ▶전시 작전계획 수립 ▶한미연합 3군 교리 발전 ▶한미연합 3군 합동훈련과 연습의 계획과 실시 ▶조기 경보를 위한 한미연합 정보관리 등은 주한미군사령관이 권한을 갖는다. 평양 상공 무인기 침투는 '한미연합 위기관리, 한미연합 정보관리'에 해당하는 군사활동이다.

11월 말 '오물 풍선 경고 사격, 원점 타격' 지시 역시 대단히 민감한 군사활동이다. 이 역시 '한미연합 위기관리, 한미연합 정보관리'에 해당한다. 김명수 합참에게 지시를 했으나 이를 거부해 합참 작전본부장에게도 동일한 지시를 내릴 정도의 사건이라면 어떤 경로를 통해서든 주한미군 정보망에 포착되었다고 보는 것이 타당하다.

셋째, 민주당 주요 정치인들과 일부 전문가, 언론들은 오래전부터 '비상계엄' 가능성을 공개적으로 경고하고 있었다. 한국 사회에서 그런 경고가 나오는 것을 미정보당국이 몰랐을 리 없고, 그들 역시 자신의 정보망을 가동해 관련 정보를 수집했을 것으로 보는 것이 타당하다.

넷째, 윤석열 정부의 주요 당국자들 중 누군가가 '비상계엄' 선포 전에 미국에 알려주었을 가능성을 배제할 수 없다. 내란 세력의 특징은 사실이 드러나지 않는 이상 스스로 사실을 밝히지 않는다는 것이다. 사실을 밝히는 것 자체가 내란 동조, 방조, 부화수행의 벌을 받기 때문이다. 여기서 김태효 국가안보실 차장에 주목할 필요가 있다. 12.3 내란 후 김태효는 내란과는 무관한 사람처럼 보였다. 어느 곳에서도 김태효가 등장하지 않았기 때문이다. 그러나 1월 15일, 김태효가 12월 3일 밤 11시 30분경 주한미대사와 통화한 사실이 드러났다. 즉 윤석열의 '비상계엄' 대국민담화 발표 한시간 후에 주한미대사와 통화한 것이다.

한달이 넘도록 침묵을 지키던 김태효는 통화 사실이 드러나자 그제서야 비로소 시인을 했다. 국회의원들의 질문이 쇄도하자 "(주한미대사가) 경위를 물어 왔길래 저도 담화문 중계방송을 본 것 이외에는 정보가 없어서 같이 상황을 지켜보자고 했고 그리고 끊었다"라는 답변을 내놓은 것이다.

이 답변마저도 거짓일 가능성이 농후하다. 김태효는 2023년 도청 사건이 발생하자 "미국이 악의를 갖고 도청한 것이 아니다"라면서 미국의 도청 행위에 면죄부를 준 윤석열 정부의 대표적인 친미파 당국자이다. 그런 김태효가 그 비상한 시기에 한국의 최고위직 미국 외교관인 주한미대사의 질문에 "상황을 지켜보자"는 간단한 답변만 하고 끊었다. 믿기 어려운 일이다.

김태효가 되었건 다른 누가 되었건 윤석열이 '비상계엄' 대국민담화를 발표하기 전에 미국에 통보했거나 윤석열 정부가 통보하지 않았더라도 미국이 자체의 정보망을 통해 사진에 인지했을 가능성이 더 크다고 봐야한다.

한미관계에서 외교적으로 민감한 사안의 진실은 당장은 드러나지 않는다. 대개 그런 민감한 정보는 주한미대사관에서 미 국무부에 혹은 주한미군측 정보기관에서 미 국방부에 보고하는 절차를 거치고, 그것은 비밀 문서로 지정되어 보관된다.

미국의 정보자유법(Freedom of Information Act, FOIA)에 따르면 정보 공개를 거부할 수 있는 9가지 예외 사항이 있고, 군사작전 및 외교 기밀 등 국가안보에 관련 정보도 여기에 해당한다. 그런 기밀 문서는 25년이 지나야 해제 여부를 검토한다. 따라서 최소한 25년이 경과해야 12.3 내란 당시 주한미대사관 혹은 주한미군 측에서 본국에 보고한 문서를 열람할 수 있고, 미국의 사전 인지 여부를 정확히 파악할 수 있다.

후술하겠지만 4.19, 5.16, 12.12, 5.17 등 한국의 주요 정치적 사건들을 미국은 항상 사전에 알고 있었고, 경우에 따라서는 묵인 혹은 승인 더 나아가 기획하는 경우도 있었다. 12.3 내란 역시 그 못지않은 한국의 중요한 정치 사건이다. 미국은 이 사실을 알고 있었고, 어쩌면 알면서도 묵인 혹은 방치했을지도 모를 일이다. 5.16과 12.12, 5.17 등의 쿠데타와 비상계엄이 성공했을 때 미국은 박정희와 전두환을 한국의 정치지도자로 인정했다.

미국은 '비상계엄'을 좌지우지할 권한을 갖고 있다

미국의 사전 인지 여부를 자세하게 검토하는 이유는 미국이 '비상계엄'을 사전에 차단할 수 있는 권한을 갖고 있기 때문이다.

한국군에 대한 작전통제권은 평시(데프콘 4 단계)에 한국 합참이 행사하다가 데프콘 3가 발령되면 전시로 전환되어 한미연합사령관(주한미군사령관)이 행사한다.

따라서 '데프콘 4 단계'였던 12월 3일 특전사 등의 병력을 이동하는 것은 한미연합사령관의 관할은 아니다. 즉 국방부 장관인 김용현과 '계엄사령관' 박안수가 주한미군사령관의 승인을 받지 않고도 병력 이동은 가능했다.

그러나 미국이 사전에 인지하고 있었다면 주한미군사령관은 병력 이동을 사전에 차단하거나, 아니면 이동 중인 병력을 원대 복귀시키는 조처를 하는 것은 가능하다. 왜냐하면 '데프콘 4 단계'에서도 주한미군의 통제는 가능하기 때문이다.

앞서 서술한 것처럼 평시 작전통제권이 한국에 환수된 상태에서도 한미 합의에 따라 ▶전쟁 억제와 방어를 위한 한미연합 위기관리 ▶전시 작전계획 수립 ▶한미연합 3군 교리 발전 ▶한미연합 3군 합동훈련과 연습의 계획과 실시 ▶조기 경보를 위한 한미연합 정보관리 등을 주한미군사령관이 행사한다. 특전사, 방첩사 등의 병력 이동은 '한미연합 위기관리'에 해당한다. 즉 주한미군이 '위기 관리' 명목으로 부대 이동을 통제하거나 원대 복귀를 지시할 수 있는 것이다.

따라서 미국이 사전에 '비상계엄'을 인지하고 있었다면, 그럼에도 불구하고 적절한 권한을 행사하지 않았다면 주한미군 역시 내란 동조 세력이 된다. 내란을 사실상 묵인하고, 방조한 책임에서 자유로울 수 없게 되는 것이다.

설령 미국이 12.3 내란을 사전에 몰랐다고 해도 미국의 책임은 사라지지 않는다.

김용현과 박안수 등 내란 주범들은 합참 지휘통제실에서 병력 이동 현황을 체크하고, 필요한 지시를 내렸다. 지휘통제실은 지휘부가 위치한 시설 혹은 작전과 상황을 유지하는 시설을 일컫는다. 지휘통제실엔 C4I(지휘, 통제, 통신, 컴퓨터, 정보) 시스템이 구축되어 있다. C4I 체계 운용은 '한미연합 정보관리'에 해당한다. 즉 미국이 '비상계엄'을 차단하고자 마음을 먹었다면 지휘통제실의 C4I를 통제함으로써 내란 세력의 지휘 체계를 마비시킬 수 있었다.

즉 사전에 '비상계엄' 사태를 알고 있었는지 여부와 무관하게 미국은 12.3 내란 당시 자신의 권한을 적극적으로 행사하지 않은 것은 분명한 사실이다. 이런 미국이 12.3 내란이 실패하자 '대한민국의 민주 회복을 지지한다'는 말을 반복한다. 과연 미국은 12.3 내란 실패 후 우리나라의 민주 회복을 지지했을까.

12.3 내란 실패 후 미국의 두 얼굴

12.3 내란이 발생하고 많은 시간이 흘렀다. 한국의 정치적 격변기에 항상 '존재감'을 과시해왔던 미국은 이번에도 자신의 존재를 유감없이 드러냈다. 그러나 이번엔 그 양상이 사뭇 다르다.
박정희 쿠데타, 전두환 쿠데타를 옹호했던 과거와 달리 내란 발생 하루만에 미 국무부 부장관 커트 캠벨은 비상계엄 선포를 "심각한 오판"이라고 발언했고, 12월 7일 국회에서의 탄핵 시도가 정족수 미달로 실패하자 "민주적 절차작동하고 평화시위 보장돼야" 한다는 메시지를 발신했다.

미국은 한국의 민주 회복을 지지하는가?

12월 14일 탄핵소추안이 가결되자 주한미대사는 "미국은 한국의 민주적·헌법적 절차를 지지한다"면서 "한국 국민들과 함께 하고 있다"는 입장을 냈다. 바이든 정부가 사실상 윤석열을 중심으로 하는 내란 세력과 절연하고, 내란 세력을 척결하려는 국회와 광장의 편에 서 있는 것으로 해석되기에 충분한 발언이다.

그래서였을까. 우원식 국회의장은 1월 16일 주한미국 대사대리를 만난 자리에서 "미국 정부가 '한국 국민들에 대한 지지가 확고하다'고 표명해준 데 대해서 감사의 말씀을 드린다"라고 밝혔고, 민주당 이재명 대표 역시 1월 17일 최고위원회의에서 "한국의 민주주의를 지지하는 미국과 국제사회에 감사의 뜻"을 표하기도 했다. 과연 미국은 한국의 민주주의를 지지했는가. 과연 미국은 내란 세력을 척결하려는 국회와 광장의 편에 서 있는가. 미국은 내란을 극복하는 한국의 민주회복력에 지지를 보냈는가.

미 국무부 "한덕수 대행과 함께 일할 준비가 됐다"

12월 14일 국회에서 윤석열 탄핵소추안이 통과되었고, 헌법과 법률에 따라 한덕수 권한대행 체제가 들어섰다. 미국은 12월 19일 "우리는 그(한덕수 대행)의 한국 내 역할을 전적으로 지지한다"면서 "한덕수 권한대행 체제의 한국 정부와 고위급의 대면 소통을 할 계획"임을 밝혔다.

이날 나온 미국의 입장은 의심할 여지 없이 한덕수 체제에 대한 지지 선언이다. '고위급 대면 소통' 계획을 밝힐 정도로 적극적인 지지 입장이었다는 점에서, 한덕수 체제에 힘을 실어주는 입장이라고 해석해도 무방하다.

그러나 한덕수는 헌법재판관 3명의 임명과 2개의 특검법(내란특검법, 김건희특검법)에 거부권을 행사했다. 야당은 즉각 한덕수 탄핵 절차에 돌입했다.

12월 27일 국회는 한덕수 탄핵안를 표결하기 위해 본회의 개최를 예정하고 있었다.

그날 미국 연방정부가 운영하는 미국의소리(VOA)는 탄핵 표결 직전 "우리는 한 권한대행, 한국 정부와 함께 일할 준비가 돼 있다"(We're ready to work with Acting President Han and the ROK government)는 미 국무부 대변인의 입장을 보도했다.

미 국무부의 입장은 국회의 한덕수 대행 탄핵 표결 직전에 나왔다는 점에서, 국회의 탄핵 절차를 반대하고, 한덕수 대행체제가 지속하기를 바란다는 의사 표시이다. 경우에 따라 국회의 표결에 영향을 미치고자 하는 내정간섭적 발언이라는 해석도 가능하다.
12월 27일 미 국무부의 입장을 통해 미국이 무엇을 지지하고 있는지 확실해진다. 미국은 한국의 민주 회복을 지지한 것이 아니다. 미국은 민주당 등 야당이 12.3 내란 이후 정국을 주도하는 것을 반대한다. 그래서 한덕수 대행체제가 지속하기를 희망했다.

미 국무장관, 권한쟁의 심판 중인 최상목 지지

한덕수 대행 역시 탄핵소추되고 최상목 부총리가 대통령 권한을 대행하는 새로운 체제가 등장했다. 미국은 즉각 "우리는 최상목 권한대행과 함께 일한 준비가 돼 있다"는 입장을 피력한다. 그리고 1월 5일 미 국무장관이 방한하여 "한국 민주주의 저력과 최 권한대행 체제의 리더십을 완전히 신뢰한다"라고 발언했다.
최상목 권한대행은 12.3 내란 당시 '대통령 지시사항'이 담긴 문제의 쪽지를 받은 인물이다. 내란과 밀접히 관련된 인사라는 의혹을 받고 있었다. 또한 국회에서 추천한 헌법재판관 3명 중 1명(마은혁 후보자)을 임의로 누락하고 2명만을 임명함으로써 국회로부터 권한쟁의 심판의 피청구인이 되었다.

최상목 대행이 헌법재판관을 '선별 임명'한 것은 지난해 12월 31일이다. 우원식 국회의장은 그날 즉각 "국회의 헌법재판관 선출권을 침해한 것에 대해 강력한 유감" 입장을 표명했고, 올해 1월 3일 헌재에 권한쟁의 심판을 청구했다. 최 대행의 '선별 임명'이 헌법에서 정하고 있는 국회의 권한을 침해했다는 것이다.

따라서 최 대행은 대통령 권한대행 업무를 수행하면서 헌법 위반 논란의 당사자가 되었다. 최 대행의 위헌 여부 판단은 오직 헌법재판소만이 내릴 수 있다.

따라서 1월 3일 권한쟁의 심판이 청구된 이틀 후인 1월 5일 나온 미국무부 장관의 "최 권한대행 체제 지지" 발언은 대한민국의 헌법적 질서에 부합하지 않는, 부적절하고 내정간섭적인 발언인 셈이다.

1월 5일 미 국무부 장관의 발언은 한덕수 대행의 탄핵 소추를 위한 본회의 직전인 12월 27일 나온 미국의 발언과 동일한 패턴을 보인다. 12월 27일 나온 미국의 발언이 한덕수 대행에 대한 탄핵소추에 반대한다는 입장의 표현이었다면, 1월 5일 나온 미국의 발언은 최 대행에 대한 '위헌 시비'에 반대한다는 입장의 표현이다.

목적은 동일하다. 12.3 내란 이후 정국을 민주당 등 야당이 주도하지 않고 윤석열 대통령의 대행체제가 주도하기를 바라는 것이다. 1월 6일 한미 외교장관 회담이 열렸고, 1월 10일엔 한미 핵협의그룹 회의가 개최되었다. 12.3 내란 이후 중단되었던 한미 외교 일정이 정상화된 것이다. 12.3 내란 후 국방장관의 방한을 취소했던 미국이 한국과의 외교 일정을 정상화한다는 것은 최 대행 체제로 내란 정국이 조속히 마무리되기를 바란다는 뜻으로 해석하는 것이 합당할 것이다.

미국, 애시당초 내란의 편이었다

매체를 통해 드러난 미국의 모습은 한국의 민주회복력을 지지하는 표정이었다. 내란 시도 하루만에 "심각한 오판"이라는 입장을 내고, 국회에서 탄핵 소추가 가결되자 한국의 민주주의를 지지했다. 말끝마다 "한국 국민 지지" 입장을 내며 12.3 내란을 막은 국회와 광장을 지지하는 모습을 연출했다.

그러나 미국의 행위에서 드러난 미국의 모습은 내란 동조의 얼굴이었다. 위헌 논란을 겪고 있는 한덕수와 최상목 체제를 공개적으로 지지했다. 지지 선언이 나온 것은 한덕수 탄핵 소추와 최상목 권한쟁위 심판 청구 직전이었다. 한덕수 체제의 안정화, 최상목 체제의 안정화를 희망하는 메시지였으며, 국회에서의 탄핵 소추와 국회의장의 권한쟁의 심판을 반대하는 의사표현이었다.

미국의 작전은 성공했다. 최상목의 수많은 내란 옹호 행위에도 불구하고 민주당은 최상목 탄핵을 시도하지 않았고, '민주회복력을 지지해 준 미국'에 감사를 표하고 '한미동맹 강화'를 역설했다. 그 사이 내란은 종식되지 않고 오히려 내전의 양상으로 치달았다. 윤석열은 경호처에게 무장을 지시했고, 내란 동조 세력은 서부지원을 난입하는 소요를 일으켰다. 이런 사태 전개는 최상목 체제 등장과 한미 외교 일정 정상화 후 오히려 더 본격화되었다.

2

대한민국 정치와 한미관계

미국은 한국의 중요한 정치상황이 전개될 때 항상 그 중심에 있었다. 그때마다 미국은 한국의 자유와 민주주의, 평화를 지지한다고 말해왔다. 그러나 미국의 실제 역할은 반대 방향이었다. 이승만 독재를 지지하고, 박정희와 전두환 쿠데타를 지지하고, 남북관계 발전을 방해하고, 한반도 전쟁 위기를 부추겼다.

그럼에도 한미동맹은 굳건하게 '발전'했고, 한국의 거의 모든 정치세력들은 '한미동맹 강화'만을 부르짖어왔다. 그 중에는 노골적으로 친미사대를 부르짖는 세력들도 있지만, 미국의 역할에 비판적인 시각을 갖는 세력들도 미국이 세계질서와 한국에서 차지하는 막강한 지위와 권한을 거스를수 없다면서 한미동맹을 피할 수 없는 현실로 받아들인다.

한미동맹은 과연 피할 수 없는 숙명인가. 한미동맹에서 탈피하면 우리의 생존과 이익은 존재하지 않는가. 한미동맹의 탄생과 전개 그리고 그 속성을 통해 이 문제를 짚어본다.

미군정이 세운 나라

점령당한 해방 민족

1945년 8월 15일 아침, '건국동맹'이라는 단체를 이끌며 항일독립운동을 펼치고 있던 여운형은 조선총독부의 초청을 받았다. 조선인들의 분노를 두려워한 조선총독부가 "조선 거주 일본인들의 안전한 귀국"을 보장받기 위해 여운형을 부른 것이다. 여운형은 다음과 같은 5개항의 보장 조건을 전제로 총독부의 요청을 수락한다.

- 모든 정치범을 즉시 석방할 것.
- 당장에 경성 시민이 먹고 살 수 있을 만큼의 식량을 확보해줄 것.
- 우리 조선이 주체적으로 치안을 맡는다.

- 치안 유지와 건설 공사에 총독부는 방해하지 않는다.
- 학생들과 청년들 활동을 총독부가 방해하지 않는다.

그날 밤 여운형은 '건국동맹'을 모체로 조선건국준비위원회(이하 건준)을 발족하고, 본격적인 건국준비 활동을 시작했다. 8월 28일 건준은 "우리 민족을 진정한 민주주의적 정권에로 재조직하기로 한 새 국가 건설의 준비 기구인 동시에 모든 진보적 민주주의적 세력을 집결하기 위하여 각층 각계에 완전히 개방된 통일 기관"으로 자기 성격을 규정하고, 다음과 같은 강령을 선포한다.

- 우리는 완전한 독립 국가의 건설을 기함
- 우리는 전 민족의 정치적 경제적 사회적 기본 요구를 실현할 수 있는 민주주의적 정권의 수립을 기함
- 우리는 일시적 과도기에 있어서 국내질서를 자주적으로 유지하며 대중생활의 확보를 기함

건준의 활동은 조선 인민들의 전폭적인 지지를 받았으며, 감옥에서 풀려난 독립운동가들은 지역에 내려가 건국준비위원회 지부 혹은 지역인민위원회를 꾸리면서 지역에서의 치안과 행정을 담당했다. 그러나 9월 9일 미군정의 실시로 모든 상황은 일시에 변하게 된다.

1945년 9월 9일 태평양방면 미국 육군대장 총사령관의 직책을 갖고 있었던 맥아더는 '조선인민에게 고함'이라는 「맥아더 사령관 포고 제1호」를 발표한다. 이 포고문과 함께 미 군정이 시작되었다.

> 조선 인민의 오랫동안의 노예상태와 적당한 시기에 조선을 해방 독립시키라는 연합국의 결심을 명심하고 조선 인민은 점령의 목적이 항복 문서를 이행하고 그 인간적 종교적 권리를 확보함에 있다는 것을 새로이 확신하여야 한다. 따라서 조선 인민은 이 목적을 위하여 적극적으로 원조 협력하여야 한다.

점령(occupation)이라는 문구가 눈에 거슬리지만 그 점령 목적이 일본군 항복이라고 하니 그러려니 하고 넘어갈 수 있겠다. 그러나 6개에 달하는 점령 조항(conditions of the occupation)에 이르면 점령의 본질이 명확해진다.

우선 점령의 목적은 일본군의 항복 외에 38선 이남에 대한 군사적 통제(military control)임을 밝힌다. 누구를 통제한다는 것인가. 38선 이남의 한반도(Korea south of 38 degrees north latitude)이다. 즉 38선 이남의 조선영토와 조선 인민에 대한 군사적 통제이다. 점령 조항 2조는 아래와 같다.

> **제2조** 정부, 공공단체 및 기타의 명예직원들과 고용인 또는 공익사업

공중위생을 포함한 전 공공사업기관에 종사하는 유급 혹은 무급 직원과 고용인 또 기타 제반 중요한 사업에 종사하는 자는 별도의 명령이 있을 때까지 종래의 정상적인 기능과 의무를 수행하고 모든 기록과 재산을 보존 보호하여야 한다.

정부 및 공공 기관에 종사했던 사람들은 조선총독부에서 종사했던 사람들이다. 즉 포고문 2조는 조선총독부에서 근무했던 모든 종사자들이 총독부에서 행했던 기능과 임무를 수행할 것을 규정하고 있다. 이른바 친일파들에게 종래의 권한과 임무를 맡긴 것이다. 맥아더 포고문에 따르면, 친일파들의 권력이 그대로 유지된다. 당연히 조선의 인민들은 저항했고 전국 곳곳에서 충돌이 발생했다.
3조는 바로 그 부분에 대한 대책을 적고 있다.

제3조 주민은 본관 및 본관 권한 하에서 발포한 명령에 즉각 복종하여야 한다. 점령군에 대한 모든 반항행위 또는 공공안녕을 교란하는 행위를 감행하는 자에 대해서는 가차없이 엄벌에 처할 것이다.

38선 이남의 거주민, 즉 38선 이남의 조선 인민은 포고문에 복종하지 않으면 가차없이(severely) 처벌한다는 조항이다. 여기서 미군 점령의 목적은 정확하게 드러난다. 미군은 조선 인민을 복종의 대상으로 여긴다. 친일 부역자는 협력의 대상이다. 따라서 점령군에 대한 복종은 친일 부역자들에 대한 복종으로 연결된다. 친일 부역자들에 대한 반항 행위는 점령군에 대한 반항 행위로 간주된다. 친일 부역자들과 충돌을 빚는 행위는 공공안녕을 교란하는 행위가 된다.

미군정이 '조선을 해방 독립시키라는 연합국의 결심'을 그대로 이행하는 것이 목적이었다면, 제일 먼저 할 일은 건준 등 자주독립국가를 건설하기 위해 노력하고 있는 세력과 조직을 돕는 것이다. 그러나 미군정은 정반대로 일본인 관리들과 친일파들을 그대로 유임하였다. 미군정이 친일파들을 등용하게 된 배경은 당시 미군 대령이었던 매글린의 증언이 잘 말해준다.

> 만약 그들이 과거에 일본을 위해 일을 잘했다면 그들은 우리 미국을 위해서도 일을 잘해 줄 것이다.

경찰의 경우, 일제 경찰에 종사한 8천명 중 5천 명이 미군정 경찰에 복무하고 있었고, 이들을 핵으로 군정 경찰이 구성되었으며 경찰 간부의 80%가 일제 경찰 출신이었다.

이렇게 건준과 미군정은 대척점에 서 있었다. 건준은 우리 민족의 힘으로 자주독립국가를 건설하려 했고, 미군정은 친일파를 등용하여 자주독립국가건설 세력을 가혹하게 탄압했다. 이 과정을 통해 청산되어야 할 친일파들이 친미세력으로 탈바꿈하였고, 미군정 하에서 자신의 권력을 공고화하기 시작했다.

이승만 정부
: 독립투사가 세운 나라인가 매국노가 세운 나라인가

모스크바 3상 회의의 결과가 1945년 12월 27일자 동아일보에 게재되었다.

(워싱턴 25일발 합동 지급보)모스크바에서 개최된 3상 외상회의를 계기로 조선 독립문제가 표면화지 않는가 하는 관측이 농후하여 가고 있다. 즉 번즈 미 국무장관은 출발 당시에 소련의 신탁통치안에 반대하여 즉시 독립을 주장하도록 훈령을 받았다고 하는데 3국간에 어떠한 협정이 있었는지 없었는지는 불명하나, 미국의 태도는 카이로선언에 의하여 조선은 국민투표로써 그 정부의 형태를 결정할 것을 약속한 점에 있는데 소련은 남북 양 지역을 일괄한 일국 신탁통치를 주장하여 38선에 의한 분할이 계속되는 한 국민투표는 불가능하다고 하고 있다.(후략)

요약하면 미국은 조선의 '즉시 독립'을 주장했고, 소련은 '신탁통치'를 주장했다는 것이다. 그러나 이는 모스크바 3상회의의 논의 내용을 정반대로 뒤집은, 전형적인 왜곡보도였다.
미국은 3상 회의에서 다음과 같은 안을 냈다.

<미국측 안>
1) 미영중소 4개국이 신탁통치체제의 최고행정관이 되어 유엔 헌장 79조에 규정한 기본 목적에 따라 행동한다.
2) 1인의 고등판무관과 4개 신탁통치국의 대표로 구성되는 집행위원회를 통해서 통치권한과 기능을 수행한다.
3) 한국의 통일행정체제 즉 신탁통치체제에는 한국인을 행정관 상담역 고문으로 사용한다.
4) 신탁통치 기한은 5년으로 하되 필요하면 4개 신탁통치국간의 협정으로 다시 5년을 연장할 수 있다.

소련은 다음과 같은 안을 냈다.

<소련측 안>
조선을 독립국가로서 재건하는 것을 전제로 조선임시민주정부를 수립한다.
이 정부의 수립을 원조하고 일정한 조치를 미리 정해 두기 위해서 미소 양국 대표에 의해 구성되는 공동위원회를 설치한다. 이 위원회는 이 제

안을 준비하는 데 있어서 조선의 민주주의적 제정당 및 제사회단체와 협의한다. 이 위원회의 권고는 미영중소 4국 정부 앞으로 제출한다.

공동위원회는 임시조선민주정부와 조선의 민주주의단체들의 참가하에 조선 개혁안을 마련한다. 공동위원회는 또한 5개년간의 조선에 대한 4개국 신탁통치에 관한 협정안을 임시정부와 협의한 후 결정하여 4개국 정부에 제출한다.

미소 양국의 대표자 회의를 2주 이내에 한 번씩 개최한다.

3상회의는 소련의 안을 기본으로 하고, 미국의 안을 일부 수용하여 다음과 같이 합의하였다.

> 1) 조선을 독립국으로 부흥시키고 조선이 민주주의적 원칙 위에서 발전하게 하며 장시간에 걸친 일본 통치의 악독한 결과를 쾌속히 청산할 제 조건을 창조할 목적으로 조선 민주주의 임시정부가 창건되는데 임시정부는 조선의 산업, 운수, 농촌경제 및 조선 인민의 민족문화의 발전을 위하여 모든 필요한 방책을 강구할 것이다.
>
> 2) 조선 임시정부 조직에 협력하며 이에 적응할 제 방책을 예비 작성하기 위한 남조선 미군 사령부 대표들과 북조선 소련군 사령부 대표들로써 공동위원회를 조직한다. 위원회는 자기의 제안을 작성할 때에 조선의 민주주의 제 정당 및 사회단체와 반드시 협의할 것이다. 위원회가 작성한 건의문은 공동위원회에 대표로 되어

> 있는 양국 정부의 최종적 결정이 있기 전에 미영중소 제국 정부의 심의를 받아야 한다.
> 3) 공동위원회는 조선 민주주의 임시정부를 참가시키고 조선 민주주의 제 단체를 인입하여 조선 인민의 정치적, 경제적, 사회적 진보와 민주주의적 자치 발전과 조선 독립의 확립을 원조 협력(후견)하는 제 방책도 작성할 것이다. 공동위원회의 제안은 조선 임시정부와 협의 후 5년 이내에 기한으로 하는 조선에 대한 신탁통치(후견)의 협정을 작성하기 위하여 미영중소 제국 정부의 공동 심의를 받아야 한다.
> 4) 남북조선과 관련된 긴급한 제 문제를 심의하기 위하여 그리고 남조선 미군 사령부와 북조선 소련군 사령부의 행정 및 경제부문에 있어서의 일상적 조정을 확립하는 제 방책을 작성하기 위하여 2주일 이내에 조선에 주둔하는 미소 양국 사령부 대표로서 회의를 소집할 것이다.

즉 조선의 독립을 촉진하기 위해 '민주주의임시정부'를 수립하고, 미국과 소련은 이 과정을 협력하기 위해 '미소공동위원회'를 꾸리고, 미소공동위원회(이하 미소공위)는 '조선의 민주주의 제정당 및 사회단체와 반드시 협의'하고, 미소공위는 '조선임시정부'와 협의하여 신탁통치(후견)안을 작성하는 것이 결정문의 골자이다.

여기서 가장 중요한 결정사항은 '민주주의임시정부'의 수립이다.

신탁통치 혹은 후견의 구체적 사항 역시 임시정부와 미소공위가 상의하여 결정하게 되어 있다. 즉 '선 임시정부 수립, 후 신탁통치(후견)'를 합의한 것이다.

친미파로 둔갑한 친일파들은 이 결정을 결사적으로 반대했고, 자주독립국가 건설을 꾀했던 세력들은, 비록 3상회의 결정이 미진하긴 하지만, '민주주의임시정부' 수립이 최우선의 과제라는 판단 아래 3상회의 결정을 지지했다.

흔히 이 당시 상황을 찬탁, 반탁의 프레임으로 '찬탁=친소공산세력', '반탁=자주독립세력'으로 기술하지만 이런 기술 자체가 왜곡이다. 당시의 대립구도는 '3상결정지지=자주독립세력', '3상결정반대=사대매국세력'이었다.

3상회의의 이런 의미는 당시 친일지주들이 주도하는 한민당의 수석총무였던 송진우의 발언에서도 확인할 수 있다. 송진우는 이 발언 이틀 후 암살되는 비운을 맞는다.

3상 결정이 실현되느냐 안되느냐가 독립되느냐 영원히 예속되느냐를 결정하는 중대한 갈림길이오. 3상 결정은 신탁 통치가 아니오. 정보 조작으로 미국이 계획적으로 분단시키려 하고 있소. 얼른 내려가서 절대 지지하라고 이르시오.

미군정은 겉으로는 모스크바3상회의 결정에 따른다고 하면서도, 이에 반대되는 정책으로 일관했다. 그 대표적 사례가 미소공위가 협의할 '민주주의 제 정당 및 사회단체'에 관한 것이었다. 3상 결정에 따르면 '임시정부'의 목적은 자주독립국가를 건설하는 것이다. 따라서 미소공위가 협의해야 할 '정당 및 사회단체' 역시 이 목적에 부합하는 조직이어야 한다. 즉 친일파들로 구성되거나 친일파들이 주도하는 조직은 미소공위 협의 대상이 될 수 없다. 그러나 미국은 '모든 정당 및 사회단체'가 협의대상이 되어야 한다고 주장하여 미소공위를 파행으로 이끌어갔다.

미국이 '미영중소' 4개국의 한반도 신탁통치를 주장했던 이유는 '미영중'의 연합으로 소련을 견제하여 사실상 한반도 전체를 자신의 관할 하에 두려 했기 때문이다. 미국은 미소공위 결렬을 이유로 한반도 문제를 유엔으로 옮겨 논의함으로써 분단정권 수립을 추진했다. 당시 유엔은 미국의 영향력이 더 크게 행사되는 구조였으므로 소련의 영향력을 쉽게 배제할 수 있었기 때문이다.

결국 1947년 11월 유엔총회에서 유엔 감시하의 남북 총선거 실시, 유엔한국임시위원단 파견이 결의되었다. 이 결의에 따라 1948년 1월 유엔한국임시위원단이 한반도에 왔으나 그 활동은 38선 남쪽 즉 미군정이 점령하는 지역에 국한되었다. 유엔에서는 선거 가능한 38선 이남에서의 단독 선거, 한반도 전체에서의 선거를 두고 갑론을박을 벌였으나 결국 2월 26일 38선 이남 지역에 한해서 총선거 실시를 결정했다. 이날 결정은 소련 등 11개국이 불참하고, 11개국이 기권한 상태에서 미국의 입장에 동조하는 31개국이 찬성한 결과였다.

그 후 상황은 길게 서술할 필요 없겠다. 5월 10일 단독선거(사실상 분단선거)가 결정되었고, 단독선거를 저지하기 위한 항쟁(2.7 구국투쟁, 제주 4.3 항쟁 등)이 전국적 범위에서 진행되었다. 남북의 사회단체 및 정치지도자들은 4월 '남북 제정당사회단체연석회의'를 개최해 '단독선거 불참, 외국 군대의 철수 후 전조선정치회의 소집, 민주주의임시정부수립, 헌법제정, 통일적 민주정부 수립' 등을 결정하였다.

그러나 5.10 단독선거는 미군정의 비호를 받으며 강행되었고, 그렇게 수립된 '제헌의회'가 7월 17일 대한민국 헌법을 제정하고, 국회에서 이승만을 대통령으로 선출하고, 8월 15일 대한민국 정부가 수립되었다.

이로써 미국의 단독정부 수립은 성공했다. 미군정은 미소공위를 파행으로 몰고감으로써 3상회의 결정을 끝내 무력화시켰고, 3상회의 결정을 지지하는 모든 자주독립세력을 친소, 친공세력으로 탄압함으로써 이승만 친미세력을 중심으로 단독정부를 수립했다.

전쟁체제와 한미동맹의 탄생

한국전쟁: 미국은 미국의 전쟁을 치렀을 뿐이다

1947년부터 1950년까지는 미국의 냉전정책이 고착되던 시기였다. 단독정권 수립과 분단이 미국의 냉전 정책과 무관하지 않듯이, 한국전쟁 역시 미국의 냉전정책과 긴밀히 연결되어 있다. 미국은 자신의 이익을 위해 한국전쟁에 참여했다. 임진왜란 때 명나라가 조선을 도왔지만, 우리의 역사는 명나라를 은인국으로 평가하지 않는다. 비록 당시 조선의 위정자들은 '재조지은'을 역설했지만, 명나라가 임진왜란에 개입한 것은 명나라 자신을 위한 조치였기 때문이다. 마찬가지로 미국이 '북한의 침략'으로부터 한국을 지켜주었다는 '제조지은'의 신화는 깨져야 한다.

냉전정책의 아버지라고 평가받는 조지 케넌은 1947년 '소련 행동의 원천'이라는 논문에서 다음과 같이 주장해 미국 외교가에 커다란 파문을 일으켰다.

> 자본주의와 사회주의 사이에는 본질적 적대가 존재한다. 우리는 소련인들이 다루기 힘들다는 사실을 보게 될 것이다. 소련 권력은 그 안에 자멸의 씨앗을 품고 있으며, 이 씨앗이 싹을 틔우는 과정이 착착 진행될 가능성이 높다. 여기에 효과적으로 대응하려면 지능적이고 원대한 정책이 필요하다. 소련을 파트너가 아닌 경쟁자로 여겨야 한다. 미국은 정당한 확신을 가지고 확고한 봉쇄정책으로 나아가야 마땅하다.

조지 케넌의 논문은 외교가에 큰 지지를 받았고, 미 국무부의 첫 번째 정책기획실장이 되어 봉쇄정책을 주도해간다. 1947년 7월 국가안보법(National Security Act)이 제정되었고, 그때까지 독립적으로 존재했던 육해공군이 통합되었으며, 이들을 통솔할 목적으로 국방부(Department of Defense)가 창설됐다. 백악관에는 국가안보회의(NSC)가 설치되었다.

1949년 소련이 베를린을 봉쇄하자 미국은 군사작전을 시작했다. 장거리 폭격기를 유럽에 배치하기 시작했고, 확장된 전쟁 억지 개념이 시작되었다. 1949년 나토동맹이 체결되었으며, 미국의 군부는 전략공군사령부를 설치했다.

아시아에서는 국공내전에서 중국 공산당군이 장개석의 국민당을 내쫓고 중국 본토를 차지하고, 중화인민공화국을 설립했다. 아시아에서 가장 중요한 지역인 중국에서 미국과 협력하는 장개석 정부가 아닌 사회주의 정권이 수립된 것이다.

미국의 냉전정책은 더욱 강화되어 갔다. 트루먼 대통령은 NSC에 공산권에 대한 강력한 대책을 강구하라고 지시했다. 그래서 탄생한 문서가 NSC-68이다. 국방부, 국무부, CIA 외에도 미국의 국가안보와 관련한 부처들이 모여 만든 집체물(group effort)인 NSC-68은 이후 20년 동안 미국 냉전정책의 기초를 이루는 중요한 문서가 되었다.

분량은 방대했지만 내용은 단순했다. 소련의 팽창 성향이 전지구적이므로 미국과 소련은 충돌이 불가피하고, 소련의 팽창을 저지할 수 있는 방법은 미국의 군사력밖에 없다는 것이다. 그래서 국방예산을 증액해야 한다는 결론을 내렸다. NSC-68이 완성되어 트루먼에게 전달된 시점은 1950년 4월이었다. 보고서를 접한 트루먼은 보류를 지시했다. 당시 미국은 연간 국방비로 130억 달러를 쓰고 있었는데, 국방비를 500억 달러까지 늘려야 한다는 주장이 보고서에 담겨있었기 때문이다. 트루먼은 이 보고서의 승인을 보류할 수밖에 없었다.

미국이 한국전쟁에 개입한 이유가 여기에 있다. 트루먼이 NSC-

68의 승인을 보류했던 것은 그 정책에 반대해서가 아니라 정치적 부담 때문이었다. 한국전쟁은 바로 그 정치적 부담을 덜어낼 수 있는 기회였던 것이다. 트루먼이 NSC-68을 승인한 것은 1950년 9월이다. 당시 미국의 한 관리는 이렇게 말했다.

감사하게도, '한국전쟁'이 터져주었다.

NSC-68과 관련한 미국 내에서의 정치적 상황은 한국전쟁에 개입해야 하는 미국의 국내, 국제정치적 이유가 있었음을 방증한다. NSC-68을 통과시켜 국방비를 증액해 소련에 대한 군사적 포위망을 구축해야 하는 미국의 이해관계가 존재했기 때문에 한국전쟁에 빠르게 개입한 것이다.

한국전쟁 과정을 통해 미국은 군사적 봉쇄로서의 냉전정책을 사실상 완성했다. 샌프란시스코 강화조약을 통해 미국은 일본이라는 '가라앉지 않는 항공모함'을 갖게 되었다. 전황은 계속 불리해졌다. 한국전쟁에서 발을 빼는 것이 미국의 이익이 되는 시점이 도래했다. 미국은 이승만 정부의 막무가내식 반대에도 불구하고 정전협정을 체결했다.

한미상호방위조약의 체결

한미동맹은 1953년 10월 1일 한미상호방위조약의 체결로 탄생하였다. 체결 과정은 순탄하지 않았다.

한미상호방위조약을 체결하기 위한 논의가 시작된 것은 정전협정이 막바지에 이르던 1953년 초였다. 미국은 4월 14일 조약 체결을 위한 논의를 시작할 뜻을 밝히고, 4월 23일 미국 대통령 아이젠하워는 이승만에게 다음과 같은 서신을 보냈다.

> (1) 유엔과 미국은 귀국 영토에서 북한과 중공 침략자의 축출을 명령한 유엔결의의 책임을 완수하였다.
> (2) 그 목적이 달성된 마당에 전쟁행위를 계속해야 한다는 주장은 용인될 수 없다.
> (3) 세계에는 한국 뿐만 아니라 독일, 베트남, 오스트리아 등 분단민족이 많다. 유엔이나 미국은 분단민족의 통일을 전쟁수단으로 달성하는 의무를 수락한 일이 없다.
> (4) 한국 통일 문제는 휴전협정에서 합의한 대로 앞으로의 관계국 정치회의에서 이루어야 할 과제이다.

미국은 동맹 조약 체결 과정에서 이승만의 '북진정책'을 막으려 했다. 즉 한미동맹 체결이 이승만의 '북진정책'을 지지하는 것이 아니라는 것을 분명히 하고자 했던 것이다. 그러나 이승만은 집요했다. 7월 24일 이승만은 덜레스 미 국무장관에게 다음과 같은 내용이 담긴 서신을 보낸다.

> 첫째, 대한민국이 어떤 적의 공격을 받을 경우 미국의 자동적 군사개입을 규정하는 명문적 조항을 삽입할 수 있으면 좋겠습니다.…
> 둘째, 90일 간으로 예정된 (제네바) 정치회의가 결론없이 끝날 경우, 다시 전쟁을 시작하여 우리의 영토에서 중공군을 몰아내는 데 미국의 군사적 협력을 기대합니다. …

이와 관련하여 미국측 문서에는 다음과 같이 기록되어 있다.

> … (아이젠하워) 대통령은 그(이승만)가 제의한 몇 가지 요구에 대해서 우리는 대경실색했다고 회신에서 분명히 말해야 한다고 말했다. 우리가 할 수 있는 일과 할 수 없는 일이 있다. … 모든 조약은 특히 방위조약은 헌법적 절차를 거쳐야 한다. …우리에겐 의회의 승인과 동의없이 선전포고를 할 권능이 없다…

미국은 동맹 조약 체결 후에도 이승만의 단독 행동을 우려했다. 1953년 11월 서울을 방문한 미국 부통령 닉슨이 이승만을 만나 "군사적 단독행동을 하지 않겠다고 서약하라"고 압박할 정도였다.

미국이 우려한 것은 동맹 조약 체결이 아니라 이승만의 일방적인 정책으로 원하지 않는 전쟁에 연루되는 것이었음을 확인할 수 있다. 미국은 이승만의 자동개입 조항 요구를 거부했고, 이승만은 수용할 수밖에 없었다. 그 결과 8월 8일 상호방위조약 최종안이 가조인되었고, 10월 1일 정식 서명에 이르게 된 것이다.

그렇다고 미국이 한국전쟁의 재발을 원하지 않고 평화체제 구축을 희망했다고 본다면 그것은 오산이다. 1953년 7월 27일 정전협정은 '한국으로부터의 모든 외국군대의 철수 및 한국문제의 평화적 해결문제들을 협의할 것'을 결정했다. 즉 정전협정을 평화협정으로 대체하는 정치회담을 개최하기로 합의한 것이다. 그 회담은 1954년 제네바에서 열렸다. 그러나 한미상호방위조약이 조인된 것은 1953년 10월 1일이다. 가조인은 8월 8일의 일이다. 정전협정 체결 후 11일 만에 한미동맹 조약이 가조인되고, 3개월도 지나지 않아 정식 조인했고, 주한미군의 사실상 영구 주둔을 못박았다. 미국은 애초부터 한반도 평화협정을 안중에 두지 않았다. 다만, 이승만의 '북진정책'을 반대한 것은 미국이 원하지 않는 시기에, 원하지 않는 방식으로 한국전쟁이 재발하는 것을 원하지 않았기 때문이다.

동맹 조약의 내용은 미국이 바라는 대로 구성되었다. 미국은 한국의 모든 영토에 대한 주병권을 확보했고, 헌법상의 절차를 삽입함으로써 자동개입의 늪에서 빠져나왔다. 동맹 조약은 무기한이지만, 어느 일방이 해제를 통고하면 1년 뒤에 자동 해제 조항을 넣었다. 동맹이 불필요하다고 판단될 때 미국은 언제든지 파기할 수 있는 규정을 둔 것이다. 그래서 한미상호방위조약은 안보 공약이 핵심이 아니다. 미군의 주병권이 핵심이다.

이는 한국군에 대한 작전통제권한을 연장시킨 데서도 드러난다. 한국군의 작전통제권이 유엔군사령관으로 넘어간 것은 1950년 7월 14일의 일이다. '현 작전상태가 계속되는 동안' 한국군에 대한 작전통제권을 유엔군사령관(미군사령관)이 행사하게 되었다.

그런데 상황 변화가 발생했다. 1953년 7월 27일 정전협정이 체결된 것이다. 정전협정은 '현 작전상태'의 종료를 의미한다. 그러므로 미국은 한국군에 대한 작전통제권을 한국에 돌려주어야 했다. 그러나 미국은 한국군에 대한 통제를 지속하려했다. 그래서 나온 것이 1953년 8월 7일 「이승만·덜레스 공동성명」이다. 이 공동성명은 '상호방위조약이 효력을 발생할 때까지' 작전통제권 이양을 연장하기로 합의했다.

한미간의 다양한 이견으로 한미상호방위조약은 1954년 11월 17일에 가서야 발효된다. '상호방위조약이 효력을 발생할 때까지'로 되어 있는 8월 7일 공동성명의 작전통제권 시한이 만료된 것이다. 그러나 작전통제권은 환수되지 않았다. 바로 그날 한미합의의

사록이 체결되었기 때문이다.

한미합의의사록은 "국제연합군사령부가 대한민국의 방위를 위한 책임을 부담하는 동안 대한민국 국군을 국제연합군사령부의 작전지휘하에 둔다"고 명시하였다. 이로써 유엔군이 한국 방위를 책임지는 동안 작전통제권은 무제한으로 유엔군사령관에게 넘어가게 된 것이다.

1978년 한미연합사령부가 창설되면서, 한미연합사가 한국 방위 임무를 담당하게 되었다. 한국군의 작전통제권은 국제연합군사령관에서 한미연합사령관으로 이관되었다. 그러나 복잡할 것은 없다. 국제연합사령관과 한미연합사령관, 주한미군사령관은 모두 동일 인물이다. 한 사람이 자기 편의에 따라 모자를 바꿔쓰고 있는 것이다.

한편 한미합의의사록은 한국 경제에 대한 미국의 통제권을 부여했다. 한국 정부는 '미국의 법률과 원조계획에 일반적으로 적용되는 관행에 부합하는 미국 정부의 원조자금의 관리를 위한 절차에 협조'해야 한다. 당시 한국은 미국의 원조자금에 의해 경제 정책을 추진했다. 따라서 '미국의 대한 원조자금 관리에 협조해야 한다'는 조항은 한국의 경제 정책 전반이 미국의 관리 하에 이뤄져야 한다는 것을 명시한 것이다.

또한 한국 정부는 '공정환율과 상이한 현실적인 환율로 교환하는 불화교환에 관하여 미국이 제의한 절차에 동의'하며, '한국 자신의 보유 외화의 사용을 위한 계획에 관한 적절한 정보를 관계 미국 대표들에게 제공'해야 한다. 즉 한국의 환율 정책은 미국의 동의 하에 추진되어야 한다.

형식은 동맹 조약이지만 사실상 한국 정부의 군사, 경제 정책을 미국이 장악하고 통제하는 내용이 주를 이루고 있다.

'동맹'으로 포장된 종속성

동맹인 동맹 vs 동맹이 아닌 동맹

동맹은 전쟁을 하기 위한 혹은 전쟁을 막기 위한 국가들의 협력을 조약의 형태로 제도화, 구체화한 것이다. 따라서 동맹에서 기본은 군사협력이다.

동맹은 두 가지를 전제로 한다. 하나는 자국의 안전을 위협할 외부의 도전 세력이 있다는 정세 판단이다. 외부 위협이 없다면 굳이 동맹은 필요하지 않다.

다른 하나는 자국의 군사력만으로 외부 위협에 대처할 수 없다는 군사력 평가가 전제되어야 한다. 군사력이 막강하여 다른 나라의 군사적 도움을 받지 않고서도 전쟁을 막거나 이길 수 있다면 동맹을 체결할 필요는 없다.

따라서 전쟁 위협이 존재하고, 스스로의 힘으로 전쟁에 대처할 수 없을 때 동맹을 체결한다.

그러나 동맹이 모두 동일한 형태를 띠는 것은 아니다.

예를 들어 나토동맹이 있고, 한미동맹이 있다. 두 동맹 모두 냉전 시기 소련과 공산권의 위협으로부터 대처하기 위해 만들어진 동맹이다. 특히 미국은 동맹 조약 상의 약속을 이행하기 위해 유럽의 나토회원국과 한국에 군대를 주둔시키고 있다. 그러나 나토동맹과 한미동맹은, 일반인들은 잘 모르는, 결정적 차이가 있다.

나토동맹 조약 5조의 원문은 아래와 같다.

> The Parties agree that an armed attack against one or more of them in Europe or North America shall be considered an attack against them all and consequently they agree that, if such an armed attack occurs, each of them, in exercise of the right of individual or collective self-defence recognised by Article 51 of the Charter of the United Nations, <u>will assist</u> the Party or Parties so attacked by taking forthwith, individually and in concert with the other Parties, such action as it deems necessary, including

the use of armed force, to restore and maintain the security of the North Atlantic area.(밑줄은 필자의 강조)

위 문장을 간단히 번역하면 "어떤 나라가 나토 회원국을 상대로 무력공격에 나서면 나토 회원국들은 군사적 지원을 한다"는 것이다. 밑줄 그은 'will assist'는 군사적 지원을 명문화한 표현이다. 이와 유사한 내용이 한미동맹조약 3조에도 명시되어 있다. 그 원문은 아래와 같다.

Each Party recognizes that an armed attack in the Pacific area on either of the Parties in territories now under their respective administrative control, or hereafter recognized by one of the Parties as lawfully brought under the administrative control of the other, would be dangerous to its own peace and safety and declares that it would act to meet the common danger in accordance with its constitutional processes.(밑줄은 필자의 강조)

이 역시 "동맹 상대국을 지원하는 행동에 나선다"라는 것으로, 나토조약 5조와 크게 다르지 않은 것처럼 보인다. 그러나 나토조약 5조와 한미동맹조약 3조는 결정적 차이가 있다. 바로 'will'과 'would'의 차이이다. 같은 동맹 조약인데 다른 조동사가 사용된 것이다. 나토동맹 조약상의 군사적 지원과 한미동맹 조약상의 군사적 지원이 다른 의미나 맥락을 갖고 있음을 암시한다.

일반적으로 will은 확정적인 미래 행동을 의미하며, 의지, 결심, 예정된 일을 강조한다. 이에 반해 would는 실제 행동보다는 가능성이나 가정된 상황을 의미하며, 조건부나 불확실성을 강조한다.

따라서 나토조약의 'will assist'는 '지원할 것이다'라는 확정적 미래를 의미하는 반면, 한미동맹조약의 'would act'는 어떤 조건이 충족되었을 때 행동하거나 행동하지 않을 수도 있음을 의미한다.

통상적으로 동맹조약은 'will assist' 혹은 'will act'가 쓰여야 한다. 공동행동이나 군사적 지원을 하지 않을 가능성을 갖고 있다면 동맹 조약 자체가 의미를 잃기 때문이다.

나토조약과 한미동맹조약은 동맹조약이라는 동일한 형식을 띠고 있다. 그러나 나토조약은 동맹의 의미를 갖고 있지만 한미동맹조약은 동맹의 의미를 갖고 있지 않다. 미국은 자신의 판단 하에 군사적 지원을 하지 않을 가능성을 동맹 조약에 삽입한 것이다.

따라서 나토는 동맹인 동맹이고, 한미동맹은 동맹이 아닌 동맹이다. 한미동맹은 형식은 동맹이지만, 본질은 동맹이 아닌 것이다.

한미상호방위조약의 제도적 종속 구조

1953년 체결된 한미상호방위조약은 '상호방위'라는 이름을 갖고 있음에도 불구하고, 조항 하나하나를 살펴보면 평등한 동맹 관계와는 거리가 먼, 철저히 종속적인 구조를 갖고 있다. 특히 조약의 핵심 조항인 제3조, 제4조, 제6조는 이 조약이 사실상 미국의 지정학적 군사 전략을 위한 신식민지적 수단이었음을 보여준다.

조약 제3조는 "각 체약국은 자국의 헌법상의 수속에 따라 공동으로 행동한다"고 명시하고 있다. 겉보기에는 상식적인 조항처럼 보이지만, 실제로는 미국이 무력 개입을 유보하거나 거부할 수 있는 여지를 제도적으로 확보해 둔 장치다.

한국에서 '헌법상의 수속'이란 국회의 동의 절차를 의미한다. 미국 또한 자국의 의회 승인을 거쳐야 한다는 뜻으로 해석된다. 미국은 이를 근거로 한국이 무력공격을 받더라도 의회 동의 없이는 군사 개입을 하지 않을 수 있음을 암묵적으로 선언한 셈이다.

더욱 문제적인 조항은 제4조다. 이 조항은 "대한민국은 미합중국이 대한민국 영토 내에 군대를 주둔시키는 것을 허여하고, 미합중국은 이를 수락한다"고 규정한다.

여기서 핵심은 주둔의 권리가 한국에 있는 것이 아니라, 미국이 '수락'하는 방식으로 구성되어 있다는 점이다.

이는 전 세계 수많은 미군 주둔국과 체결된 방위 조약 중 유례를 찾기 힘든 표현이다. 대부분의 동맹국은 자국의 주권 하에 미군의 주둔을 협의하고 조율하는 형태를 취한다. 그러나 한미조약은 한국이 '허여'하고, 미국은 이를 '수락'하도록 규정했다.

미국이 대한민국을 전략적 군사 거점으로 삼고 장기 주둔할 수 있는 근거를 조약상으로 확보한 것이다. 즉, 제4조는 명백히 군사적 신식민 지배를 제도화한 조항이다.

한미상호방위조약의 제6조는 "본 조약은 무기한으로 유효하다"고 명시한다. 이것은 형식적으로는 안정성과 지속성을 보장하기로 한 조항이라는 주장도 가능하겠지만, 실제로는 재협상이나 종료의 여지를 봉쇄한 일방적 조항에 가깝다.

대부분의 국제조약, 특히 동맹 조약은 일정한 유효 기간을 명시하고, 그 기간이 끝날 경우 양측의 동의 하에 연장하거나 수정할 수 있도록 한다. 이는 국제관계의 유동성을 반영하기 위한 최소한의 장치다. 하지만 한미상호방위조약은 유효 기간이나 재협상 조항조차 없이 무기한 지속된다는 점에서 '갱신 없는 복종'을 강요하는 구조라 볼 수 있다.

즉, 한국은 안보 환경이나 정치적 여건이 변화하더라도 조약 내용을 스스로 조정하거나 재협상할 법적 기반이 현저히 약한 상태에 놓여 있다. 사실상 미국의 안보 정책에 영구적으로 종속되게 만든 구조다.

한국군은 누구의 명령을 따르는가: 군사주권의 실종

수도방위사령부 등 극히 일부 군대를 제외하고 한국의 모든 군대는 미국의 작전통제권 하에 놓여 있다. 이 역시 한미동맹이 유일한 사례이다. 미일 동맹의 경우 일본 자위대는 독자적으로 작전통제권을 행사한다. 나토의 경우 회원국의 군대 일부가 나토군에 편입되어 있을 뿐 그외 군대는 그 나라 군통수권자와 합참의장의 작전통제를 받는다.

작전통제권은 군사주권에 해당한다. 군사주권은 주권국가의 가장 기본적인 징표이다. 따라서 작전통제권이 없는 나라는 독립국가가 아니라 해도 과언이 아니다. 작전통제권만 놓고 본다면 한국은 미국의 '동맹국'이 아니라 '속국'이라 할 수 있다.

작전통제권이 전시와 평시로 분류되어 평시 작전통제권이 환수된 1994년 후에도 이런 구조는 변함이 없다. '방어준비태세'인 데프콘(Defence Readiness Condition)이라는 것이 있다. 데프콘은 5단계로 나뉘어지는데, '5'는 평시에 해당한다. 그러나 한국전쟁 이후 우리는 '5'단계였던 적이 단 하루도 없다. 전쟁이 끝나지 않은, 즉 평화협정이 체결되지 않은 정전상태가 지속했기 때문이다. 따라서 우리가 '평시'라고 부르는 일상적 상태는 '데프콘 4단계'를 의미한다. 이때까지는 한국군의 작전통제권은 한국군이 행사한다.

그러나 '데프콘 3단계'로 격상되면, 작전통제권은 다시 주한미군 사령관에게 넘어간다. 전쟁이 임박한 '데프콘 2단계', 동원령이 선포되고 전시상태에 돌입한 '데프콘 1단계'에서도 주한미군 사령관이 작전통제권을 행사한다.

한미동맹의 신식민지적 성격은 평시작전통제권 환수 과정에서도 발견된다. 1994년 평시작전통제권을 환수하면서 한미 양국은 연합권한위임(Combined Delegated Authority, CODA)이라는 비밀 협정을 체결했다.

연합권한위임은 평시 작전통제권 환수 후에도 아래의 사항은 여전히 주한미군사령관의 통제하에 두기로 합의했다.

- 전쟁 억제와 방어를 위한 한미연합 위기관리
- 전시 작전계획 수립
- 한미연합 3군 교리 발전
- 한미연합 3군 합동훈련과 연습의 계획과 실시
- 조기 경보를 위한 한미연합 정보관리
- C4I 상호운용성

평시작전통제권 환수는 평시의 군사주권을 확립하기 위함이었다. 위의 6가지 사항은 군사주권의 핵심이다. 그러니 평시 군사주권의 핵심은 여전히 주한미군사령관에게 있는 셈이다. 연합권한

위임이라는 해괴한 비밀협정이 체결된 이유는 충분히 짐작할 수 있다. 평시에 한미연합체계가 굳건해야 신속하게 전시체제로 전환할 수 있을 것이라는 판단 때문이었을 것이다. 그러나 이런 사고라면 전시작전통제권을 환수해도 사정은 달라지지 않을 것이다. 전시 군사주권의 핵심 부분을 주한미군사령관이 행사하기 때문이다.

전시작전통제권 환수는 노무현 정부 시기 합의된 바 있다. 당시 한미간에 합의한 주요 골자는 2012년 7월까지 전작권을 환수하고, 전작권 환수 후 한국이 주도하고 미국이 지원하는 병렬형 지휘체계 구축에 합의했다. 이 합의에 따르면 한미연합사는 해체되고 한미 양국군은 자국군에 대해 독립적으로 작전을 지휘하고 통제하는 체제로 바뀌게 된다.

여기서 핵심은 '연합형 지휘체계'에서 '병렬형 지휘체계'로 바뀐다는 점이다. 물론 온전한 '병렬형 지휘체계'에서는 '한국 주도, 미국 지원'이라는 수식어가 붙을 이유가 없다. '한국 주도, 미국 지원'이건 '미국 주도, 한국 지원'이건 이런 형태는 '연합형 지휘체계'에서 다루는 사안이다. 따라서 노무현 정부 당시 합의가 표면적으로는 '병렬형 지휘체계'이지만 '연합형 지휘체계'를 염두에 둔 것이 아니냐는 비판적 시각이 제기되기도 했다.

그러나 문재인 정부는 전작권 환수를 추진하면서 이마저도 포기

해버렸다. 2018년 10월 한미 국방장관회담에서 전작권 환수 이후 현재의 연합사 체제를 유지하면서 한국군 4성 장성을 미래연합군사령관에 임명하는 미래지휘구조 기본안에 합의했다. 노무현 정부 때 합의한 '한국 주도 미국 지원 병렬지휘체계'에서 '한국 주도 미국 지원 연합지휘체계'로 후퇴한 것이다.

한국이 주도하더라도 '연합지휘체계가 존속한다면 전작권 환수는 의미를 상실한다. 미국이 전쟁 관련 정보를 더 많이 갖고 있는 조건에서 형식상 연합사령관인 한국장성보다 연합부사령관인 미국장성이 작전을 주도할 것은 자명하기 때문이다. 따라서 전작권이 오롯이 환수되기 위해서는 '연합지휘체계'라는 개념 자체가 사라져야 한다.

'분담' 아닌 '전가'
: 방위비분담금특별협정의 실체와 불법성

트럼프 2기 정부가 출범한 후 한국 사회는 공포에 휩싸여 있다. 이미 선거 시기부터 한국을 자판기(money machine)으로 부르며 방위비분담금 인상을 요구할 방침을 공론화했기 때문이다.

방위비분담금특별협정의 정식 명칭은 아래와 같이 상당히 길다.

> 대한민국과 아메리카합중국 간의 상호방위조약 제4조에 의한 시설과 구역 및 대한민국에서의 합중국군대의 지위에 관한 협정 제5조에 대한 특별조치에 관한 대한민국과 미합중국 간의 협정

즉 상호방위조약 4조에 따라 한국에 주둔하는 미국 군대의 지위에 관한 협정 5조의 '특별조치협정(Special Measures Agrement, SMA)'인 것이다. 주한미군의 지위에 관한 협정 즉 소파협정의 5조는 다음과 같다.

▣ 제5조 시설과 구역 -경비와 유지
합중국은, 제2항에 규정된 바에 따라 대한민국이 부담하는 경비를 제외하고는, 본 협정의 유효 기간동안 대한민국에 부담을 과하지 아니하고 합중국 군대의 유지에 따르는 모든 경비를 부담하기로 합의한다.

소파협정 5조는 주한미군의 주둔 경비를 미국이 부담한다는 내용이다.
아래는 분담금특별협정의 한 조항이다.

■ **제1조**

대한민국은 이 협정의 유효 기간 동안 주한미군지위협정 제5조와 관련된 특별조치로서 주한미군의 주둔에 관련되는 경비의 일부를 부담한다. 대한민국의 지원분은 인건비 분담, 군수비용 분담, 그리고 대한민국이 지원하는 건설 항목으로 구성된다. 이 협정의 이행은 당사자 관계당국 간의 별도의 이행약정에 따른다.

주한미군의 주둔 경비 중 인건비, 군수 비용, 군사 건설 등의 비용을 한국이 부담하는 것을 골자로 한다. 일각에서는 이 비용이 한미 SOFA 5조 2항의 대한민국 부담 항목이라고 설명하지만, 그 설명은 틀렸다. SMA에서 명기한 인건비 등의 항목은 SMA 체결 전 즉 1991년까지 미국이 부담하던 것이었다. SOFA 5조 2항에서 한국이 부담해야 하는 항목은 시설과 구역 그리고 그 통행권에 한정된다.

따라서 SMA라는 하위 협정은 한미 SOFA라는 상위 협정과 모순된다. 한미 SOFA는 미군의 주둔경비를 미국이 부담한다고 되어 있고, SMA는 미군의 주둔 경비 중 일부를 한국이 부담한다고 되어있기 때문이다.

특별조치협정(SMA)이라는 명칭이 붙은 이유가 여기에 있다. 상위법인 한미 SOFA와 충돌하는 하위법이기 때문에 일반협정이 아닌 특별조치협정이라는 명칭이 붙은 것이다. 따라서 논리적으로 한미 SOFA 5조가 SMA에 맞게 개정되거나(사실 이게 개정되면 SMA가 필요없다), SMA가 폐기되어야 하거나 둘 중 하나로 처리되어야 한다.

우리 정부는 SMA 협정을 방위비분담금특별협정이라고 명명했고, 이에 따라 많은 언론과 전문가들 역시 그렇게 부르고 있다. SOFA에는 방위비라는 단어가 존재하지 않는다. 주둔 경비(cost)라는 단어가 존재할 뿐이다. 또한 SMA에서 다루는 것은 분담(sharing)이 아니라, 부담(bearing)이다. 따라서 '방위비분담금특별협정'의 정확한 명칭은 '미군주둔경비특별조치협정'이 되어야 한다.

이같은 점을 감안하여 참여연대 역시 2008년 '미군주둔경비지원금'이라고 표현한 바 있다. 그러나 이 역시 '지원'이라는 본질에서 벗어난 단어가 들어가 있다. 방위비분담금특별협정은 주둔 경비를 '지원'하는 협정이 아니라 미군의 주둔 경비를 우리 정부에 '전가'한 협정이다. 따라서 '주둔경비전가협정'으로 부르는 것이 타당할 것이다.

따라서 SMA 자체가 어떤 정당성과 합법성을 갖추지 못한 불법협정이다. 즉각 폐기되어야 마땅한 이 협정이 1991년 체결되어 지금까지 유지되면서 매년 1조 이상의 국민 혈세가 미군 주둔비에 투입되고 있다.

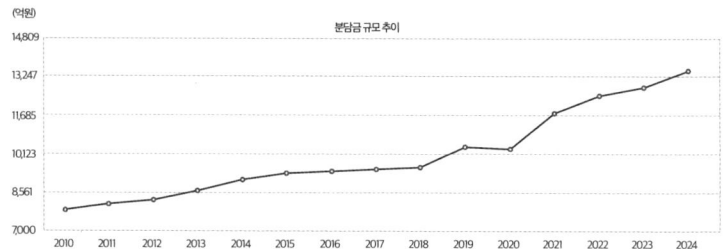

▲ 2010~2024년까지의 방위비분담금 추이이다. 지속적으로 증가하여 지금은 1년에 1조 3천억이 투입되고 있다.(이미지: 대한민국 전자정부 누리집 지표누리)

한편 미국은 이 자금을 '알뜰히' 사용하고 있는 사실이 여러 차례 밝혀졌다. 미 국방부는 방위비분담금을 커뮤니티 뱅크에 예치해 이자 수익을 남겼다. 이자 수익은 주한미군이 아닌 미국 방위산업에 사용되었다. 당시 이자 수익의 규모는 2006~2007년 사이에만 약 566억 원에 달했고 총 이자 수익은 3천억원을 넘을 것으로 추산됐다.

방위비분담금은 미2사단 이전 비용으로 사용되기도 했다. 주한미군기지 재배치 및 통폐합이 시작되면서 용산기지 이전 비용은 한국 정부가, 미2사단 이전 비용은 미국 정부가 부담하기로 합의했다. 그러나 미국은 한국이 지급한 방위비분담금으로 미2사단 이전 비용을 충당했다. 2009년~2017년 지급된 방위비 분담금 중 군사건설비의 60% 이상이 평택 미군기지 이전비로 사용되었고, 그 금액은 1조 6천억원 정도이다.

미국은 매번 방위비분담금을 더 인상해야 한다고 주장한다. 그러나 주한미군은 이 돈을 다 쓰지도 못하고 있다. 방위비분담금 미집행액은 1조 8천억이 넘는 것으로 알려져 있다.

방위비분담금특별협정은 우리 국가 예산을 미국이 강탈하는 행위를 보장하는 장치이다. 한국 정부와 국회는 이 문제를 바로 잡을 생각이 전혀 없다.

트럼프 재등장 후 이 강탈은 더욱 노골화될 것이다.

한미동맹에 대한 오해와 진실

비대칭 동맹이라는 착각

신문과 TV의 수많은 정치학자들이 등장해 한미동맹을 예찬하고, 그들의 해설 속에서 자주 등장하는 표현이 바로 '비대칭 동맹(asymmetric alliance)'이다.

비대칭 동맹이란 힘의 격차가 큰 두 국가 간의 동맹을 의미한다. 대등한 동맹은 두 나라의 힘이 유사한 경우에 체결되며, 비대칭 동맹은 한쪽은 강대국이고, 다른 한쪽은 상대적으로 약소국일 때 형성된다. 많은 학자들이 한미동맹을 비대칭 동맹의 대표 사례로 제시하고 있다.

이론적으로 비대칭 동맹은 두 가지 핵심 갈등 요소를 내포한다.

첫째는 '안보 대 자율성(Security vs. Autonomy)'의 교환이다. 약소국은 자신의 생존과 안보를 보장받기 위해 강대국의 군사적 보호를 필요로 하며, 강대국은 군사적 지원을 제공하는 대가로 약소국의 정책 결정에 영향을 미치고자 한다. 약소국은 가능한 자율성을 지키면서 안보를 확보하려 하고, 강대국은 가능한 한 안보 공약을 최소화하면서 약소국의 내정에 개입하려는 긴장 구조가 형성된다.

둘째는 '연루(Entanglement)와 포기(Abandonment)'의 딜레마다. 강대국은 약소국이 무모한 군사 행동이나 갈등을 일으켜 자신이 원하지 않는 전쟁에 연루되는 상황을 우려한다. 반면 약소국은 강대국이 안보 공약을 이행하지 않을 가능성을 걱정한다.

이러한 상호 불신과 이해 충돌 속에서, 동맹국 간에는 지속적인 조율과 갈등이 반복된다. 정치학자들이 말하는 '동맹 게임'은 바로 이러한 협상과 경쟁의 구조를 의미하며, 비대칭 동맹은 본질적으로 끊임없는 '갈등과 협력'의 반복을 내포한다는 것이 이론의 핵심이다.

이런 분석 틀에 따라 많은 한국의 정치학자들은 한미관계를 '비대칭 동맹'이라는 프레임으로 설명한다. 그러나 이런 설명은 한미동맹에 대한 오해를 유발한다. 비대칭 동맹은 어디까지나 '주권 국가들 사이의 동맹'을 전제로 한다. 즉, 힘의 차이는 존재하더라도 양국 모두 독립된 판단과 결정을 할 수 있는 주권 국가여야 한다. 안보와 자율성 사이에서 무엇을 양보할 것인지는 약소국이 스스로 선택해야 할 문제이고, 만약 강대국의 안보 공약 이행이 불확실하다면 그 동맹을 파기하거나 재구성할 권리 또한 약소국에 있다. 이것이야말로 '비대칭 동맹'이라는 개념이 갖는 민주적·주권적 전제다.

하지만 한미관계는 이러한 주권적 전제 자체가 결여된 상태에서 형성되었다. 한미상호방위조약이 체결되기 전부터 한국군의 작전통제권은 이미 미국 측에 넘어가 있었고, 정부 수립 과정에서부터 정책 자율성은 미군정과 미국의 승인 하에 철저히 제한되었다. 1948년 이승만 정부는 스스로 동맹을 선택하거나 설계할 수 있는 조건에 있지 않았다. 당시 한국은 미국에 '동맹'을 요청하는 입장이었을 뿐, 그것을 대등하게 협상하거나 조건을 제시할 수 있는 상황이 아니었다.

이후 1954년 11월, 이승만 정부는 '한미합의의사록'을 통해 더욱 충격적인 조항에 동의한다. "대한민국은 통일을 위한 노력에 있어서 미합중국과 협조한다"는 이 문구는, 남북 대화, 통일 정책의 추진조차 미국의 '협조'(사실상 동의)를 받아야만 가능한 구조를 공식화한 것이었다.

이는 한국 외교·안보·통일 정책의 주도권마저 사실상 포기한 것을 의미한다.

한미관계는 애초에 주권과 선택이 존재하지 않은 상태에서 형성된, 비대칭조차 아닌 일방적 구조였다. 즉, 한미동맹을 '비대칭 동맹'으로 설명하는 시도는 이 구조를 오히려 합리화하는 기능을 하게 된다.

마치 한국이 선택 가능한 여러 외교 옵션 중 하나로 미국을 택한 듯한 착시를 만들어내기 때문이다. 결국 이러한 설명은 한미관계의 실질적 종속성을 은폐하고, 책임을 '힘이 약한 나라의 숙명'으로 치환해버린다.

그러나 한미관계는 주권 국가 간의 갈등 조율의 산물이 아니었으며, 따라서 '비대칭 동맹'이라는 이론적 틀로는 설명될 수 없는 역사적 실체다.

'불평등 동맹'의 기만성

또 하나의 기만적 논리는 한미관계의 '불평등성'이다. 한미동맹은 힘의 격차로 인해 불평등할 수밖에 없으며, 이러한 불평등은 불가피하다는 주장이 한국 사회를 지배해 왔다.

우리가 안보를 위해 미국에 의존해야 하는 만큼, 그 대가로 정치·군사·경제 등 전방위적인 분야에서의 불평등 역시 감수할 수밖에 없다는 식이다.

한미 관계가 불평등하다는 점은 부정할 수 없는 사실이다. 그리고 그 원인이 양국 간 힘의 격차에서 비롯된다는 점 역시 현실이다. 실제로 다른 동맹에서도 불평등성은 존재한다.

문제의 핵심은 그 불평등을 그대로 수용할 것인가, 개선할 것인가에 있다. 예컨대 일본은 미국과의 관계에서 불평등성을 안고 있었다. 오키나와는 1951년 미일동맹 체결 당시 미군정의 통치하에 있었지만, 일본은 1972년 오키나와의 행정권을 되찾았다.

당초 미일안보조약도 한미상호방위조약 4조와 마찬가지로 미군 주둔권을 명시하고 있었으나, 일본은 1960년 개정을 통해 미군 주둔에 대한 주권적 통제권을 확보했다.

필리핀도 마찬가지였다. 미국과 비대칭적·불평등한 동맹 관계였던 필리핀은 1951년 미국과 동맹을 체결하고 다수의 미군 기지를 제공했으나, 1959년에는 약 56,000에이커(230㎢)에 달하는 기지를 돌려받았고, 1990년대 초 필리핀 의회는 수빅만 미 해군기지 사용 연장안을 거부해 결국 해당 기지를 폐쇄시켰다. 기지 사용료 문제에 대한 갈등의 결과였다.

반면, 역대 한국 정부와 정치권은 불평등 문제를 해결하기 위한 실질적 노력을 거의 기울이지 않았다. 이승만, 박정희, 전두환, 노태우에 이르는 군사독재 정권들은 말할 것도 없고, 문민정부를 표방한 김영삼 정권조차 이러한 구조를 방치했다.

한미 간 불평등성의 상징이라 할 수 있는 SOFA(주한미군지위협정)가 일부 개정된 것은 1991년이 되어서야 가능했으며, 그마저도 몇 가지 독소조항을 수정하는 수준에 그쳤다.

SOFA가 체결된 1966년 이전에는 미군 범죄를 처벌할 수 있는 법적 근거조차 존재하지 않았으며, 한국은 말 그대로 주한미군의 치외법권 지대였다.

1997년 정권 교체를 통해 등장한 김대중 정부와 노무현 정부는 이전 독재정권들과 달리 불평등한 동맹 구조를 부분적이나마 개선해 보려고 시도했으나, 국내외 동맹론자들의 압력과 미국의 반발로 인해 실질적인 성과를 거두지 못했다

더 근본적인 문제는 한미관계가 단순한 '불평등'을 넘어선 '종속'의 구조를 갖고 있다는 사실이다. 다음 장에서 자세하게 다루겠지만, 한국의 정치적 격변기마다 미국은 결정적 역할을 수행했다.

이승만 하야, 5.16 쿠데타, 12.12 군사반란과 5.18 광주민주화운동, 1987년 6월 항쟁 등 모든 중대 국면에서 미국은 은밀하게 혹은 노골적으로 개입했다.

심지어 이른바 민주당 정부 집권기에도 종속 구조는 해소되지 않

앉다. 촛불혁명으로 출범한 문재인 정부는 박근혜 정부가 합의한 사드 배치를 철회하지 못했고, 2018년 남북정상이 합의한 판문점 선언과 9월 평양선언 역시 미국의 간섭으로 실천되지 못했다. 2019년, 한일 군사정보보호협정(GSOMIA) 파기를 문 대통령이 선언했지만, 결국 미국의 압력에 굴복해 철회한 사례도 있었다.

군사주권의 핵심인 작전통제권은 여전히 주한미군사령관이 행사하고 있으며, 비무장지대(DMZ)의 관할권도 유엔사가 쥐고 있다. 심지어 주한미군이 한국 땅에서 인체에 치명적인 세균 실험을 진행한 사실이 드러났음에도, 한국 정부는 미군 기지 내부를 조사조차 하지 못했다.

이처럼 한미관계의 불평등성은 한국의 정치·군사·외교 전반을 미국의 전략과 이익에 종속시키는 구조를 은폐하는 가림막으로 기능해왔다. 따라서 우리는 한미동맹을 '불평등한 동맹' 정도로 인식하는 수준에서 멈춰선 안 된다.

한미동맹은 본질적으로 종속의 구조이며, 이 종속성이 '불평등'이라는 개념 뒤에 가려져 왔을 뿐이다.

'미국의 범위'에서 민주주의는 가능한가

모든 사람은 자주적으로 살고자 하는 본능적인 욕망을 가지고 있다. 조선, 베트남, 중국, 필리핀 등 식민 지배를 경험한 모든 나라에서 자주독립 투쟁이 벌어졌고, 식민지로부터 해방된 이후에는 자주독립 국가 건설에 매진한 이유가 여기에 있다.

한편, 민주주의란 다수 대중의 요구를 반영하는 정치 방식이다. 따라서 해방 직후 자주독립국가의 건설은 곧 민주국가의 건설을 의미했다. 대다수 농민이 요구했던 토지개혁을 실현하고, 다수 노동자가 바랐던 노동기본권을 보장하며, 민중 다수가 염원했던 반민족행위자 처벌을 실현하는 것, 그것이 바로 자주독립이며 동시에 민주개혁이었다.

그러나 대한민국 정부는 이러한 요구와는 정반대 방향에서 수립되었다. 농민의 요구였던 토지개혁은 왜곡되어 지주-소작 관계가 지속되었고, 노동자의 요구였던 노동기본권은 보장되지 않았으며, 사회 구성원의 절대 다수가 원했던 친일파 청산은 이루어지지 않았다. 미군정기부터 민주주의는 철저히 파괴되었고, 그 결과로 이승만 정부가 수립되었다. 민주주의의 파괴는 미국에 종속된 정부의 탄생을 낳았고, 그 정부는 다시 민주주의를 철저히 억압했다. 이승만의 경찰독재, 박정희의 군사독재, 전두환의 군사독재는 수십 년간 한국 정치를 지배했다.

민주주의에 대한 열망으로 시작된 1960년 4.19 혁명은 이승만 독재를 무너뜨렸지만, 곧바로 미국과 박정희를 중심으로 한 친미군부 세력이 민주주의를 다시 짓밟았다. 1979년 10.26 사태 이후 민주화의 가능성이 열렸으나, 이번에도 미국과 전두환 중심의 친미군부 세력이 그 희망을 유린했다.

1987년 박종철 열사와 이한열 열사의 죽음을 계기로 대통령 직선제를 쟁취했지만, 군부독재 세력과 친미사대 세력을 청산하지 못한 결과, 권력 구조는 그대로 유지되었다. 1997년 최초의 수평적 정권교체가 있었지만, 김대중 정부 역시 군부독재와 친미사대 세력을 해체하지 못했다. 이후 노무현, 문재인으로 이어지는 소위 '민주정부'가 다시 등장했으나, 결과는 다르지 않았다.

민주주의의 중요한 분기점마다 미국은 친미사대 세력을 앞세워 민주주의를 유린하고 파괴했다. '민주정부'가 들어설 때마다, 미국은 한반도 위협론을 내세워 발목을 잡았다. 친미사대 세력은 그 생명을 연장했고, '동맹'이라는 이름 아래 한국 사회의 자주적 발전을 가로막았다. 이들과 '정치적 투쟁'을 벌여야 했던 민주 정치인들조차 한미동맹에 대한 맹신에 빠지거나, 미국이 설정한 한계를 넘어서려는 의지를 상실했다.

'미국이 설정한 범위'란 곧 분단체제의 유지, 반노동·친자본 정치의 지속, 그리고 동맹 체제의 고착을 의미한다. 이 범위를 넘어서려는 정치 세력은 대한민국 정치에서 이단아 취급을 받았고, 간첩으로 몰리거나 위헌정당으로 해산되었다.

이처럼 한미동맹은 민주주의를 파괴하고, 민주주의 회복을 위한 모든 노력을 억압해왔다. 한미동맹 체제 아래에서 민주주의가 발전할 수 있다는 것은 환상이다. 대한민국의 민주주의는 오직 한미동맹 체제를 벗어날 때, 그리고 미국이 설정한 정치적 범위를 넘어서려는 노력이 있을 때에만 비로소 진정한 발전의 길에 들어설 수 있다.

한미동맹 아래 평화는 가능한가

미군정이 시작되면서부터 한국 사회는 사실상 전쟁 상태에 들어섰다. 미군정에 반대하며 자주독립국가를 건설하려는 세력과, 미군정에 기대어 친미국가를 세우려는 세력 사이에는 타협 불가능한 대립이 존재했다.

이는 단순한 정치적 갈등이 아니라, 한국의 진로를 결정하는 체제적 충돌이었다. 미군정은 자국의 군사력과 행정권을 동원해 자주독립을 지향하는 모든 정치 세력을 탄압했고, 그 대신 친미 사대 세력에게 권력을 넘겨주었다.

친미 사대 세력은 미국의 입장에 전적으로 복종했고, 그 결과 한국과 미국 간의 종속적 관계는 제도화되기 시작했다.

한국전쟁은 이러한 종속 구조를 더욱 심화시키는 계기가 되었다. 전쟁 발발과 함께 미국은 한국군의 작전권을 완전히 장악했고, 전시 체제를 거치며 한국의 경제 시스템은 미국 중심의 자본주의 질서에 종속되었다. 그나마 남아 있던 자주독립 성향의 애국 인사들은 전쟁을 거치며 사회에서 제거되거나 주변화되었고, 전후 한국 사회는 모든 영역에서 미국 중심의 체제로 재편되었다.

지배 질서는 언제나 분열을 조장한다. 미국이 한반도를 분단시킨 이유 또한 여기에 있다. 분열과 대립, 그리고 전쟁은 지배를 정당화하고 지속시키는 가장 효과적인 수단이다.

미국은 한국의 중요한 정치적 격변기마다 '전쟁 위기'를 고조시키고, '북한 위협론'을 반복적으로 제기하면서 남북 간 적대 구도를 강화했다. 박정희의 5.16 쿠데타는 '반공, 반북'을 명분으로 이루어졌고, 전두환의 12.12 군사반란과 5.18 진압 또한 같은 논리를 따랐다. 군부독재에 맞선 민주화 운동이 격렬해질 때마다, '북풍' 공작과 '간첩단 사건'이 조작되며 여론을 전환하고, 억압을 정당화했다.

탈냉전 이후에도 이 패턴은 반복되었다. 김영삼 정부가 "어느 동맹국도 민족보다 나을 수 없다"고 발언하자, 미국은 이른바 '북핵 문제'를 부각시켜 남북 관계 개선을 견제하려 했다. 2000년 6.15 공동선언 이후 남북 간 교류와 협력이 본격화되자, 남북 도로와 철도를 연결하는 사업에 대해 유엔사를 앞세워 지뢰 제거 작업을 방해했다. 개성공단 조성 당시에도 미국은 집요하게 반대했고, 2018년 남북 대화가 재개되자 '대북 제재'라는 명분을 내세워 각종 교류 사업을 차단했다.

남북 간 평화와 협력은 곧 미국 주도의 '한미동맹'에 위협이 되었기 때문이다. 종속적 한미관계는 본질적으로 전쟁을 전제로 한다. 따라서 남북 관계의 실질적 개선과 한반도 평화 체제의 수립은 종속적 한미 관계 유지에 치명적이다.

미국에게 '한미동맹'은 단순한 안보 협력이 아니라, 한국을 통제하고 지배하는 전략적 수단이다. 그렇기 때문에 미국은 언제나 남북대화와 화해의 흐름을 견제하고, 평화를 유보시키려 해왔다.

또한 '한미동맹'은 전쟁을 위한 수단이기도 하다. 냉전 시기 미국은 소련과 공산주의 진영을 적으로 삼고, 전 세계 곳곳에서 전쟁을 벌였다. 국공내전, 한국전쟁, 베트남전쟁을 거치며 한미동맹은 군사적·이념적 동맹으로 굳어졌고, 탈냉전기에는 '불량국가'와의 전쟁, '테러와의 전쟁'을 통해 새로운 적을 설정하며 동맹을 재조정했다.

신냉전 시대에 접어든 지금, 미국은 중국과 러시아를 전략적 경쟁자로 규정하고, 그에 따라 '한미동맹'도 '신성불가침의 영역'처럼 다뤄지고 있다.

해마다 수십 차례 실시되는 한미 연합 군사훈련은 사실상 전쟁연습이다. 5027, 5029, 5030, 5015, 2022 등 다양한 이름의 작전계획들이 존재하며, 이러한 시나리오들은 모두 '한미동맹'이라는 틀 안에서 정당화된다.

이 훈련들은 단순한 방어 훈련이 아니라 북한 정권의 붕괴, 점령, 통제까지를 포함하는 공격형 전쟁 계획이 다수를 차지한다.

따라서 '한미동맹이 한반도에 평화를 가져왔다'는 주장은 허구에 불과하다. 한반도의 평화는 한미동맹 체제 내에서 실현될 수 없으며, 진정한 평화는 오직 '한미동맹' 체제를 넘어서고, 미국이 설정한 지배 질서에서 벗어날 때 가능하다.

3

미국의 내정간섭사

한미관계의 핵심은 군사적 지배에 기초한 정치적 개입이다. 군사적 지배는 주한미군과 한미동맹을 통해 이루어진다. 이 힘을 바탕으로 미국은 모든 역사적 계기에서 한국 정치를 좌지우지 해왔다. 결국 한미관계의 역사는 미국의 한국에 대한 내정간섭의 역사였다. 미군은 주둔하기 전부터 내정간섭 본색을 드러냈다.
38선을 긋고 조선총독부에 압력을 가해 건국준비위원회가 행사하던 조선에 대한 행정권을 박탈했다. 건국준비위원회와 인민위원회를 무력화시켰고, 조선공산당을 불법화시켰으며 자주독립을 향한 조선 민중의 투쟁을 탄압했다. 미국의 내정간섭사는 한국이 미국에 정치적으로 철저히 종속되어 있음을 적나라하게 보여준다. 수백 페이지로도 모자랄 미국의 내정간섭사를 간단히 정리한다.

이승만 퇴진: 예방혁명 위한 미국의 공작

정권 퇴진의 불씨를 지핀 김주열 열사의 시신

1960년 3월 15일은 4대 대통령과 5대 부통령을 선출하는 선거일이었다. 조병옥 민주당 대통령 후보가 선거 도중 사망하는 바람에 이승만의 대통령 당선은 '따 놓은 당상'이었다. 문제는 부통령. 자유당은 이기붕을 부통령으로 당선시키기 위해 혈안이 되어 있었지만, 민주당 부통령 후보인 장면에 밀리는 상황이었다.

자유당 정권은 3.15 선거 전부터 대대적인 부정선거를 준비했다. 유권자들을 3인 1조로 투표하게 하고, 투표지를 투표함에 넣기 전에 자유당 측 참관인에게 보여주도록 하고, 가짜 투표용지를 만들어두었다가 투표함에 무더기로 투입하는 등 다양한 계획을 세웠

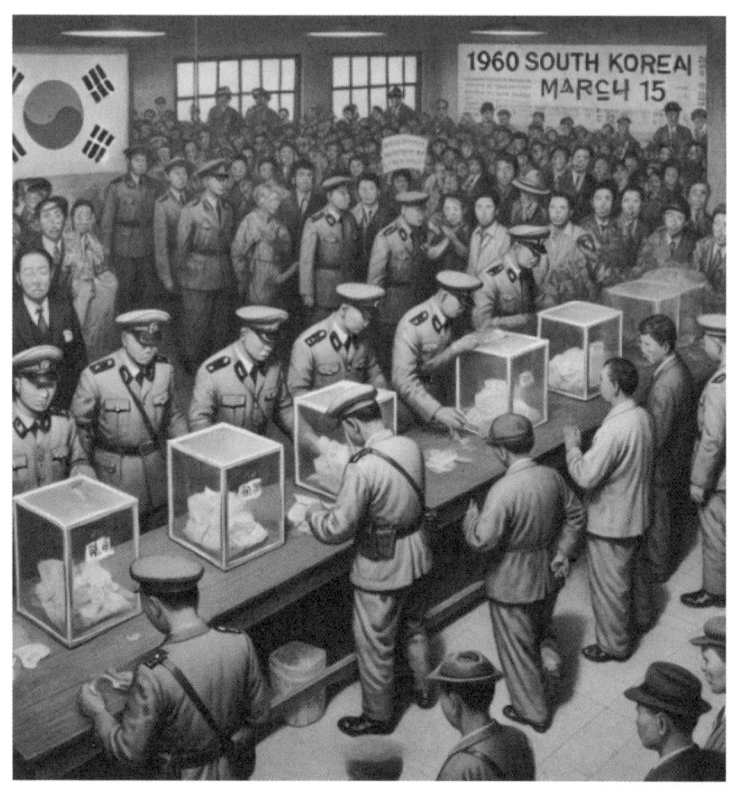

다. 선거 당일인 3월 15일엔 투표하는 사람들에게 돈을 주는가 하면, 한 명이 투표용지를 20장까지 가져가는 등 선거 조작 행위가 저질러졌다.

개표 과정에서 부통령 후보인 이기붕의 득표율이 100%에 육박하는 결과가 나오자, 부정선거가 들통날 것을 우려하여 "이승만은 80%로, 이기붕은 70~75% 선으로 조정하라"라는 지시가 내려가기도 했다.

민중의 분노가 폭발한 것은 당연한 일. 3월 15일 오후와 저녁 전국 각지에서 부정선거를 규탄하는 시위가 벌어졌다. 이때까지만 해도 시위의 주된 구호는 부정선거 규탄이었다. 그러나 마산 앞바다에서 김주열 열사의 시신이 떠오르면서 시위는 본격적인 정권 퇴진 투쟁으로 발전하게 된다.

4월 19일엔 전국 대학생들이 들고 일어났다. 대통령 관저인 경무대와 이기붕의 자택으로 몰려가 이승만과 이기붕의 퇴진, 김주열 열사 죽음에 대한 관련자 처벌을 요구했다.

이승만 정권은 경무대에 몰려든 대학생들에 총격을 가했고, 비상계엄령을 선포했다. 4.3 제주에서 그랬던 것처럼, 군대를 동원해 시위대를 무참히 짓밟으려 했다.

이승만 '하야' 성명,
부패 독재 정권 몰아낸 승리의 4월 항쟁

4월 26일 이른 아침부터 서울 도심 거리는 시위대로 가득 찼고, 시위대는 경무대를 향하여 전진하기 시작했다. 그러나 시위대는 예상치 않은 이승만 대통령 사임 성명을 들어야 했다. 광화문 인근에 모여있던 시위대는 계엄군의 마이크를 통해 이승만 사임 성명을 듣는 '희극적' 상황에 처했다.

4월 19일 이승만 정권은 계엄령을 선포함으로써 성난 항쟁 대오를 진압하려 했다. 그리고 이승만 퇴진 구호가 전국적 범위에서 폭발한 것은 4월 25일이었다. 길게 보면 일주일, 짧게 보면 하루 만에 이승만은 강경 진압 태세에서 물러나 사퇴 즉 하야를 선택한 것이다.

이승만은 4월 24일 자신이 자유당을 탈퇴하고, 국무위원들의 사직서를 수리해서 개각하겠다는 장문의 성명을 발표했다. 이때까지만 해도 이승만은 하야 결심을 하지 않았다. 따라서 이승만의 하야는 4월 25일 어떤 변수가 작동한 결과라고 해야 한다.

이승만이 돌연 하야를 선택한 이유가 무엇이었건 간에 4월 항쟁은 이승만 정권을 몰아낸 승리의 항쟁이었다. 시위대에게 총격을 가해 200명 가까운 사망자와 6천 명이 넘는 부상자를 양산할 정도로 폭력 진압을 서슴지 않았고, 비상계엄령을 선포하여 시위 진압을 위해 군대까지 동원했던 이승만 정권의 폭압에 맞서 굴함 없이 싸워 승리한 민주 항쟁이었다.

미국, 내정불간섭 원칙 내세우며 이승만 독재 지지

시야를 돌려 4.19 항쟁 과정 당시 미국의 움직임을 볼 필요가 있다. 미국의 움직임을 보면 이승만이 돌연 하야를 발표한 이유가 확인된다.

미국에 있어 이승만은 '계륵'과도 같은 인물이다. 미국은 이승만 집권 기간 '에버레디 계획'이라는 이승만 제거 계획을 여러 차례 수립할 정도로 이승만에 대해 비판적이었다. 그러나 '에버레디 계획'은 단 한 번도 추진된 적이 없다. 이승만을 대체할 인물이 없었기 때문이다. 미우나 고우나 한국 정치에서 미국의 이해관계를 대변해 줄 인물은 이승만 외엔 존재하지 않았다.

3.15 부정선거가 극에 달하고 있는 상황에서도 미국은 이승만 정권을 지지했다. 당시 부통령 후보였던 장면은 3월 11일 주한미 부대사 마셜 그린을 찾아가 왜 미국이 부정선거에 가만히 있느냐는 항의를 했다. 그린 부대사는 내정 불간섭의 원칙을 반복했다.

이때만 해도 미국은 '계륵' 이승만의 권력을 유지하는 쪽을 선택했다. 3월 15일 부정선거에 항의하는 시위가 전국적으로 퍼지고 마산 일대에서 유혈사태가 발생하자 미국은 이에 우려를 표명했지만, 내정불간섭 원칙은 변하지 않았다. 다만 미국은 사태의 심각성에 대해 우려하는 기색을 보였을 뿐이다.

3월 17일 주한미국대사관은 당시 한국의 정치 상황에 대해 "미국이 한국에서 추구하는 목표, 즉 친미적이고 반공적이며 정치적으로 안정되고 군사적으로 강력한 한국을 만드는 것이 근본적으로 위협받고 있다"라고 진단했다. 또한 미국이 부정선거에 대해 인정하거나 무관심한 태도를 보이면 한국 정부가 더 억압적인 조치를 취하도록 만들 것이라는 우려가 담긴 정세보고서를 미 국무부에 전달했다.

미 국무부는 미국이 부정선거에 무관심하거나 인정하는 듯이 보이는 행동을 취해서는 안 된다는 방침을 주한미대사관에 전달했다. 다만 4월 7일 미 국무부는 한국의 여야 정치인 중 온건한 인물들과 접촉해 타협적 해결을 모색하라고 대사관에 지시했다. 이때까지만 해도 미국은 우려 섞인 시선으로 한국의 상황을 지켜봤을 뿐이었다.

재선거 요구로 방침 전환

4월 11일 김주열 열사의 시신이 떠오르고 대규모 시위가 촉발하자 미국은 한국 정치 상황에 직접 개입하기로 결정했다. 4월 15일

미 국무부는 주한미대사에게 이승만 대통령을 만나 미국 정부가 작성한 각서를 전달하라고 했다. 각서에는 1) 부정선거 책임자의 퇴출 2) 선거법의 개정 등의 권고가 포함되어 있었다.

서울에서의 시위가 폭발했던 4월 19일 밤 9시경 미국 대사는 경무대를 찾아 이승만을 만났다. 매카나기 대사는 부정선거 사실을 인정하고 시정조치를 취해야 한다고 설득했다. 그러나 이승만과 내각 장관들은 부정선거 사실을 인정하지 않았다.

미국이 사태 해결 방법으로 재선거를 결정한 것은 바로 이 무렵이다. 국무부는 재선거를 수용하라고 이승만을 압박해야 한다는 방침을 주한미대사관에 전달했고, 4월 21일 주한미대사는 다시 이승만을 만나기 위해 경무대를 찾았다. 그러나 이 자리에서도 이승만은 소요 사태의 원인을 장면과 가톨릭의 음모 때문이라는 주장을 반복했다. 기록에 따르면, 주한미대사는 재선거 이야기를 꺼내지도 못했다.

이때부터 미국의 분위기가 심각해진 것으로 판단된다. 4월 21일 면담 내용을 보고받은 미 국무부는 분개했고, 이승만 정권이 사태 해결책 즉 재선거를 제시하기 전까지 접촉하지 말 것을 미대사관에 주문했다.

다만, 이때까지만 해도 미국은 이승만 사퇴까지는 검토하지 않았다. 4월 23일 주한미대사관에서 미국무부에 보낸 전문은 미대사관 측에서 학생, 교수들과 접촉해 본 결과 이들이 제시하는 최소한의 사태 수습 조치는 이기붕 사퇴, 재선거, 경찰 처벌이라는 내용이 담겨있다. 이승만 사퇴 이야기는 없었다.

4월 25일부터 이승만 사퇴로 방향 전환하고 압박 시작

4월 25일 오전 미대사관이 작성한 전문에는 4월 24일 미국 대사관 직원이 고려대학교 교수를 만났고, 4월 25일 교수단 시위를 벌일 예정이며, 교수단의 요구에는 이승만 사퇴가 포함되어 있다는 내용이 적혀있다.

4월 26일 오전 9시 10분 미국 대사는 김정렬 국방장관에게 전화를 걸어 사태의 심각성을 전달했다. 미국 대사는 김정렬에게 이승만 대통령을 만나 재선거를 실시하겠다는 성명을 발표하게 하라고 압박했다. 또한 김정렬에게 자신과 이승만의 회담을 주선할 것을 요청했다. 한국 사태에 대한 미국의 긴박한 움직임을 확인할 수 있는 대목이다.

이 시각 시위대가 서울 도심을 메우고 있었다. 비슷한 시각 미국 CIA 한국 지국장 피어 드 실바 역시 대통령 비서 박찬일에게 전화를 걸어 사태 해결을 촉구했다.

한편 미국 대사는 매그루더 유엔군 사령관에게 전화를 걸어 자신과 함께 경무대를 가자고 제안했고, 매그루더는 이를 수락했다. 이런 상황에서 김정렬 국방장관은 경무대로 가서 이승만을 만났고, 그 자리에서 이승만은 "국민이 원한다면 하야하겠다"라는 '조건부 하야'를 결정했다.

김정렬은 10시 15분경 이승만이 조건부 하야 결정을 내렸다고 주한미대사에게 전화로 알렸으나 미국은 이에 만족할 수 없었다. 10시 27분경 주한미대사와 유엔군사령관이 경무대로 출발했고 이승만을 만나 조건부 하야에 대해 문제를 제기했다. 주한미대사는 이승만의 무조건 하야가 한국민의 정당한 요구일 뿐 아니라 '근본적인 미국의 이익'과 직결되어 있다는 사실을 강조했다.

미 대사는 이승만에게 "오랫동안 너무 많은 일을 해온 연로한 정치가는 그의 책무에서 벗어나 존경받는 자리로 은퇴하고, 특히 지금같이 복잡하고 어려운 시기에는 정부의 부담을 젊은 사람에게 넘겨주어야 한다"라며 이승만의 즉각 사퇴를 압박했다. 결국 이승만은 4월 27일 국회에 사직서를 제출함으로써 미국의 요구에 따를 수밖에 없었다.

아래는 4월 26일 긴박했던 상황의 보고서이다. 다소 길지만 이해를 돕기위해 소개한다.

1960년 4월 26일 주한 미국대사가 미 국무부에 보낸 전문

"9시 10분 대사(매카나기)는 중앙청에 있는 국방장관에게 전화를 걸어 사태의 심각성(적어도 5만의 시위군중들이 도심을 향해 나아가고 있음)을 강조하고, 빨리 이승만 대통령을 만나 대통령이 학생들을 만나야 하며, 새로운 선거를 실시하고, 자신의 장래 정치적 역할을 고려해 보겠다는 성명을 발표하라고 제안할 것을 촉구했다. 대사는 빨리 대통령을 방문해야 한다고 촉구했다. 국방장관은 대통령을 확신시키기 위해서는 '나는 당신의 도움이 필요하다'라면서 자신이 대통령의 허락을 받을 때까지 기다려 달라고 요청했다.

9시 20분 대사는 매그루더(당시 주한미군 사령관)에게 자신이 대통령을 만날 것인데 장군이 동행해 주었으면 좋겠다고 말했다. 매그루더 장군은 기꺼이 동행하겠다고 했다.(중략)

9시 45분 대사관은 첫 번째 성명서를 AFKN과 한국의 방송국, 리플릿 형태로 시위 군중에게 배포하였다.

10시 15분 국방장관이 대사에게 전화를 걸어 대통령이 결단을 했으며, 성명서를 발표할 예정이라고 했다. 성명서의 핵심내용은 국민이 자신의 사임을 원한다면 그러할 것이며, 선거를 새로 실시할 것이라 했다. 대통령은 지금 그 성명서의 공표를 고려하고 있는 것 같다고 했다. 국방장관은 대통령이 곧 자신과 대사를

> 만나기를 원한다고 했다.
> 10시 20분 한국의 라디오 방송국들은 대통령이 곧 중대 성명을 발표할 것이라 했다.
> 10시 27분 대사와 매그루더 장군은 대통령 관저를 향해 떠났다.
> 10시 30분 대통령의 성명서가 발표되었다.
> 10시 35분 대사와 매그루더가 대통령 관저에 도착했다."

미국이 이승만을 사퇴시킨 이유: 민주주의 아닌 예방 혁명

미국이 이승만 사퇴를 결정한 것은 한국의 민주주의를 위한 선택이 아니었다. 4월 17일 미대사관이 국무부에 보낸 전문에 당시 미국의 우려가 잘 담겨있다.

"이러한 상황을 통제하려는 심하게 억압적인 한국 정부의 조치들은 대중들의 적대감을 더욱 깊어지게 하고, 국제사회에서 한국 정부의 위신에 먹칠을 하고, 이 나라를 공산주의자들의 전복 활동에 더 취약하도록 만들 것이다. 권위주의적 경향들은 다른 아프리카, 아시아 지역 특정 국가들에서 미국 정부에 의해 용인되어 왔지만, 여기의 상황은 권위주의의 강화가 권위의 약화로 가고 있는 경우이다."

이승만 정부의 억압적인 조치는 '미국이 한국에서 추구하는 목표' 즉 '친미적이고 반공적이며 정치적으로 안정되고 강력한 한국'(3.17 보고 전문)을 만들려는 미국의 이해관계와 일치하지 않는다는 문제의식이 담겨있는 보고이다. 미국의 우려는 심각해지고 있었지만, 이승만은 억압 통치를 계속했다. 시위대에 총격을 가하고, 계엄령을 선포하는 지경까지 이른다. 결국 미국은 직접 개입에 나섰지만, 첫 조치는 '재선거 요구'였다. 그러나 이승만은 재선거 요구조차 받아들이지 않았다. 결국 미국은 이승만 사퇴를 결정한 것이다.

미국이 이승만 사퇴를 결정한 이유는 이승만이 더 이상 미국의 이익을 대변하는 정권이 아니라 미국의 이익을 침해하는 정권이라는 판단 때문이었다. 이 상황이 방치된다면 시위는 '친미적이고 반공적이며 정치적으로 안정되고 강력한 한국'을 전복시키는 혁명적 상황으로 갈 수 있다는 우려가 결정적이었다. 즉 미국은 예방 혁명 차원에서 이승만 사퇴를 결정한 것이다.

예방 혁명은 대중의 급진적인 혁명이나 체제 붕괴를 막기 위해, 지배층이 주도적으로 일정한 개혁을 단행하는 전략적인 변화 방식을 뜻한다. 이는 폭력적 저항이나 사회적 혼란이 발생하기 전에, 불만의 원인을 일부 해소하여 체제를 안정적으로 유지하려는 시도로 볼 수 있다.

독일의 비스마르크는 19세기 후반 노동자의 불만과 사회주의 확산을 견제하기 위해, 세계 최초의 사회보험 제도를 도입했다. 이는 노동자의 삶의 질을 일부 개선함으로써 혁명적 분위기를 완화하고, 기존 체제를 보존하려는 전형적인 예방 혁명의 사례이다.

이승만의 하야로 사태가 마무리되었다고 판단한 매그루더 유엔군사령관은 미국 합동참모본부에 다음과 같은 전문을 보낸다.

> 이제는 더 이상 법과 질서를 무시할 정당한 이유가 없다. 그러므로 이 이후에 일어나는 봉기(uprising)는, 만약 그것이 일어난다면 아마도 급진적인 요소들에 의해, 또는 공산주의자에 의해, 또는 깡패들에 의해 선동된 것일 것이다.

이승만 하야에도 불구하고 시위가 계속된다면 엄단 조치를 취하겠다는 의사 피력이다. 주한미대사가 미국무부에 보낸 전문이 아니라 유엔군사령관이 미 국방부에 보낸 전문이라는 점에 주목할 필요가 있다.

매그루더는 향후에 혹시 있을지 모르는 시위를 진압하기 위해 한국군에 최루탄 가스 사용을 포함한 '폭동 진압훈련'을 시킬 것이라고 본국에 보고했다. 또한 이미 최루탄 가스를 공수받을 있도록 미 육군참모총장으로부터 승인을 받기도 했다.

그런데, 장면 내각이 등장했지만 시위는 계속되었다. 미국의 시각에서 한국 정치 상황은 미국의 근본 이익을 위협하는 수준을 향해 치닫고 있었다. 즉 이승만 사퇴만으로는 혁명을 예방할 수 없는 상황이 전개되고 있었다. 미국은 다른 결정을 할 수밖에 없었다. 미국은 박정희에게 주목하기 시작했다.

▲ 이승만 '하야' 소식을 전하는 당시 보도

5.16 쿠데타: 미국 CIA의 "가장 성공한 공작"

장면 정부에게서 불안감을 느낀 미국

장면 정부는 4.19 혁명 이후 등장했으나 집권 기간 정치적으로 불안정한 모습을 보여주었다. 장면 정부의 불안정한 모습은 안정적인 정부를 통해 소련과 공산주의를 봉쇄하기를 원하는 미국의 정책에 부합하지 않았다.

특히 미국은 장면 정부가 4.19 혁명 이후 분출하는 통일 열기와 반미감정에 강력하게 대응하지 못하는 점에 주목하고 있었다. 주지하다시피 4.19 혁명 이후 통일운동은 혁신세력을 중심으로 '민족자주통일 중앙협의회'가 만들어지고, 전국의 많은 대학교와 고등학교에 '민족통일연맹'이 결성되어 중립화통일을 주장하거나 남북교류를 촉구하는 등 활발하게 전개되고 있었다.

이와 더불어 반미 감정도 확산하고 있었다. 1961년 2월 8일 체결된 '한미경제기술원조협정'은 한미 관계의 경제적 종속성을 드러낸 사건이었다. 진보적 정당과 사회단체 그리고 대학생들은 이 협정이 한국의 경제적 예속을 제도화하며 미국이 한국 내정에 간섭하는 통로를 열어주는 불평등조약이라면서 '한미경제협정 반대 투쟁위원회'를 결성해 이 협정의 철회와 비준 거부를 요구했다. 이는 한국전쟁 이후 한국 사회 최초의 조직적이고 광범위한 반미 운동이었다.

미국은 한국 상황을 대단히 신중하게 지켜보고 있었다. 당시 CIA는 장면 정부의 정치 갈등과 경제적 문제가 미국의 안보 이익에 부정적 영향을 미칠 수 있다고 우려하면서 '안정화를 위한 조치'를 권고한다. 미 국무부 역시 한국에서 정치적 안정을 회복하는 것이 중요하다고 강조하면서 미국이 적극적으로 개입하여 정치적 안정을 촉진할 필요가 있다고 제안했다.

특히 미 국무부는 "한국의 불안정한 상황이 계속되면 공산주의가 한국 사회를 장악할 수 있다"고까지 우려했으며, "한국의 불안정성 해소는 소련 봉쇄를 목표로 하는 미국 전략의 일부"라고까지 의미를 부여했다.

미국이 느낀 불안감의 실체는 4.19 혁명 이후 고양되는 통일과 반미자주의 기운이었다. 이를 '효과적으로' 진압하지 못하는 장면정부의 '무능력'을 목도한 미국은 군부라는 새로운 세력을 한국 정치에 등장시키지 않으면 안되었던 것이다. 30년 넘게 진행된 군부독재 시대는 4.19 혁명 이후 분출하는 자주통일 열망에 대한 미국의 위기에서 시작되었다고 해도 과언이 아니다.

미국, '정치 안정화'를 위해
한국군의 쿠데타 움직임을 알고서도 방치

결국 미국은 허약한 장면 정권을 통해서는 더 이상 사태수습의 길이 없음을 느끼고 장면의 정치 고문 도널드 윈터카와 더불어 군부쿠데타를 추진한다. 윈터카는 5·16 몇 주 전 군부 내의 한국인 첩보원 백운상 대령으로부터 박정희의 쿠데타 계획을 통보받고 주체세력들의 친미반공 의지를 확인하고는 곧 그들과 자주 접촉한다. 그리고 5월 16일과 17일 연이어 열린 미안전보장회의(NSC)에서 CIA국장 앨런 덜레스는 CIA 한국지부장 실버의 보고를 토대로 쿠데타 지지를 주장한다. 실버는 자신의 회고록에서 "5·16이 있기 전 CIA 분실에 있던 우리들은 며칠 전 한국군 장교를 통해 이미 사태를 알고 있었다. … 나는 정보의 출처를 대지 않고, 거사 일자는 확정되지 않았으나 정부 전복을 위한 쿠데타가 계획되고 있다고 통고했다"고 적었다.

다음은 한국 쿠데타에 대한 미 중앙정보부의 보고서이다.

(1961. 4. 21 ~ 26)

4월 21일 - 한국 정부를 전복시키려는 쿠데타 시도는 두 개가 있는데, 하나는 제2 군부사령관 박정희 소장이 주도한 것이며 ……

4월 22일 - 군사쿠데타의 가능성에 대한 요약. 명백한 위협이 존재한다.

4월 23일 - 정력적이고 심각하게 쿠데타를 토의·계획하는 중요한 그룹이 존재하며 그 그룹의 구성원은 격렬하고 조급하고, 의도적이며 당돌하고 폭력적인 행동을 할 가능성이 상당한 인물들이라고 평가할 만한 충분한 증거가 있다고 판단된다.

4월 25일 - 한국군 방첩대가 쿠데타를 조사하고 있다. 만약 쿠데타가 4월 26일 시도되지 않는다면, (쿠데타) 그룹은 다른 기회를 기다릴 것이다. 4월 23일 장면에 따르면, 그는 쿠데타를 알지 못했다. 그러나 신문발행인이 4월 25일 그에게 (쿠데타에 대해) 조언할 계획이었다.

5월 16일 쿠데타 실행과 주한미군

1961년 5월 16일, 박정희 군부의 쿠데타가 실행되었다. 앨런 덜레스 CIA 국장은 당시의 상황을 이렇게 적었다.

> 내가 재임 중 CIA의 해외활동에서 가장 성공한 것은 이 혁명(5.16군사쿠데타)이었습니다. 미국에서 몇몇 지도자가 지지하고 있던 장면 내각은 부패하였고 이승만 정권을 무너뜨린 민중의 기대를 채우지 못했습니다. 위태로운 순간이었습니다. 만일 미국이 무엇인가 하지 않았더라면 민중은 공산주의자들의 선전에 홀려서 남북통일을 요구하는 폭도들을 지원했을지도 모릅니다.

1961년 6월 26일 박정희가 이끄는 국가재건최고회의와 유엔사령부는 공동성명을 발표하는데, 그 성명 1항은 아래와 같다.

> 국가재건최고회의는 유엔사령관에게 한국군의 모든 작전지휘권을 복귀시켰음을 이에 성명하며, 유엔사령관은 공산 침략으로부터 한국을 방어함에 있어서만 이 작전지휘권을 행사한다.

이 성명은 한국군의 모든 작전지휘권(작전통제권)을 박정희 세력이 유엔군에 복귀시켰다는 사실을 강조한다. 다르게 표현하자면

5.16 쿠데타 기간 일부 한국군이 유엔군의 작전통제를 벗어났다는 사실을 인정한 것이다.

한국전쟁이 끝난 이후에도 한국군에 대한 작전통제권을 미국이 행사하고 있었다는 점을 상기한다면, 이 성명은 5.16 쿠데타 기간 사실상 유엔군이 한국군의 쿠데타 움직임을 방치 혹은 주도했음을 시사한다. 그리고 쿠데타 성공 한 달 후 다시 작전통제권을 유엔사에 귀속시킴으로써 정상화한 것이다.

CIA의 박정희 충성도 평가

당시 CIA 보고서는 아래와 같이 적고 있다.

> (미국의) 점진적인 지원은 상세한 정보 평가와 전략적 필요성의 결과였다. 한국의 군 지도자들과의 즉각적인 의사소통이 그들의 충성도와 군사력에 대한 통제를 평가하기 위해 시작되었다.

CIA가 박정희 군부 세력의 미국에 대한 충성도를 평가했다는 것이며, 그 결과 박정희 쿠데타는 미국의 전략적 필요성과 부합한다는 결론을 내렸다는 것이다. 여기서 말하는 전략적 필요성은 바로 4.19 혁명 이후 분출하는 통일과 반미자주 움직임을 '효과적으로 진압'하는 것과 관련된다.

그 후 미국은 박정희 쿠데타 세력과의 관계를 재정립하고, 정치적 안정과 반공 활동을 지원하기로 결정한다. 8월 미국은 박정희 군부 세력에 대한 공식적인 지지를 표명하고, 한국에 대한 경제 및 군사 원조를 지속할 방침을 천명한다. 이렇게 미국은 4.19 이후 '정치적 혼란함'을 딛고 '안정적 정치상황'을 만들어낸다.

당시 주한미대사 역시 "박정희 군부 세력의 장악이 미국의 이익에 반하는 무모한 결과를 초래하지 않도록 박정희와 지속해서 연락을 취했다"라고 회고록에서 토로한 바 있다.

이렇게 1960년 CIA가 권고한 '안정화를 위한 조치'는 성공적으로 마무리된다.

정치적 불안정과 미국 정치 개입의 함수 관계

미국이 4.19 이후 한국 정치에 개입하면서 내세우는 표면적인 명분은 '정치적 불안정'이었다. 그러나 미국이 내세우는 '정치적 불안정성'은 미국의 전략과 한국의 정치 상황이 충돌하는 상황을 의미한다.

4.19 혁명 당시 미국은 이승만 정권으로는 미국의 전략이 한국에서 정상적으로 추진될 수 없다는 결론을 내리고 이승만을 직접 만나 즉각 하야를 압박했다. 4.19 혁명 이후 장면 정부가 분출하는 통일과 반미자주의 열기를 진압하지 못하자 장면 정부로는 한반도에서 냉전 전략의 정상적 추진이 불가능하다는 판단을 내리고 박정희 군부 쿠데타 세력에게 눈을 돌렸다.

한국 현대사에서 미국의 정치 개입은 단순한 외교적 차원을 넘어, 국내 정치의 핵심 변수로 작동해왔다. 특히 4.19 혁명 전후 미국이 개입을 정당화하는 데 사용한 주요 명분은 바로 '정치적 불안정'이었다. 여기서 주목해야 할 점은, 미국이 말하는 '정치적 불안정'이 반드시 한국 사회 내부의 혼란이나 민심의 동요를 뜻하는 것은 아니라는 사실이다. 오히려 미국의 전략적 이해와 한국 정치 상황이 충돌하거나, 미국의 이익 실현이 어렵다고 판단될 때 사용되는 개념이었다.

실제로 4.19 혁명 당시, 미국은 이승만 정권이 한반도에서 자국의 냉전 전략을 제대로 수행할 수 없다는 판단을 내리고 있었다. 혁명이 확산되는 와중에도 미국은 이승만 대통령에게 직접 퇴진을 요구하며, 민주주의의 회복보다는 체제 안정을 우선시했다. 이러한 개입은 표면적으로는 '혼란을 수습하고 민주주의를 지지하는 행동'처럼 보였지만, 실질적으로는 미국의 동북아 전략 유지에 걸림돌이 되는 정권을 교체하려는 정치적 판단에 가까웠다.

이후 들어선 장면 정부는 국민의 민주화 요구와 함께 통일론, 반미 정서 등 다양한 사회적 에너지가 분출하는 상황을 맞았다. 하지만 미국은 이러한 민의의 분출을 '정치적 불안정'으로 간주했고, 장면 정부가 이를 통제하지 못하는 모습에 실망했다. 결국 미국은 장면 정권이 더 이상 자국의 냉전 전략, 특히 한반도의 반공 질서 유지에 효과적으로 기여하지 못할 것이라는 판단을 내리게 되었고, 이때부터 박정희를 중심으로 한 군부 세력에 주목하기 시작했다.

1961년 5.16 군사 쿠데타는 이러한 맥락에서 미국의 지지를 받으며 진행됐고, 미국은 쿠데타 직후 박정희 정권에 빠르게 접근하여 이를 사실상 승인했다. 이는 '정치적 안정'을 이유로 내세운 미국의 행위가 사실상 정권 교체와 정치 질서 재편을 유도하는 적극적 개입이었음을 보여주는 대표적인 사례이다.

굴욕적 한일협정: 미국 패권 전략의 산물

1962년 미국무성의 전문 "한일 협상을 타결하라"

1962년 7월 13일자로 미국무성이 주한, 주일 미대사관에 발송한 전문에는 다음과 같은 내용을 담고 있다.

> 현실적이고, 미래를 내다보며, 합리적인 협상을 통해 타결을 이루도록 한일 양측에 주재하는 대사관 인력과 영향력을 사용하라. 필요하다면 비밀 메시지 전달을 위한 통로로 미국을 이용하도록 권하라. 협상과정에서 (필요하다면) 박정희 의장과 일본수상 사이의 비밀 중개인으로서의 역할을 할 수 있는지 신중하게 시도하라.
> 한국정부 최고위층을 접촉해 청구권 문제를 청구권을 강조하지 않고 하나의 패키지로서 받아들일 수 있도록 청구권 지불, 무상공여, 장기

저리차관을 포함한 합리적인 수준의 타결방안을 생각해보도록 설득하라.

만일 합리적인 일본의 제안을 받아 한국 측이 흥정에 나서도록 만들기 위해 한국정부에 대한 추가적인 압력이 필요하다면 미국의 개발차관 공여가 협상타결과 관련되어 있다고 말하라.

"합리적인 일본의 제안을 받아" 한국측이 "흥정에 나서도록 한국정부에 압력을 넣어라"는 대목이 눈에 띈다.

압력수단은 '미국의 개발차관 공여' 즉 개발원조 제공을 명시했다. 일본의 제안을 원안으로 하여 협상하도록 한국정부에 압력을 넣으라는 주문이다.

한일협정 결과는 놀랍게도 실제로 미국무성이 주한, 주일 대사에게 보낸 전문대로 이루어 졌다. "청구권 지불, 무상공여, 장기저리차관을 포함한 합리적인 수준의 타결방안을 생각해보도록 설득하라"는 지시는 한일협정 결과 '무상 3억달러, 유상 2억달러, 장기저리차관 3억달러'로 구체화되었다.

'한일 수교' 위한 미국의 오랜 노력

미국은 이승만 정권 수립 시기부터 한국과 일본을 화해시키기 위해 노력했다. 소련을 견제하기 위해 한미일 삼각 공조가 필요했다. 미국이 노력한 결과 1951년 10월 한일 수교를 위한 예비 회담이 시작되었고, 1952년 2월 1차 한일회담이 열리게 된다.
1953년 7월 16일 발간된 미국무성 정보보고서 No. 6287에 따르면, "한일협상은 연합국 총사령관의 주선으로 1951년 10월 21일 양국대표단이 회동한 것으로 시작되었다"고 적고 있다. 또한 문서는 "일본정부가 한일협상 타결의 필요성을 느끼는 이유 중의 하나로 일본정부가 한국과의 전체적인 협상타결을 이루도록 미국이 압력을 가하고 있다고 느끼기 때문"이라고 지적하고 있다.
그러나 이승만의 소극적 태도와 '구보다 망언' 등이 터지면서 이승만 정권 시기 한일회담은 속도를 내지 못했다. '구보다 망언'은 1953년 10월 열린 3차 한일회담 과정에서 나왔다. 당시 한일회담의 일본측 대표였던 구보다는 한국의 청구권 주장에 대해 "일본은 36년간 많은 이익을 한국인에게 주었다. 일본이 한국에 진출하지 않았더라면 한국은 중국이나 러시아에 점령돼 더욱 비참한 상태에 놓였을 것"이라고 말했다.
'구보다 망언'으로 한일 양국은 극단적으로 대치하고, 상당 기간

대립했는데 배후공작을 통해 한일회담을 재개시킨 것도 미국이었음이 두 편의 '비망록' 공개를 통해서 드러났다.

R. H. 램 주일미대사관 2등 서기관이 하루미 다케우치 일본외무성 한일관계 담당관과 1954년 1월 21일 한일협상의 재개를 주제로 나눈 대화와 유태하 주일 대표부 공사와 나눈 또 다른 대화에 관해 주일 미국대사에게 보고하는 두 편의 '비망록'은 구보다 망언으로 한일관계가 급격히 경색되자 미국이 직접 나서서 구보다의 사과문을 작성하고 양측의 의견을 조율했다는 내용을 구체적으로 담고 있어 미국의 한일협정체결을 배후에서 공작했다는 사실을 다시금 확인시켜 준다.

한일 수교를 촉구하는 미국의 노력은 1960년대 들어와 본격화되었다. 박정희 쿠데타가 일어난 지 한 달도 되지 않은 1961년 6월 13일 미국은 국가안보회의(NSC)를 열고 '한국 발전의 가장 큰 장애물은 한일 간의 지속적인 반목'이라고 결론을 내렸다. 미국은 주한미국대사인 새뮤얼 버거에게 한일 관계 개선에 집중하라고 지시하고, 케네디 대통령 역시 일주일 후 미국을 방문한 이케다 일본 총리에게 한일 관계 개선을 촉구했다.

그러나 한일회담은 지지부진했다. 미국이 보기에 한국 정부는 '현실적으로 높은' 8억 달러를 청구하고, 일본 정부는 '비현실적으로 낮게' 7,000만 달러를 제공하려 했다. 독도 문제 역시 한일회담의 진전을 가로막는 요소였다. 1964년 5월 작성된 미국의 NSC 보고서는 당시 미국의 절박한 심정이 잘 담겨있다.

> 요즘 동북아의 가장 급선무는 한일 협정이다. 이는 병력을 감축하는 것보다 미국의 재정 부담을 줄이는 장기적 방법이다. 미국은 아직도 한국에 매년 3억 달러 이상을 쓰는데 그 끝이 보이지 않는다. 미국은 장기간에 걸친 부담을 나눌 수 있는 나라를 찾아야 하는데, 그게 바로 일본이다. 한일 협정이 맺어지면 6억~10억 달러의 일본 자금이 한국에 들어가게 될 것이다. (중략) 우리는 1965년 한국에 대해 3.5~4억 달러의 원조를 계획하고 있는데, 결실이 나타나지 않는 지불을 계속할 수는 없다.

결국 1965년 6월 한일기본조약이 체결됨으로써 한일 수교는 일단락된다. 이동원 외무장관은 그해 11월 미국 관리를 만나 "미국은 한국과 일본의 큰 형이다. 동생들이 과거에 서로 다투었는데, 앞으로 가족적인 분위기에서 집안일에 관해 얘기할 수 있도록 형님이 이끌어주면 좋겠다"라고 말했다.

미국은 왜 한일 협정을 주도하였나?

'미국이 왜 한일협정을 주도했는가?'라는 질문은, 1960년대 한일 협정 체결을 둘러싼 국제 정세와 미국의 제국주의적 패권 전략을 살펴보면 분명해진다. 이 시기 세계정세는 소련, 중국, 조선 등 사회주의 진영의 부상과 함께 제3세계 민족해방운동의 확산으로 제2차 세계대전 이후 미국이 주도하던 일극 체제가 균열을 보이기 시작했다. 미국은 자국의 글로벌 패권에 도전하는 다각적인 흐름 속에서 전략적 위기를 맞이하게 된다.

특히 1964년 10월, 중국의 첫 핵실험 성공은 미국에게 군사적·심리적으로 커다란 충격을 안겨주었고, 동아시아에서의 안보 우위가 흔들릴 수 있다는 위기감을 고조시켰다. 이에 앞서 1959년에는 쿠바 혁명이 일어나 피델 카스트로 정권이 수립되었고, 이후 미국 자본이 지배하던 쿠바 내 기업들이 차례로 국유화되면서 미국의 영향력은 결정적인 타격을 입게 된다. 쿠바 혁명의 성공은 라틴아메리카 전역에 '반미 민족해방운동'을 촉발시키는 촉매제가 되었고, 이는 미국의 '뒷마당'이라 불리던 중남미에서조차 미국 패권이 흔들리기 시작했음을 의미했다.

이와 동시에 동남아시아의 베트남에서는 북베트남(호치민 정부)과 남베트남민족해방전선(베트콩)이 연합해 미국이 지지하던 고

딘디엠 정권을 강하게 압박하고 있었다. 미국은 1964년 통킹만 사건을 조작하여 베트남 전쟁이 직접 개입한다. 이 전쟁은 점점 장기화 조짐을 보이면서 미국은 큰 부담을 안게 되었다.

이처럼 세계 곳곳에서 사회주의 진영과 민족해방세력의 공세가 거세지는 가운데, 미국은 외교·군사 양면에서 사면초가의 상황에 직면했다. 미국은 동북아시아만큼은 안정적인 질서를 유지하길 원했고, 그 일환으로 한일 간 국교 정상화, 즉 한일협정 체결을 적극적으로 추진하게 된 것이다.

이를 위한 미국의 개입은 매우 직접적이었다. 1964년 1월 18일, 당시 로버트 케네디 미 법무장관이 한국을 방문해 한일협정의 조속한 체결을 요구했고, 불과 열흘 뒤인 1월 29일에는 딘 러스크 미 국무장관이 내한해 한국 정부를 압박했다. 같은 해, 미 국무성 동아태 차관보 윌리엄 번디 역시 한국과 일본을 연달아 방문하여, "한일 국교 정상화를 위해 미국이 할 수 있는 모든 일을 하겠다"는 입장을 공개적으로 밝히는 등 미국은 전방위적인 외교적 압력을 가했다.

결국 1960년대 초반, 미국은 불리하게 돌아가는 국제 정세 속에서 한일협정을 체결함으로써 동북아의 안정을 확보하고, 동시에 베트남 전쟁 수행에 필요한 전략적 기반을 마련하려 했다. 한일 관계에서 과거청산보다는 지정학적 안정을 우선시한 미국의 냉전 전략이, 이 협정을 주도하게 된 핵심 배경이라 할 수 있다.

당시 미국의 세계패권전략

미국이 한일협정을 주도한 보다 본질적인 이유는, 미국이 일관되게 추진해온 제국주의적 세계 패권 전략에 근거하고 있다. 잘 알려져 있듯이, 미국은 제2차 세계대전 이후 자신의 국익을 극대화하기 위한 패권 전략을 외교·군사 정책의 중심축으로 삼아, 전 세계 곳곳에서 영향력을 확대하고, 각 지역을 자신에게 유리한 방식으로 재편해왔다. 이러한 전략은 직접적인 식민지 지배가 불가능한 조건에서, 경제적·군사적 종속 관계를 통해 우방국들을 지배하는 '신제국주의' 형태로 전개되었다.

그중 동북아시아는 한국과 일본이라는 가장 예속적 국가들이 위치해 있다는 점에서 미국에게는 대륙진출의 든든한 전략적 교두보이자 전초기지였다. 동시에 이 지역은 조선, 중국, 소련이라는 미국의 핵심 경쟁자들이 인접해 있는 냉전적 최전선이기도 했다. 다시 말해, 동북아는 미국 패권의 출발점이자 방어선이라는 이중적 전략 공간이었던 셈이다.

이처럼 동북아에 대한 미국의 전략적 이해관계는 이후 50년이 지난 오늘날까지도 큰 틀에서 유지되고 있다. 비록 소련이 러시아로 바뀌고, 국제질서가 변동을 겪었지만, 미국에게 동북아는 여전히 견제와 지배가 동시에 요구되는 핵심 지점이다.

이러한 맥락 속에서 미국에게는 동북아의 안정적인 패권 구도를 조기에 구축하는 일이 시급한 과제로 떠올랐다. 이에 따라 미국은 한국과 일본을 굳게 결속시키고, 동시에 사회주의 진영을 견제할 수 있는 장기 전략을 구상했다. 바로 이런 구도 속에서, 미국은 한일 간의 갈등을 봉합하고 한일협정을 체결시켜 이들을 전략적 블록으로 통합하려 했던 것이다.

실제로 이러한 전략은 이후 미국과 일본이 체결한 외교 문서들을 통해 점차 구체화되었다.

1969년 닉슨-사토 공동성명에서는 "한국의 안전은 일본의 안전에 긴요하다"는 조항이 삽입되었고, 1975년 포드-미키 공동선언에서는 "한반도의 평화는 아시아의 안전에 중요하다"는 표현으로 구체화되었으며, 1977년 카터-후쿠다 공동성명에서는 "한반도의 평화와 안전은 동북아시아의 안보에 중요하다"는 문구로 보다 명확히 규정된다.

이러한 일련의 조항들은 한반도의 안보 문제를 미국과 일본의 공동 관심사로 공식화하고, 나아가 양국이 공동 대응할 수 있는 근거를 마련한 것이라 할 수 있다. 미국은 한반도를 안정시키고 한일 양국을 전략적으로 통합함으로써, 자신의 동아시아 패권 전략을 더욱 공고히 하려 했던 것이다.

결국, 한일협정은 미국이 구축하려 한 동북아 패권 체제의 일환으로 이해되어야 하며, 그 중심에는 미국의 제국주의적 세계 전략이 놓여 있었다.

한국경제의 대일본 예속화 심화

미국은 한국 국민 다수의 강력한 반대에도 불구하고 한일협정을 강행하며, 한일 간의 제도적·정치적·군사적·경제적 통합을 위한 틀을 구축했다. 이 협정은 단순한 외교 정상화에 그치지 않고, 미국 주도의 동북아 통합 전략 속에서 한국과 일본을 하나의 전략 블록으로 묶기 위한 구조적 출발점이었다.

한일협정 체결 이후, 정기적인 한일 각료 회의가 열리기 시작했고, 한일 군사당국 간의 교류와 연락관 파견도 본격화되었다. 경제적 측면에서도 일본 기업들의 대거 한국 진출이 이루어졌는데, 이들은 박정희 정권에 정치 자금이라는 형태로 대가를 지불하고,

독점적 이권을 확보해 한국 시장을 장악하기 시작했다. 이로 인해 한국 경제는 빠르게 대일 의존도가 높아지는 구조로 전환되었고, 이른바 '경제적 예속화'가 본격화되었다.

특히 일본 차관 도입을 계기로, 한국-일본-미국을 연결하는 아시아 국제 분업 체제가 형성되었다. 이 체제에서 미국은 최종 소비 시장, 일본은 자본과 소재·부품·장비의 공급처, 한국은 조립·가공 기지로 역할이 분담되었고, 한국은 그 구조 안에서 값싼 노동력을 제공하며 하청 수출기지로 전락했다.

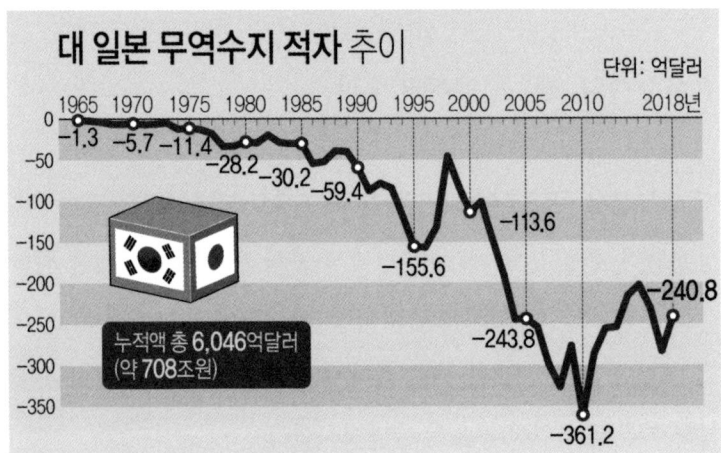

▲ 출처 : 연합뉴스

이렇게 구축된 한·미·일 수직 분업 체계는 시간이 흐를수록 한국 경제의 일본 의존도를 심화시켰다. 한국의 수출기업들은 사소한 부품 하나조차 일본이나 외국에서 수입해야 했으며, 전체 수입 품목 중 원자재 비중이 60% 이상을 차지하는 구조가 고착화되었다. 그 결과, 1965년부터 2022년까지 57년간 누적된 대일 무역적자는 약 7,000억 달러에 이르렀으며, 이 기간 동안 한국은 단 한 해도 일본을 상대로 무역 흑자를 기록하지 못했다.

여기서 말하는 '한일 통합'은 자연스럽게 형성된 관계가 아니라, 미국 주도의 '인위적인 통합'을 의미한다. 다시 말해, 이는 미국이 기획하고 주도한 한미일 삼각협력체제의 일환이며, 군사·정치·경제 각 부문에서 한국과 일본이 미국에 종속된 수직적 관계를 형성하게 된 구조이다.

오늘날 한국과 일본은 미국의 글로벌 전략 하에 정치·군사·경제적으로 공동보조를 취하는 동맹적 관계를 유지하고 있으며, 이러한 현실을 보았을 때 미국 주도의 한일 통합 전략은 상당 부분 성공했다고 볼 수 있다.

"서울의 봄"은 없었다: 12.12와 5.18 그리고 미국

영화 「서울의 봄」 유감

영화 「서울의 봄」은 1979년 12월 12일, 전두환을 중심으로 한 신군부 세력이 군권을 장악하기 위해 일으킨 12.12 군사반란(쿠데타)을 긴박하고 사실감있게 묘사하며 많은 관객의 관심을 끌었다. 특히 당시의 혼란과 갈등을 드라마틱하게 재현해 그날의 긴장감을 효과적으로 전달했다고 평가할 수 있다.

그러나 영화가 당시 역사적 현실을 왜곡하거나 생략한 점은 매우 유감스럽다. 특히 12.12 쿠데타의 배후에서 결정적인 영향력을 행사한 미국의 존재를 거의 다루지 않았다는 점은 이 영화의 가장 큰 한계라 할 수 있다.

역사적 사실에 비추어보면, 전두환 세력의 쿠데타가 성공할 수 있었던 배경에는 미국의 묵인 내지 지원이 결정적인 역할을 했다는 점은 국내외 많은 연구에서 제기되어 왔다. 실제로 12.12 당일, 국방부 장관이 주한미군사령부로 피신해 있었다는 장면이 영화에 잠시 등장하긴 하지만, 이는 미국의 실질적 개입과 그 정치적 함의를 설명하기엔 턱없이 부족하다.

12.12와 5.18은 단절된 사건이 아니라, 전두환 내란 세력이 군권을 장악하고, 이어 정권을 탈취하기 위해 계획적으로 실행한 일련의 쿠데타 과정이었다. 이 과정에서 미국의 묵시적 지지와 개입은 정권 찬탈의 성공 여부를 가르는 중요한 변수였으며, 특히 한미동맹이라는 구조 속에서 미국의 승인없이 군사 반란이 성공할 수 없었다는 점은 매우 중요한 역사적 사실이다.

책임회피로 일관하는 미국

1988년 광주청문회에서 대한민국 국회는 5·18 광주민주화운동 당시의 미국 책임 문제를 규명하기 위해, 윌리엄 글라이스틴 당시 주한미국대사와 존 위컴 주한미군사령관을 증인으로 공식 채택했다. 그러나 이들은 출석을 거부했고, 대신 미국 정부는 "1980년 5월 광주 사건에 대한 미합중국 정부 성명"이라는 서면 답변만을 제출했다.

이 서면 답변에서 미국은 일관되게 모든 사전 정보와 개입을 부인했다. 미국 정부는 ▲박정희 대통령의 피살(10·26 사건)을 사전에 몰랐고, ▲12·12 군사반란에 대해서도 사전 통보를 받지 못했으며, ▲5·18 당시 광주에서 어떤 폭력 사태가 벌어지고 있는지도 알지 못했다고 주장했다. 더 나아가, "미국이 12·12를 지원했다"거나 "5·18 진압을 승인했다"는 소문은 전두환 신군부가 언론을 통해 조작한 것에 불과하다는 입장까지 밝혔다.

하지만 그로부터 30여 년이 지난 지금, 다양한 기록과 증언, 기밀 해제 문서들을 통해 당시 미국의 개입 정황은 점점 더 명확해지고 있다. 특히 미국은 5·18 광주민주화운동이 전개되는 모든 과정에서 상황을 실시간으로 파악하고 있었으며, 백악관과 국무부 차원에서도 대책 회의가 수 차례 열렸던 사실이 확인되었다. 또한, 전두환을 중심으로 한 신군부 세력에게 군을 동원해 광주를 진압하도록 묵인 혹은 승인한 정황 역시 여러 경로를 통해 드러났다.

5·18은 대한민국 민주주의의 역사에서 결코 지워질 수 없는 사건이며, 그 과정에서 어떠한 외세의 개입이 있었는지 밝히는 것은 정의와 진실의 문제이다. 미국은 이제라도 그날의 진실에 대해 성

실히 응답할 의무가 있다. '동맹'이라는 이름 아래 묻혀버린 진실은, 반드시 역사적 재조명과 함께 바로잡혀야 한다.

미국, 한국군의 움직임 파악

> 서울 시각으로 12월 12일 초저녁, 전두환 보안사령부 및 일단의 한국군 장교들이 육군참모총장 겸 계엄사령관 정승화 장군을 체포하고, 그 과정에서 서울 남부 중심지(용산)에서 몇 발의 총성이 들렸으나 사망자는 아직 보고되지 않았음.

1979년 12월 12일 당일 미 국무부가 백악관, 주한미대사관, 주한미군, 미 국방부 등을 수신처로 보낸 '한국에서 군부의 실력행사 발생'이라는 문서의 일부이다. 또한 미국은 한국군 일각에서 전두환 파벌을 제거하려는 움직임이 있다는 것도 파악하고 있었다.

> 한국공군 및 해군의 일부 고위 멤버들이 1979년 12월 13일 육군의 권력장악 사건을 주도한 전두환 소장이 사임하거나 어떤 형태로든 권력이 억제되지 않으면 그와 그의 파벌에 대한 대응을 고려하고 있다 함. 이들은 전두환이 계속해서 최규하 정부에 부당한 압력을 행사한다면

해병대를 동원하여 그 파벌을 제거하려는 계획을 수립 중이라고 말했다 함.

1980년 1월 9일 미 국방정보국 정보요원이 작성한 '첩보' 문건에 담긴 내용이다. 그런 미국이 전두환의 동향을 파악하고 있었음은 상식에 해당한다. 다음은 1980년 3월 12일 주한미대사관에서 국무부장관에게 보낸 보고서 일부이다.

> 지배 구조 내에서 특히 우려되는 현상은 전두환이 가지고 있는 권력임. 그는 정부 통제권을 장악하기 위해 때를 기다리는 것 같다는 인상을 주고 있음.

12.12로 군부 권력을 찬탈한 전두환이 기다리는 '때'란 정치권력을 장악하기 위한 2차 쿠데타를 의미한다. 이미 미국은 3월부터 전두환이 2차 쿠데타를 일으킬 준비를 하고 있음을 감지하고 있었다.

문제의 5월, 전두환이 군사력을 움직이기 시작했다. 5월 7일 주한미대사관에서 미국무부에 보낸 보고서이다.

> 위 2개 여단(제13공수여단, 제11공수여단)의 총병력은 약 2,500명이며, 학생 시위 가능성에 대비하기 위해 서울로 이동하고 있음. 또한 미

군은 포항 주둔 해병대 제1사단이 대전과 부산 지역에 필요할 가능성이 있을 것이라는 통보를 받음. 해병대 제1사단은 연합사 작전통제 병력이며 이동을 위해서는 미국의 승인이 필요함. 아직 이러한 요청은 없으나 유엔군사령관은 요청이 있을 경우 승인할 계획임.

미국은 전두환의 요청을 승인했고, 5월 18일부터 21일까지 공수부대에 의한 광주학살극이 펼쳐졌다. 특히 5월 21일 오후 1시, 계엄군은 수천명의 시민들을 향해 발포했고, 수많은 사상자가 발생했다.

5월 22일 백악관, 두 차례 회의에서 '광주 진압, 북한 억제' 결정

백악관은 5월 22일 광주 관련 정책 검토회의를 진행했다. 대통령과 백악관 참모들 그리고 국무부와 국방부, 중앙정보국(CIA)와 합참 등 최고위급 관계자들이 모였다. 백악관은 광주의 상황을 혼란과 무질서로 규정하고, 미국 대통령 지미 카터는 광주를 진압하는데 무력을 써도 된다는 것과 전두환에게 지원하는 것을 승인했다. 그들의 결정 내용은 '최소한의 무력으로 광주 질서 회복'이었다.

5월 22일 백악관에서 또 하나의 회의가 열렸다. 당시 국무부 한국과장이었던 로버트 리치는 그날 2개의 백악관 회의가 있었다고 증언했다. 증언에 따르면 또 하나의 회의는 브레진스키 백악관 안보보좌관이 주재한 것으로, '북한을 억제할 수 있는 방안'을 논의하는 자리였다.

> 브래진스키 백악관 안보보좌관이 주재한 것으로 기억합니다. 그 회의는 본질적으로 북한이 상황을 이용할 수 있을지 모른다는 우려에 대한 논의였고, 우리가(미국이) 북한을 억제할 수 있는 방법에 대해 논의했습니다. <중략> 어딘가에 회의록이 있을 거라고 확신합니다. (회의록이) 어디 있는지는 모릅니다. 백악관에는 국가 기록이 남아 있을 것입니다.

물론 당시 '북한군의 군사적 움직임'은 없었다. 상황이 여의치 않으면 더 많은 군사력을 동원할 명분을 쌓기 위해 "북한 억제 방안"을 논의했다는 추정이 가능하다.

광주 시민을 폭도로 봤던 미국

미 국방정보국은 5월 22일 광주의 상황을 아래와 같이 묘사했다.

> 20여명의 젊은이들이 무기를 탈취하고 자신들을 돕지 않으면 폭력을 가할 것이라고 위협했다고 함. 폭도들은 모두 칼이나 쇠파이프로 무장하였고, 아주 흥분한 상태였음. 화순탄광에서 탈취한 TNT와 수류탄이 송정 고속도로 다리를 파괴하기 위해 광주로 옮겨지고 있음.

5월 23일 보고에서도 "현재 상황은 여수 순천 반란사건과 유사함. 정부는 보다 적극적으로 강경하게 현재 상황을 진압해야 함"이라고 적었다.

미국이 광주 시민을 폭도로 인식하고 있음을 알 수 있다. 아니 미국은 광주 시민을 폭도로 만들고 있었다.

한국 현대사에서 자주 보여왔던 패턴이다. 제주 도민의 3.10 총파업을 빨갱이의 소행으로 몰았던 것처럼, 광주 시민을 폭도로 몰아야 군부에 의한 강경 진압에 명분이 생기기 때문이다.

미국무부에서 작성한 5월 25일자 한국 상황보고는 "광주에서 인민재판부가 설치되어 몇몇 처형이 있었으며, 학생 시위는 혁명 정부 설치를 주장하는 미상 무장 과격세력에 의해 전반적으로 대체되었음"이라고 적었다.

다음은 6월 6일 보고이다.

> 1개 대대 규모의 무장 반란군이 광주 인근 산악지대로 도주했고, 전라남도 지역에서 약 2,000명이 무기를 확보하고 무인지대로 들어갔고, 2,000명이 전두환 군부세력에 대항해 게릴라전을 벌일 것이고, 공산주의자들이 침투해 있을 가능성을 배제할 수 없다.

학생 시위대는 어느 순간부터 폭도로 묘사되기 시작했고, 폭도는 어느 순간 게릴라 무장 세력으로 묘사되었고, 공산주의자가 되었다. 한국의 민주화 운동은 항상 미국과 독재 세력에 의해 폭도, 무장 세력, 공산주의자의 소행으로 매도되었다.

5.18 당시 미국 대통령은 '인권 대통령' 지미 카터

1979년 6월 한미 정상회담에서 지미 카터 당시 미국 대통령은 박정희 면전에서 "긴급조치 9호를 철회하고 재소자들을 가능한 많이 석방"할 것을 요구한 것은 익히 알려져 있다. 그래서 한국 사회에서 지미 카터는 '인권 대통령'으로 알려져 있다.

퇴임 후에도 빈곤층 지원 활동, 사랑의 집짓기 운동, 국제 분쟁 중재 등의 활동을 해왔으며, 1994년 한반도에서 긴장이 고조되었을 때 김일성 주석을 만나 핵문제 해결을 위한 극적 타결을 이뤄낸 인물이기도 하다.

백악관 상황실에서 광주 시민에 대해 무력 진압을 '승인'하는 정책 결정이 내려졌던 1980년 5월 22일, 당시 미국 대통령은 지미 카터였다.

당시 재선을 노리고 있던 카터는 이란에서 발생한 미 대사관 인질 사건, 뒤이은 소련의 아프가니스탄 침공 사건이 발생하면서 심각한 정치적 위기에 처해 있었다. 그런 그에게 한국의 정치적 혼란은 정치적 위기를 더욱 부채질 할 가능성이 있었다. 미국은 한국에서의 '정치 안정화'를 추구했다. '정치 안정화'는 곧 광주에서의 조속한 '질서 회복'이었다.

지미 카터 미국 정부는 '광주 질서 회복'을 통한 '정치 안정화'를 위해 전두환에게 군부대 동원을 '승인'했다. 그 결정을 내리는 데 걸리는 회의 시간은 75분이었다. 1980년 5월 광주 시민의 운명은 백악관에서 단 75분 만에 결정된 것이다.

당시 한국 상황을 관리하던 비상대책팀의 이름은 '체로키'였다. 건국 시절 자신들이 학살했던 인디언 부족의 이름을 딴 것이다. 한국의 인권을 위해 박정희와 설전을 벌였던 '인권 대통령' 지미 카터는 11개월이 채 지나지 않아 광주 학살의 칼자루를 전두환 군부에게 쥐어주었다.

지미 카터가 추구한 '인권 외교'가 얼마나 진정성 있는 것이었는지는 그다지 중요하지 않다. 우리가 절대 잊지 말아야 할 것은 미국의 어느 대통령도 우리 국민의 인권, 우리 사회의 민주주의를 희망하지 않는다는 것이다.

5.16 쿠데타가 '정치적 안정'이라는 미명 아래 미국이 기획한 것이라면, 그와 정확하게 똑같이 전두환의 5.18 광주 학살은 '정치적 안정'이라는 미명 아래 미국에 의해 '승인'된 것이었다.

6월 항쟁과 3당 합당

6월 항쟁의 시작 "책상을 탁치니 억하고"

박종철 열사의 죽음은 1987년 6월 항쟁의 도화선이 되었다. 박 열사는 1987년 1월 14일, 서울 남영동 대공분실에서 조사를 받던 중 경찰의 물고문 등 각종 고문에 의해 사망했다. 당시 정권은 이를 은폐하려 했고, 치안본부는 사건 직후 "책상을 탁 치니 억 하고 죽었다"는 어처구니없는 발표로 국민을 기만하려 했다. 이 발언은 이후 국가폭력과 권력의 거짓을 상징하는 말이 되었다.
이 사건은 영화 「1987」을 통해 비교적 상세히 재현되었으며, 많은 사람들이 박종철의 이름을 통해 그 시대의 비극과 분노를 되새기고 있다. 특히 사건 초기에는 일부 수사관들의 개인적 과잉행위로 축소하려는 시도가 있었지만, 수사가 진행되면서 경찰 조직은 물론 정권 핵심부와 연계된 국가 차원의 폭력이라는 사실이 드러나 국민의 분노는 걷잡을 수 없이 확산됐다.

당시 국민들은 이미 전두환 군사정권의 독재 통치에 대한 강한 반감을 품고 있었고, 대통령 직선제 개헌을 요구하고 있었다. 그러나 전두환은 1987년 4월 13일 '호헌 조치'를 발표하며 현행 헌법 유지와 간접선거제를 고수하겠다는 입장을 천명했고, 이는 국민의 기대에 찬물을 끼얹는 것이었다.

이런 상황 속에서 박종철 고문치사 사건의 은폐 시도와 진실이 본격적으로 폭로되며 전국적인 분노와 저항의 물결이 일기 시작했다. 5월 27일, 전국의 재야 인사와 시민사회단체 대표 약 2,200명이 '민주헌법쟁취국민운동본부(국본)'를 결성하고, '호헌 철폐'와 '대통령 직선제 개헌 쟁취'를 선언하면서 6월 항쟁의 공식적인 시작을 알렸다.

결정적인 계기는 6월 9일, 연세대 학생 이한열 열사가 시위 도중 경찰이 쏜 최루탄에 머리를 맞고 쓰러진 사건이었다. 이한열의 부상은 국민 감정을 극적으로 자극했고, 민주화 요구의 불길에 기름을 부었다. 이후 전국은 거대한 민주 항쟁의 물결로 뒤덮였고, 6월 항쟁은 단순한 시위를 넘어 군사독재 종식과 민주헌정 수립의 전환점이 되었다.

미국, 항쟁의 기미 알고 있었다

미국은 당시의 상황을 훤하게 들여다보고 있었다. 국민이 대통령 직선제를 요구하고 있다는 사실도, 전두환 내란 세력이 그것을 저지하고 간선제 헌법을 유지하려고 하는 음모까지 들여다 보고 있었다.

1987년 2월 6일 개스턴 시거 미 국무부 차관보가 "여야의 합의 개헌을 촉구한다"는 성명을 발표한 것은 미국이 당시 상황을 속속들이 알고 있음을 보여준다. 시거는 "그러나 정치적 이행이 안정을 해쳐서는 안된다"고 덧붙였다.

미 국무성 성명이 2월 6일 나왔다는 사실에 주목해야 한다. 2월 7일 박종철 열사 추도대회 하루 전날이기 때문이다. 미국은 한국의 정치 상황을 예의주시하고 있었고, 박종철 열사의 죽음으로 정치가 불안해져서는 안된다는 메시지를 던진 것이다. 미국이 생각하는 '정치적 불안정'은 호헌 철폐와 직선제를 요구하는 시위이다.

전두환의 호헌 발표를 전후해서도 미국은 입장을 발표했다. 호헌 발표 이틀 전인 4월 11일 시거 차관보는 "미국은 보다 개방적인 정치체제를 원하나 그것이 안정을 해쳐서는 안된다"라며 4.13 호헌 이후 초래될 '정국 불안정'을 염려했다. 그리고 "한국을 보호하는 군사방패를 유지, 강화하기 위해서 한국군과 계속 협력할 것"

이라고 덧붙였다. 우리는 "한국군과 계속 협력할 것"이라는 이 발언에 주목해야 한다.

4.13 호헌 발표 이후 국민의 분노와 저항은 더욱 커졌다. 5월 6일 또다시 시거는 "4.13 호헌 조치를 인정할 수밖에 없고, 부분적인 민주화를 위해 여야 타협이 필요하다"고 발언했다. '부분적인 민주화'와 '여야 타협'은 곁소리에 불과하다. '4.13 호헌 인정'이 핵심 메시지다. 군부독재 정권이 연장되어야 한다는 시그널을 계속 보내는 것이다.

5월 중순 이후 박종철 사건의 진상이 드러나고, 범국민 투쟁본부가 꾸려지고, 바야흐로 범국민적 항쟁이 본격화되었다. 그러나 미 국무부 대변인은 "미국은 현행 헌법에 따른 권력세습에 적극적으로 개입하고 싶지 않다"고 발언했다. 그러나 이미 미국은 적극적으로 개입해 왔다. 이렇게 미국은 항쟁의 기미를 이미 알고 있었고, 호헌 지지를 통해 항쟁의 불씨를 끄기 위해 노력하고 있었다.

미 의원 "6.29 선언은 미국 외교사의 최대 성과"

87년 6월 항쟁이 시작되자, 당시까지만 해도 시위의 양상에 대해

낙관하여 "한국에서 폭력혁명은 절대로 일어나지 않을 것"(당시 미대사관의 던롭 참사관)이라던 미국의 대응도 급박해졌다. 6월 10일 규탄대회가 열리자 CIA 한국지부는 시위를 면밀히 분석하였고 DIA(미국방정보국) 요원들은 한국 군부의 동태를 주시했다. 주한미공군의 SR-71 정찰기(시속 4,800km의 세계 최고 성능의 정찰기)와 미국의 첩보위성은 한국의 시위상황을 시시각각으로 본국으로 전했다.

전두환은 6월 19일 시위 진압을 위해 군부대에 이동명령을 내렸다. 그날 릴리 대사는 '군부의 개입을 반대한다'는 레이건의 편지를 가지고 청와대를 방문한다. 4시간에 걸친 격론 끝에 19일 오후 4시 전두환은 부대이동 명령을 취소했다.

■ 군부대 이동에 대한 미국의 움직임

6월 19일 릴리 주한 미대사 "이번 주의 어려운 정국에 대해 우려하고 있다. 강경한 대응책은 미국 내에서 부정적인 반응을 일으킬 수 있다. 각계각층의 인사들과 접촉해 본 결과 개인적으로도 극렬한 시위가 전국으로 확산되어 군이 출동하는 비상사태가 오지 않기를 희망하고 있다. 군대의 사용을 검토하기 전에 정치적 제스처를 한번 보여 주는 게 좋을 것이다."

6월 19일 슐츠 국무장관 "한국 정부가 비상조치를 선포해도 미국은 관여하지 않는다."
6월 20일 미국무성 차관보, 슐츠 장관의 전날 발언 해명하며 "군부 개입하면 한국 국익을 크게 해친다."
6월 23일 시거 차관보 방한하여 여야의 대화 재개와 군부개입 반대 입장을 천명.
6월 25일 백악관 "한국의 최근 사태에 대하여 군부개입과 폭력시위 모두 반대한다."영수회담(전두환-김영삼) 타협의 계기가 되기를 희망한다."

6월 23일 시거 차관보는 노태우에게 대통령 직선제를 수용할 것을 요구했다. 미국은 "김영삼씨는 능력이 좀 모자라며, 김대중씨는 너무 과격한 것으로 생각되었고, 김종필씨는 너무 때가 묻어 있었다"(동아일보 80년 4월 11일)라고 판단했다. 즉 노태우가 직선제를 받아들이고, 대통령 선거에 출마하라는 것이다.

6월 28일 미국 의회는 한국민주화 결의안을 채택했다. 슐츠 장관은 이날 "한국 정부가 정치적 고립을 구제하기 위한 미국의 제안을 받아들여 몇가지 중요한 사안에 관한 입장이 변경될 것"이라고 발표했다.

6.29 선언이 나오기 1주일 전부터 미국은 숨가쁘게 움직였던 것이다. 6.29 선언이 나오기 몇시간 전 미국 시각으로 28일 아침 슐츠 국무장관은 NBC TV와의 대담에서 다음과 같이 말한다.

> 한국정부는 몇 가지 중요한 문제에 관한 입장을 바꿔 지금 약속을 하려 한다. 이것은 미국측의 장기간 노력의 일환이기도 하며 더욱 중요한 것은 한국민의 장기적 노력의 일환이다.

몇 시간 뒤, 5공 핵심 인사들조차 정확히 파악하지 못한 내용의 6·29 민주화 선언을 노태우가 국민 앞에서 일방적으로 발표했다. 그만큼 이 선언은 극비리에 준비된 것이었고, 정권 내부에서도 철저히 통제되었다.

더욱 주목할 만한 장면은 6월 30일, 리처드 시거 주한미국대사관 정무참사관이 김포공항에서 기자들과 만나 "12월에 대통령 선거가 있을 것"이라고 공언한 일이다. 당시에는 개헌 일정조차 아직 확정되지 않은 상황이었음에도 불구하고, 미국 측 인사가 한국의 선거 일정을 구체적으로 언급한 것이다. 이는 단순한 외교적 관심을 넘어, 미국이 한국 정치 일정에 깊숙이 개입하고 있었음을 보여주는 정황이라 할 수 있다.

미국은 6·29 선언의 배경에 자신들이 있었다는 점을 굳이 숨기려 하지 않았다. 대표적인 사례로, 미국 하원 청문회에서 스티븐 솔라즈(당시 미 하원 동아시아·태평양소위원회 위원장) 의원은 다음과 같이 발언했다.

6.29 선언은 미국 외교사에서 최대의 성과물이다. 한국 문제를 잘 해결한 시거는 노벨 평화상감이다.

6.29 선언 이후 여야 타협 강조하는 미국

6월 항쟁 이후 백악관의 첫 논평은 6월 15일 나왔다. 그들은 서울의 폭력사태를 우려했다. 백악관의 첫 논평은 "서울의 폭력사태가 계속되는 데 대해 우려한다"였다. 6월 17일 슐츠 미 국무장관은 폭발 직전의 한국 사태에 대한 최선의 수습책이라며 여야 대화를 촉구했다.

6.29 선언이 나온 후 솔라즈 의원은 의미심장한 발언을 했다. "(6.29 선언을) 적극 환영한다. 이번의 찬사는 한국민과 노태우씨, 김영삼씨, 김대중씨에게 돌아가야 한다"는 발언이 그것이다. 6.29 선언이 만들어지고 발표되는 과정에서 미국이 노태우 외에도 야당 지도자였던 김영삼, 김대중과도 교감했음을 짐작하게 한다.

9월 13일 노태우는 미국행 비행기에 오른다. 미국 매체 『볼티모어 선』은 "노태우의 방미는 지난 80년 전두환의 집권을 도왔던 그의 국제적인 지위를 높여 주려는 데 분명한 목적이 있다"고 보도했다. 즉 노태우 대통령 만들기 프로젝트가 가동된 것이다. 『월스트리트 저널』은 "야당 지도자 김대중이 출마한다면 군의 적대감을 불러일으켜 쿠데타 가능성이 있고 나라가 분열될 것이다"라고 주장하며, 김대중 대선 출마를 만류하는 분위기를 만들기도 했다.
9월 24일 한미 외교장관 회담에서 미 국무장관은 "한국의 민주화는 안정 속에서 질서있게 추진되어야 한다"고 강조했다. '질서있는 민주화'는 노태우 당선을 의미한다.

3당 합당과 미국

87년 6월 항쟁 후 비록 노태우가 부정선거를 통해 대선에서 승리했지만, 1988년 국회의원 선거에서 국민은 헌정 사상 최초로 여소야대 국회를 만들었다. 노태우 정권에 맞서는 야권에 힘을 실어준 것이다.
여소야대 국회의 힘은 막강했다. 5.18 민주화운동, 5공화국의 언론통폐합, 전두환 정권의 권력형 비리 등 전두환 군부독재정권의 어두운 면을 파헤치는 국회 청문회가 TV로 생중계되어 전 국민의 폭발적인 관심을 끌었다. 전두환 일가와 측근들의 비리에 대한

검찰 수사가 진행되었고, 전두환 수하들이 구속되거나 정계에서 강제 퇴출당했다. 전두환은 백담사로 사실상 귀양을 떠나야 했다. 1990년의 3당 합당은 87년 6월 항쟁의 성과와 1988년 총선 결과를 무위로 돌리는 '정치 쿠데타'였다. 많은 이들이 3당 합당을 노태우의 민정당, 김영삼의 통일민주당, 김종필의 공화당이 합쳐진 것으로만 기억할 뿐, 미국의 개입은 크게 문제삼지 않는다. 그러나 3당 합당에도 미국의 내정 간섭의 마수가 뻗어 있었다.

이때 미국이 어떤 역할을 하였는지는 릴리, 그레그 전 주한미대사의 발언을 통해 확인할 수 있다.

주한미대사였던 릴리는 89년 초 한국을 떠나기 직전 기자들에게 "정계개편은 순조롭게 진행될 것"이며 "좌우이념대립은 격화될 것"이라고 말했다. 새로 부임한 그레그 미대사는 90년 1월 7일 민정당 대표를 만나 "정계 개편을 흥미롭게 관찰하고 있다. 호남의 소외는 모양이 좋지 않다. 큰 조류에 (호남세력이) 합류할 수 있도록 하는 것이 좋겠다"는 발언을 했다. 그리고 1990년 1월 22일 민정당과 통일민주당(김영삼), 공화당은 합당을 선언한다.

비록 실패했지만, 그레그 대사가 강조했던 호남의 정치세력(김대중의 평화민주당)의 합류를 위해 미국의 공작은 상당히 오래전부터 진행되었다. 다음은 김대중 총재의 측근이었던 김 모씨의 증언이다.

3당 합당이 성사되기 몇달 전 나는 미국에서 CIA 요원을 만났다. 그는 '평민당이 민정당과 합치는 방향으로 노력해 달라'고 주문했다. 그러나 나는 정치적 기반이 너무 다르기 때문에 그런 합당은 도저히 성사될 수 없다면서 노(NO)했다. 그랬었기 때문에 나는 통일민주당을 주요 상대로 한 3당합당이 성사되었을 때 전혀 놀라지 않았고 3당 합당의 배후에 CIA의 그림자가 드리워져 있음을 직감했다.(오마이뉴스, 2021.11.27)

사실상 미국이 추진한 것은 4당 합당이었던 셈이다. 노태우 정권과 3김 세력을 모두 통합하여 안정적인 노태우 친미정권을 안정화시키고, 노태우 퇴임 후에도 친미정권의 안정적이고 지속적인 재창출을 기획했다고 볼 수 있다. 그러나 김대중 총재가 이끄는 평화민주당이 이 야합에 참여하지 않음으로써 미국은 3당 합당에 만족해야 했다.

남북관계와 미국의 간섭

6.15 선언과 미국

김대중 정부가 남북 정상회담을 추진하던 시기, 미국의 반응은 이중적이었다. 겉으로는 남북 대화와 북미 대화의 병행 필요성을 강조하며 원론적인 찬성 입장을 표명했지만, 동시에 남북 정상회담에서 '북한 핵문제'가 배제될 가능성에 대해 우려를 나타냈다. 이에 따라 미국은 셔먼 국무부 자문관을 서울에 파견, 남북 정상회담에서 핵과 미사일 문제를 반드시 논의해야 한다는 입장을 전달하기도 했다.

하지만 2000년 6월 남북 정상회담이 개최되고, 6·15 공동선언이 발표되었을 때, 미국은 자신들의 핵심 요구가 반영되지 않았다는 사실을 확인했다. 선언문에는 ▲ 통일 문제의 자주적 해결 ▲ 남북 통일방안의 공통성 인정 ▲ 이산가족 상봉 추진 ▲ 경제 및 사회 분야의 교류·협력 확대 ▲ 당국 간 대화 활성화 등이 포함되었지만, 북핵이나 미사일 문제는 전혀 언급되지 않았던 것이다.

김대중 대통령은 이 역사적 회담을 통해 국제적 지지를 이끌어내며 노벨평화상까지 수상하게 되었고, 세계는 한반도 평화 가능성에 주목했다. 미국도 겉으로는 "남북한 간의 긴장 완화를 환영한다"는 공식 입장을 밝히며 회담 결과를 지지하는 듯한 모습을 보였다.

그러나 표면적 지지와 실제 속내는 달랐다. 미국은 당시에도, 그 전에도, 그리고 이후에도 남북 관계의 실질적 개선을 진지하게 지지한 적이 단 한 번도 없었다. 남북이 자주적으로 문제를 풀어가는 구도, 특히 미국이 배제된 상태에서의 한반도 평화 논의는 미국의 동북아 전략에 위협이 될 수 있다는 인식이 강하게 작용했던 것이다.

지뢰제거 작업

남과 북이 합의한 도로와 철도를 연결하기 위해 도로와 철도가 지나는 지역의 비무장지대에서 지뢰를 제거하는 작업이 우선 필요했다. 남북은 합의에 따라 지뢰제거 작업에 착수했다. 그러나 미국은 2000년 11월 13일 유엔사를 동원해 지뢰제거 작업에 이의를 제기했다.

> 비무장지대 지뢰 제거 작업 내용을 확인하기 위한 남북한 상호검증단이 군사분계선을 넘는 것은 정전협정 사안인만큼 사전에 판문점 군사정전위원회 채널을 통해 인원·시기 등을 보고 해야 한다.

여기서 확인하고 넘어가야 할 대목이 있다. 9월 14일 남북은 군사실무회담을 열고 경의선, 동해선 연결 공사를 위한 비무장지대 군사보장합의서를 체결했다. 이 합의서에 따르면 남과 북은 경의선과 동해선이 지나는 구역을 '남북관리구역'으로 설정하고(경의선의 경우 250m 폭, 동해선의 경우 100m 폭) 관리 구역내에서 제기되는 모든 군사실무적 문제들을 남과 북이 협의하여 처리하기로 했다.

비무장지대의 동서 총거리는 239km이다. 이 중 남북군사관리구역이 350m(경의선 250m + 동해선 100m)이니, 결국 유엔사는 총길이의 1.5%도 허용하지 않겠다는 의사를 피력한 것이다.

그러나 유엔사의 '강짜'는 무력화되었다. 11월 16일 조선인민군-

유엔군 간 합의서가 채택되었다. '비무장지대 일부구역 개방에 대한 조선인민군-국제연합군간 합의서'(이하 비무장지대 합의서)가 그것이다. 제1항에서 "쌍방은 정전협정에 따라 신의주-서울간 철도와 개성-문산 간 도로가 지나가는 군사분계선과 비무장지대의 일부 구역을 개방하여 그 구역을 북과 남의 관리구역으로 한다"고 명시했다. 제2항에서는 "쌍방은 비무장지대 안의 일부 구역 개방과 관련한 기술 실무적인 문제들과 남북 관리구역에서 제기되는 군사적 문제들을 정전협정에 부합되게 북과 남 군대들 사이에 협의 처리하도록 한다"라고 명시했다.

그러나 미국의 내정간섭은 멈추지 않았다. 주한미군은 북측이 지뢰제거 작업을 방해하고 있다고 주장했다.

"북한이 정전협정 자체를 무력화시키려는 속셈으로 유엔사의 개입을 이유로 지뢰제거 상호 검증을 중단했다. 유엔사는 사전 동의 방침을 고수할 것이다."(11.26 YTN 인터뷰)

그리고 11월 28일엔 "북한이 유엔사의 승인을 계속 배제하려 든다면 금강산 육로 관광 등 남북교류협력 사업이 제대로 되지 않을 것"이라면서 "군사분계선(휴전선)을 넘으려면 버스 운전자도 승인을 받아야 한다"는 억지 주장을 펼쳤다.

결국 지뢰제거 작업은 11월 27일에야 재개될 수 있었고, 12월 11일 예정되었던 금강산 육로관광 시범사업은 연기되었다.

유엔사 관할권 무력화 위한 노력

정전협정에 근거하면 미국은 비무장지대에 대한 '관할권'을 갖는다.

> **1조 7항** 군사정전위원회의 특정한 허가 없이 어떠한 군인이나 민간인이나 군사분계선을 통과함을 허가하지 않는다.
> **1조 8항** 비무장지대 내의 어떠한 군인이나 민간인이나 그가 들어가려고 요구하는 지역의 사령관의 특정한 허가 없이는 어느 일방의 군사통제하에 있는 지역에도 들어감을 허가하지 않는다.
> **1조 9항** 민사행정 및 구제사업의 집행에 관계되는 인원과 군사정전위원회의 특정한 허가를 얻고 들어가는 인원을 제외하고는 어떠한 군인이나 민간인이거나 비무장지대에 들어감을 허가하지 않는다.
> **1조 10항** 비무장지대 내의 군사분계선 이남의 부분에 있어서의 민사행정 및 구제사업은 국제연합군총사령관이 책임진다.

소위 비무장지대 남쪽에 대한 '관할권'을 유엔사가 갖고 있다. 유엔사가 지뢰제거 작업 시 '유엔사의 승인'을 요청하는 법적 근거가 된다. 바로 이 점 때문에 지뢰제거 작업은 처음부터 난항에 부딪칠 수밖에 없었다. 이를 위한 현실적 해법을 마련한 것은 북측이었다.

제1차 남북 국방장관회담(2000.9)은 철도와 도로 연결을 위한 군사 문제를 논의하는 자리였다. 이에 대해 다음과 같이 합의했다.

> 3. 쌍방은 당면 과제인 남과 북을 연결하는 철도와 도로공사를 위하여 각측의 비무장지대 안에 인원과 차량, 기재들이 들어오는 것을 허가하고 안전을 보장하기로 하였으며, 쌍방 실무급이 10월초에 만나서 이와 관련한 구체적 세부사항들을 추진하기로 하였다.
> 4. 남과 북을 연결하는 철도와 도로 주변의 군사분계선과 비무장지대를 개방하여 남북관할지역을 설정하는 문제는 정전협정에 기초하여 처리해 나가기로 하였다.

이에 따라 북측은 10월 11일 군사정전위를 통해 "비무장지대 개방을 남측에 위임하는 유엔군 쪽의 편지나 담보 각서를 보내줄 것"을 남쪽에 공식 요청했고, 유엔사는 10월 14일 "국방부가 유엔사를 대리해 비무장지대에서의 지뢰 제거와 공사에 필요한 안전보장 대책을 협의할 권한을 가진다"는 내용의 편지를 북쪽에 넘겨주었다.

그러나 '국방부가 유엔사를 대리'한다는 것은 부적절하다. 모든 권한을 유엔사가 갖고 남측의 국방부를 꼭두각시로 세우겠다는 유엔사의 속셈이 깔려 있었기 때문이다. 이에 북측은 10월 18일 미국과 접촉하면서 비무장지대 공사와 관련한 유엔사의 협상권 위임을 북측과 유엔사가 별도로 협의 작성해야 한다는 뜻을 전달했다. 11월 2일 조성태 국방장관과 토머스 슈워츠 유엔사령관이 만나 철도와 도로가 지나는 비무장지대의 관리권을 유엔사에서 한국으로 이양하기로 합의하고, 11월 17일 '비무장지대 합의서'에 서명하게 된 것이다. 이 합의서에 따라 남북은 경의선이 통과할 비무장지대에서 ▷철도 도로 공사 ▷공동 역사 설치 ▷기차, 자동차 통과 등 '남북교류' 차원은 물론, 우발적 충돌 등 군사사항도 유엔사 참여 없이 처리할 수 있게 되었다. 그리고 2002년 9월 17일 '남북관리구역 합의서'에 따라 경의선을 포함한 동해지구와 서해지구까지 관리권 이양 영역이 확대되었다.

한미워킹그룹회의

2018년 세 차례의 남북 정상회담이 열렸다. 4월의 판문점 정상회담, 5월의 판문점 '깜짝' 정상회담(트럼프가 북미 정상회담을 하지 않겠다고 하자, 대책을 논의하기 위한 긴급 남북 회담), 9월의 평양 정상회담이 그것이다.

처음에 트럼프 정부는 남북 회담을 지지하는 입장을 표명했다. 이미 트럼프도 북미 대화를 하기로 했기 때문에 남북 회담이 북미 회담에 긍정적 환경을 조성할 것이라고 판단했던 것이다.

그러나 당시 남북관계의 진전은 미국의 범위를 뛰어넘는 것이었다. 트럼프 정부는 문재인 정부에게 속도조절을 요구했다. 즉 북미 관계 진전보다 남북 관계 진전이 앞서서는 안된다는 것이다.

미국은 9월 평양 정상회담을 앞두고 폼페이오 당시 국무장관의 방북을 전격 취소했다. 그리고 미국무부는 '비핵화'를 강조했다.

> *문 대통령이 과거에 말했던 일이 일어나야 합니다. 비핵화가 이루어져야 합니다.(미 국무부 대변인)*

남북 정상회담에서 비핵화에 대한 진전이 이뤄져야 한다는 주문이었다. 그러나 9월 평양 남북정상회담은 미국에 충격이었다. 남북군사분야이행합의서(이하 9.19 군사합의)가 채택된 것이다. 9.19 군사합의는 지상과 해상, 공중에서 남북이 평화 관리를 위해 완충지대를 설치하는 것을 골자로 한다. 2000년 지뢰제거 작업

때부터 강조했던 '유엔사의 관할권'이 사실상 무력화할 정도의 남북 군사합의가 채택된 것이다.

미국은 '실력행사'에 나섰다. 포문은 대통령 트럼프가 열었다. 10월 10일 트럼프는 "그들은 우리의 승인이 없이는 그렇게 하지 않을 것"이라는 발언을 했다. 평양 정상회담 후 문재인 정부가 '5.24 조치 해제'를 검토하고 있다는 입장이 나온 직후였다. 5.24 조치는 2010년 이명박 정부가 발표한 대북 제재 조치이다. 전 정부에서 취한 정책을 다음 정부가 계승하든 해제하든 그것은 우리 정부의 주권에 해당한다. 그러나 미국은 5.24 조치 해제 검토설에 대해 반대 쐐기를 박은 것이다.

트럼프의 발언으로 만족하지 못했던 것일까. 10월 29일 미국 대북정책 특별대표 비건이 한국을 찾았다. 방한 이유는 '대북 제재 관련 한미 이견 조율'이었다. 이날 한미 사이에 합의한 것이 한미 워킹그룹회의였다. 청와대 김의겸 대변인은 10월 30일 정례브리핑에서 "한미가 조금 더 긴밀한 소통을 위해 어떤 방식으로 이야기를 할까 의견을 나누는 과정에서 (워킹 그룹이)이 나온 것"이라며 "그에 대해 우리 정부도 동의했다"고 설명했다.

한미워킹그룹회의가 우연히 나온 것처럼 김의겸 대변인은 설명했지만, 미 국무부 대변인은 '한미워킹그룹회의'를 설치하기로 합의했다고 공식화했다. 우연히 나온 것을 미 국무부 대변인이 공식화할 리는 만무하다. 비건은 '한미워킹그룹회의' 설치를 논의하기 위해 왔다. 당시 비건은 청와대 윤건영 상황실장, 임종석 청와대 비서실장, 정의용 안보실장, 조명균 통일부 장관, 강경화 외교부장관 등 대북 정책 관련 주요 인사를 모두 만났다. 대단히 이례적인 방한이라고 당시 언론은 보도했다. 11월 20일 한미워킹그룹회의 1차 회의가 워싱턴에서 열렸다. 이날 폼페이오 미 국무부 장관은 "북한 비핵화가 남북 관계 증진에 뒤처져서는 안된다"고 발언했다. 남북 관계가 북미 관계보다 앞서서는 안된다는 노골적인 내정간섭적 발언이다. "한미 두 나라가 서로 딴 소리를 하고, 서로 인지하지 못하거나 생각을 전할 기회를 갖지 못한 채 각자 독자적인 행동을 하지 않을 것이라는 점을 분명히 할 수 있는 프로세스를 공식화하는 워킹그룹을 만들었다"고 덧붙였다. 한미워킹그룹회의가 남북 관계 속도를 조절하기 위한 '내정간섭 기구'임을 분명히 한 것이다.

모두 알다시피, 한미워킹그룹회의가 출범한 후 문재인 정부의 대북정책은 하나도 추진되지 못했다. 미국에 발목이 잡힌 것이다.

문재인 정부, 트럼프에 완전히 발목 잡히다

2018년 12월 27일 북측 판문역에서 철도-도로 연결과 현대화를 위한 착공식이 열렸다. 추운 날씨 속에서도 남측과 북측 각 100명의 인사가 참여했다. 우리 언론 역시 대대적으로 착공식 소식을 보도했다. 그러나 이날 착공식은 '빛 좋은 개살구'였다. 본래 착공식이란 공사를 시작하기 전에 하는 행사이다. 그런데 철도-도로 연결과 현대화를 위한 공사 일정은 아무것도 나온 것이 없었다. 공사 계획은 전혀 없는 형식적인 착공식이 거행되었을 뿐이다. 한미워킹그룹회의 때문이었다. 미국이 대북제재를 거론하며 어떤 공사 일정도 불가하다는 입장을 우리 정부에 통보했고, 우리 정부는 그 통보를 수용했다.

2019년 1월 또 하나의 황당한 사건이 발생했다. 정부는 북측에 독감 치료제인 타미플루 20만명분을 지원하기로 했다. 민간 업체에서 지원하는 독감 신속진단키트 5만 개도 함께 전달할 계획이었다. 2018년 12월 21일 서울에서 열린 한미워킹그룹회의에서도 타미플루 지원은 '승인'되었다. 인도주의적 지원이라 미국도 대놓고 반대하지는 못한 것이다.

그러나 타미플루는 북측에 전달되지 못했다. 미국은 타미플루 지원은 가능하지만, 타미플루를 싣고 갈 트럭은 대북제재 위반이라는 입장을 보내왔고, 우리 정부는 지원을 유보했다. 트럭에 담겨있는 가솔린은 타미플루를 태우고 갔다가 돌아오는 트럭의 연료로 쓰인다. 북측에 전달하고 오는 물품이 아니기 때문에 대북제재 위반이 될 수 없다는 것은 상식에 해당한다. 대북 제재 위반은 명분에 불과하다. 미국의 본심은 남북 관계 개선을 방해하는 것이었다.

[보론]
미국 정치개입의 구조

한국을 비롯한 제3세계에 대한 미국의 정치 개입은 주로 백악관 국가안전보장회의(NSC)의 지시에 따라 이루어진다. NSC에는 국무부, 국방부, CIA 등이 참여하며, 이들은 한국과 동아시아 정책을 실무적으로 입안해 대통령에게 보고한다.

그중에서도 CIA는 전 세계적 정보망과 비밀공작 기능을 통해 제3세계에서 정권 전복, 정치 공작, 요인 암살 등의 임무를 수행한다. 한국에서도 1958년부터 CIA 지부가 설치되어 활동 중이며, 지부장의 외부 직함은 주한미대사 특별보좌관이다. 이들은 미 대사관 8층에 사무실을 두고, 정치, 군사, 외교, 사회 운동 등 전 분야의 정보를 수집·분석해 미국 정부에 보고한다. 정치과 직원 다수는 CIA 요원이며, 정보원은 실업인, 유학생, 연구자, 군인 등 다양한 계층에 퍼져 있다.

이와 함께 미국은 NSA(국가안보국), NRO(국가정찰국), DIA(국방정보국) 등 정보기관을 통해 전자도청, 위성첩보, 군사정보 수집을 수행하고 있다. CIA와 한국 정보당국의 공식 채널은 안기부(현 국정원)이며, 양측은 정기적인 접촉을 통해 정보를 공유한다.

결론적으로, NSC가 전략적 지침을 수립하면, 주한미국대사관이 이를 공식 전달하고, CIA 지부가 비공식 경로를 통해 실행에 옮기는 구조라 할 수 있다. 만약 한국 정권이 미국의 이익 실현에 장애가 될 경우, 설득과 조정을 거쳐, 필요시 정권 교체까지 추진해 왔다.

미국의 개입 방식은 크게 간접 개입과 직접 개입으로 나뉜다.
간접 개입은 일상 정치에서 미국의 이해를 관철시키는 방식으로, 한미 협력 기구를 통한 공식 외교 경로를 활용한다.
반면 직접 개입은 정치 압력, 공작, 테러 지원, 쿠데타나 군사 개입 등을 포함하는 고강도 수단이며, 이는 친미 정권이 위기에 몰리거나 미국의 핵심 이해가 위협받을 때에만 사용된다. 민중의 반미 정서를 자극할 위험이 있기 때문이다.

백악관과 NSC-미국 대한정책의 전략 중심축

NSC는 1947년 창설된 미국 대외정책의 최고 전략기구로서, 대통령과 부통령, 국무장관, 국방장관, CIA 국장, 합참의장 등이 참여한다. 외교 및 안보 이슈에 따라 다양한 부처 장관들이 추가로 참석할 수 있으며, 실제 회의의 운영은 국가안보보좌관이 중심이 된다. 이 보좌관은 수십 명의 보좌진을 통해 광범위한 정책 이슈를 다루며, 미국의 제3세계 개입 전략에서 핵심 실무조정자 역할을 수행한다.
광주민주화운동 당시 NSC는 1980년 5월 22일, 29일, 31일 세 차례 회의를 개최하며 한국 사태를 긴급 논의했고, 이 회의에는 카터 대통령, 머스키 국무장관, 브레진스키 국가안보보좌관, 브라운 국방장관, 홀브루크 국무부 차관보 등이 참석했다. 이는 당시 전두환 신군부의 계엄 확대와 광주 진압이 미국 최고 정책기구의 직접적인 협의 대상이었음을 보여주는 사례다. 이후 1988년 <뉴욕타임스> 보도를 통해, 광주 진압군 투입과 관련한 사전 협의가 미국 측과 이루어졌으며, NSC가 그 판단과 승인에 핵심 역할을 했음이 확인되었다.

또한 1987년 6월 항쟁 전후, NSC는 한국의 민주화 과정을 조율하는 데에도 깊이 관여했다. 당시 아시아태평양담당 국무부 차관보였던 시거는 한국을 네 차례 방문하며 '시거 구상'을 구체화했고, 이는 결국 6·29 민주화 선언으로 이어졌다. NSC는 이 과정에서 한국의 정국 흐름을 주도적으로 판단하고 조정한 '보이지 않는 조정자' 역할을 했다.

국무부 - 정책의 외교적 집행자

국무부는 NSC 결정 사항을 집행하고 외교적으로 실현시키는 주무부처다. 여기에는 '한국과', 그리고 아시아·태평양 담당 차관보실이 핵심 역할을 맡는다. 한국과는 주한미국대사관의 정기·비정기 보고를 종합하며, 결정된 정책을 전달하고 관리한다.

1980년 광주항쟁 당시 한국과장이었던 로버트 리치는 서울을 방문해 상황을 파악하고, 8월에는 전두환의 당선을 축하하는 메시지를 직접 전달했다. 이는 미국이 사실상 전두환 정권을 조기 승인했음을 의미한다.

국무부의 실질적 대한정책 핵심은 아태담당 차관보다. 홀브루크, 시거, 제임스 켈리 등이 이 자리를 맡으며 한국 정치에 대한 심도 깊은 조율자 역할을 수행했다. 1987년 6월 30일, 시거 차관보는 "12월에 한국에서 대통령 선거가 있을 것"이라 발언했고, 당시 한국 내에서도 결정되지 않은 정치 일정을 미국이 먼저 알고 있었다는 점에서, 미국 개입의 깊이를 보여준다.

국방부 – 작전통제권과 제도적 군사 지배

미 국방부는 대한정책에서 '군사적 통제와 관리'를 설계하고 집행하는 기관으로, 특히 ISA(국제안보담당) 차관보, 태평양사령부,

주한미군사령부, 그리고 국방부 내 한국과를 통해 활동한다.

1988년 당시 ISA 차관보였던 리처드 아미티지는 대북 강경정책의 선봉에 있었고, 한미연례안보협의회(SCM)와 군사위원회회의(MCM), 한미행정협정, 상호군수지원협정 등을 통해 한국군에 대한 제도적·조직적 영향력을 행사했다. 특히 작전통제권을 통해 한국군의 군사 행동 자체를 미국이 사실상 사전 조정하거나 승인할 수 있는 구조가 갖추어졌다.

정보공작 수출하는 CIA - 지하 외교와 정보공작의 중심

CIA는 대한정책에서 정보 수집과 비밀공작, 정치 개입을 수행하는 핵심 기관이다. 1958년부터 CIA 한국지부가 설치되어 있으며, 주한미대사관 8층에 집무실을 두고 활동하고 있다. 여기엔 한국 정보총괄부서(ORS)와 방송 청취기관(FBIS)이 있으며, 정치, 안보, 군사, 사회운동 등 모든 분야의 정보를 매일 수집·분석하여 보고한다.

CIA는 한국에서 상시 주재원, 기업인, 학자, 군인, 학생 등 다양한 정보원을 활용하며, 언론과 여론 형성에도 깊숙이 개입해왔다.

이들은 '언론인·학자·출판인에 대한 자금 지원을 통해 여론을 조작'하는 등의 방식으로 민주주의 외피 속에 반민주적 통제를 실행해왔다. 브루스 커밍스나 촘스키, 허만 등의 다수 학자들도 이를 지적했다.

한국의 첫 정보국인 중앙정보부는 CIA와의 협조를 통해 1961년 김종필 주도로 설립되었으며, CIA 지부장 실버가 초기 운영에 깊숙이 관여한 바 있다. 이처럼 CIA는 한국 내 공작과 여론 조성, 정권 안정을 위한 비공식 채널로 강력한 영향력을 행사해왔다.

주한 미군 - 물리적 지배의 상징

주한미군은 한국군에 대한 실질적인 통제력을 행사하는 기관이다. 작전지휘권을 포함해 정보, 훈련, 감시 등 군의 전반을 지배할 수 있는 권한을 보유하고 있으며, 이 지배력은 1953년 한미상호방위조약과 그에 따른 각종 협정을 통해 제도화되어 있다.

전 주한미국대사관 외교관인 그레고리 핸더슨은 이를 두고 "한국은 마치 미국 군부가 전 소유권을 가진 자회사와 같다"고 표현했고, 실제로 한국 내 미군의 활동은 독립적인 감시와 통제를 받지 않는 경우가 많다. 특히 정보부, 미 8군 정보부대는 한국군의 모든 움직임을 실시간으로 파악하고 분석한다.

주한미국 대사관 - 표면적 외교, 실질적 내정간섭

주한미국대사관은 외교 창구이자, 정치적 개입을 위한 얼굴 마담 역할을 수행한다. 대사관은 각종 정보 보고 외에도, 한국의 정치인, 언론, 재계 인사들과 밀접한 관계를 유지하며 비공식적인 정치 조정에도 관여해왔다.

특히 대사들이 주최하는 파티는 한국 정계의 핵심 인물들이 총집결하는 자리였으며, 이곳에서 주요 정치적 메시지가 전달되곤 했다. 예컨대 릴리 대사는 1988년 김종필 총재에게 좌익 결집 가능성을 경고하며 보수 세력 결집을 촉구하는 '정치적 처방'을 내놓은 바 있다.

공식적으로는 정치·경제 보고 및 학생 대상 프로그램 등을 통해 한미관계에 대한 미국의 입장을 홍보하고 있지만, 실질적으로는 여론 관리와 정치 영향력 확대의 도구로 기능하고 있다.

4

평화를 위한 점령은 없다

경기도지사 이재명의 '미 점령군' 발언

2021년 7월 이재명 경기도지사의 점령군 발언이 잠시 논란이 된 바 있다. 이재명이 고향인 경상북도 안동시의 이육사기념관을 찾아 "대한민국이 다른 나라의 정부 수립 단계와 달라서 친일 청산을 못하고 친일 세력이 미 점령군과 합작해서 지배체제를 그대로 유지했지 않은가"라고 발언하자, 국민의힘 정치인들이 "점령군 주한미군을 몰아낼 것이냐", "충격을 넘어 경악스런 역사 인식", "반미운동을 부추기는 발언"이라며 맹공을 퍼부었다. 민주당 내에서도 "대권 유력 후보가 이런 말을 하는 것 자체가 부절적하다"며 비판 흐름에 가세하기도 했다.

논란이 커지자 이재명은 "대한민국 정부 수립 전에 한반도에 진주한 소련군과 미군은 스스로 점령군이라고 했고 객관적 실체도 점령군이었다. 그것을 부인하면 안 된다"라고 해명했다. "주한미군은 정통성 있는 합법 정부인 이승만 정부와 미국이 1953년 10월 1일 조인한 한미상호방위조약에 따라 주둔해오고 있는 군대"라면서 "주한미군의 성격은 시기에 따라 완전히 다르다"고 덧붙였다.

즉 미군정 시기 미군은 점령군, 대한민국 정부 수립 후 미군은 주둔군이라는 것이다. 이렇게 이재명의 '미 점령군' 발언은 해프닝으로 끝나고 말았다.

이재명의 점령군 발언을 비판하는 국민의힘 류의 주장이야 수십 년 된 케케묵은 것이기에 특별히 새로운 것은 없다. 그러나 주한미군이라고 하더라도 시기에 따라 그 명칭이 달라질 수 있다는 이재명의 주장은 새로운 것이었다. 그의 발언에 따른다면, 해방 후부터 대한민국 정부 수립 때까지 미군은 점령군으로 존재했다. 미 점령군은 대한민국이 친일세력을 청산하지 못하고, 친일 세력의 지배체제를 그대로 유지하게 하는 데서 큰 역할을 했다. 즉 미 점령군은 이 시기 우리 역사에서 부정적 역할을 담당했다.

그러나 대한민국 정부 수립 후 특히 1953년 한미상호방위 조약 체결 후 미군은 (발언의 맥락 상) 대한민국의 국체와 민주주의를 유지하는 데서 큰 역할을 해왔다는 인식이다. 그래서 이 시기부터 미군은 점령군이 아니며 합법적으로 주둔하는 '주둔군'이라는 것이다.

이재명 해명 유감

이재명의 해명은 자신을 향한 색깔론 시비를 종식하는 효과는 있었을지언정, 대단히 부적절한 것이었다.

첫째, 미군정 시기 친일세력이 지배하는 체제가 만들어졌다면, 그 친일세력을 청산하지 못한 채 등장했기 때문에 대한민국 역시 친일세력 지배체제라고 보아야 논리상 일관성을 갖는다. 그러나 이재명은 대한민국을 '정통성 있는 합법 정부'라고 규정했다.

만약 대한민국이 정통성 있는 합법 정부라면 "대한민국이 다른 나라의 정부 수립 단계와 달라서 친일 청산을 못하고 친일 세력이 미 점령군과 합작해서 지배체제를 그대로 유지"했다는 이육사 박물관에서의 발언은 설 자리를 잃는다.

둘째, '주둔군' 미군은 한미상호방위조약 체결의 결과가 아니라 한국전쟁의 결과였다. 한미상호방위조약은 이미 '주둔하고 있는 미군'의 주둔을 영구화한 것이다. 한미상호방위조약은 여러 측면에서 불평등할 뿐 아니라 종속적인 측면을 많이 갖고 있다. 이재명의 해명은 문제많은 한미상호방위조약에 정당성을 부여한 결과가 되었다.

이재명의 '미 점령군' 발언은 틀리지 않은, 정확한 표현이다. '미 점령군'과 친일 세력의 '합작' 역시 그가 말한대로 '친일 지배 체제'를 형성했다. 따라서 이재명의 발언에 대한 국민의힘 류의 색깔 공세는 비판 받아 마땅하며, 구시대적, 냉전적 사고의 발현이라고 할 수 있다.

그렇다고 해서 이재명의 해명이 정당성을 갖는 것은 아니다. 이재명의 해명은, 그가 비록 의도하지 않았더라도 대한민국 정부 수립 후 '미 주둔군'의 존재에 정당성과 합법성을 부여해버렸다. 한미상호방위조약이라는 '국가간 조약'이 체결되면 '점령군'의 성격은 '주둔군'으로 자동 변환되는가. 조약이 체결되어 '주둔군'의 성격을 갖게 되면 '점령군'의 속성은 사라지는가. 1953년 한미상호방위조약 체결 후 '미 주둔군'은 대한민국에 긍정적 작용을 해 왔는가.

이번 장에서는 이런 문제의식을 다룬다. '점령군'으로 표현하건, '주둔군'으로 표현하건 주한미군은 한국 사회에서 어떤 역할을 해왔는가. 주한미군의 역할에 대한 공식적인 설명은 '전쟁을 억제하고 한국을 방어하여 한반도 평화를 수호'하는 것이다. 과연 그런가.

주둔 목적의 변천사

해방 정국: '일본군의 무장해제' vs '통치권 장악'

2021년 이재명 도지사의 발언처럼 당시 미군은 스스로 '점령군'으로 표현했고, 3년 동안 점령 정책을 실시했다. 미군의 점령 정책의 결과는 2장 '대한민국 정치와 한미관계'에서 다루었기 때문에 여기서는 몇가지 중요한 대목만 짚고 간단히 넘어간다.

그들의 점령 목적은 '일본군의 무장해제'였다. 즉 38선 이북은 소련군이, 38선 이남은 미군이 일본군을 무장해제시킨다는 미소 합의의 결과였다. 그러나 실제 점령 목표는 조선에 대한 통치권 장악이었다. 38선 분할 당사자인 딘 러스크는 후에 다음과 같이 증언했다.

> 육군측은, 가능한 한 북쪽에서 항복받기를 원하는 미국의 정치적 욕구와 미군이 그 지역에 도달하기에는 분명한 한계를 갖고 있는 점을 조화한 제안을 요청했다. 우리는 38도선을 권고했는데 … 이것은 미군의 책임 지역 내에 한국의 수도를 포함시켜 놓는 것이 중요하다고 생각했기 때문이다.

딘 러스크 스스로 38선 분할의 목적이 군사상 목적이 아닌 '미국의 정치적 욕구'라는 사실을 밝혔다. 그래서 '한국의 수도'인 서울을 포함시키는 것을 중요하게 생각한 것이다.

38선 분할을 합의한 미군은 조선총독부를 만나 "미군이 주둔하기까지 모든 체제를 변경하지 말고 계속 유지하되, 정식 항복할 때까지 일본 통치기구를 그대로 미군에게 인계하라"고 통보했다. 미국의 통보를 받은 조선총독부는 8월 18일 오후에 여운형에 넘긴 행정권 이양을 취소했다. 물론 이런 변화에도 불구하고 건준위는 계속 활동을 강화하는데, 이에 당황한 조선총독 아베는 8월 28일 맥아더에게 관련 상황을 보고하고 치안유지의 권한을 요구하는 전문을 보냈다.

> 공산주의자와 선동가들이 이러한 상황을 이용하여 평화와 질서를 교

란하고 있다.

이에 대해 맥아더는 다음과 같은 회답을 보낸다.

> 귀하는 우리 군대가 책임을 떠 맡을 때까지 …… 38선 이남의 한국에서 질서를 유지하고 통치기구를 보존할 것을 지시한다. …… 나는 귀하에게 그곳의 질서를 유지하고 재산을 보호하기 위해 필요한 권한을 부여하며 지시하는 바이다.

이를 받아본 조선 총독은 "귀하의 명철한 회답을 받고 본인은 지극히 기쁘다"라고 회신했다.

그들의 점령 목적이 단지 일본군 무장해제였다면 38선 이남에서의 건국준비위원회 활동은 그 목적에 부합하는 것이었다. 즉 미 점령군과 건국준비위원회가 합작하면 보다 손쉽게 일본군 무장해제를 할 수 있기 때문이다. 따라서 38선을 긋고, 총독부에게 통치 권한을 부여하는 일련의 상황은 그들의 점령 목적이 '일본군의 무장해제'가 아니라 '조선에 대한 통치권 장악'에 있음을 보여준다.

1948년 8월 15일 대한민국 정부 수립 후에도 미군 점령이 계속된 이유 역시 동일하다. 1948년 8월 24일 「과도기의 잠정적 군사 및 안보에 관한 행정협정」(이하 '과도기 행정협정')은 미군 점령을 지속하는 법적 근거로서 체결되었다. 그 주요내용은 다음과 같다.

(1) 주한미군사령관은 주한미군이 완전 철수할 때까지 계속해서 한국군을 조직·훈련·무장시킨다.
(2) 동사령관은 대한민국 정부에 한국군의 감독의무를 점진적으로 이양하고, 미군이 완전 철수할 때까지 한국군에 대한 작전권을 행사할 수 있는 권한을 보유한다.
(3) 동사령관은 중요한 지역과 시설에 대한 통제권과 주한미군사령부의 인원에 대한 치외법권을 보유한다.

이날은 소련군이 38선 이북에서 철수하는 날이었다. 동시 철군 압박을 받고 있던 미국은 이승만 정부와 협정을 체결해 철수하지 않을 명분을 확보하고자 했다. 그 이유 역시 위 협정 내용에서 확인되듯이 한국군을 조직, 훈련, 무장시킨다는 명목으로, 한국군의 작전권을 보유하는 즉 한국에 대한 통치권을 유지하고자 하는 것이었음을 확인할 수 있다.
소련군의 철수는 미국에 큰 압력이었다. 결국 미국은 1949년 1월 주한미군 철수를 1949년 6월 30일까지 완료할 것을 결정했다. 그리고 추진한 것이 군사고문단이었다. 1949년 7월 1일 발족한 주한미군사고문단은 한국 육군과 해안경비대, 경찰로 구성된 한국 치안대를 조직, 관리, 무장, 훈련시키는 임무를 수행했다. 즉 한국군의 편성 및 훈련지도 등의 업무를 추진한 것이다. 주한미군의 역할을 주한미군사고문단이 수행했음을 확인할 수 있다.

한국전쟁 시기: '북한군 격퇴' vs '북한 정권 소멸'

1950년 6월 25일 한반도에서 전쟁이 발발하자 미국방성은 즉시 국제연합 안전보장이사회를 소집하여 '공산측의 즉각적인 침략 행위 중지를 요청하는 결의안'을 통과시켰다. 그리고 당시 미 대통령이었던 트루먼은 맥아더에게 무기지원과 함께 해·공군으로 지원하라고 지시하였다. 이어 7월 7일 안전보장이사회는 '유엔군사령부' 설치에 관한 결의안을 통과시키고, 미국 대통령에게 유엔군사령관 임명권을 부여했다. 이에 트루먼은 맥아더를 유엔군사령관에 임명하였다. 영국, 프랑스, 오스트레일리아 등 16개국의 유엔회원국이 이 결의안에 따라 미국에 군을 파견하였다.

맥아더는 이에 앞서 6월 29일 한강방어선을 둘러보고 한국에 대하여 해·공군 지원에 추가하여 미 지상군 투입을 건의한다. 트루먼의 승인을 받은 맥아더는 일본에 주둔중인 24사단에 한국으로의 이동을 명령하였다.

이 과정을 통해 1949년 6월 30일까지 철수했던 미군이 다시 한국에 들어오기 시작했다. 이들의 주둔 목적은 '북한군 격퇴'였다. 그러나 미국이 한국전쟁에 이토록 빠른 반응을 보인 이유는 다른 곳에 있었다.

미국은 1947년 트루먼 독트린, 마셜 플랜 등을 통해 냉전 정책 즉 소련 봉쇄 정책을 본격화하기 시작했다. 그러나 1949년 7월 소련이 핵무기 시험에 성공하고, 같은 해 10월 중국공산당이 장개석을 몰아내고 중화인민공화국을 건설하는 등 미국의 소련 봉쇄정책은 큰 효과를 보지 못했다.

특히 아시아에서 가장 크고 중요한 지역인 중국에서 중국공산당이 집권하자 미국의 아시아 정책은 보다 호전적인 성격을 띠기 시작했다. 미국은 '패전국인 일본을 아시아의 후방 병참기지로 전환시키고, 한반도, 대만, 베트남을 각각 군사적 진공을 위한 교두보로 삼으며 최종적으로 중국 대륙의 회복을 목표로 한다'는 전략방침을 수립했다.

6월 26일과 27일 진행된 백악관 회의는 다음과 같은 결정을 함으로써 미국이 한국전쟁을 단지 한반도 지역에 국한한 것이 아니라 동아시아 차원의 맥락에서 바라보고 있음을 보여준다.

1. 맥아더 휘하의 해·공군을 즉각 한국에 투입시킬 것

2. 미국은 유엔의 깃발 아래 참전할 것

3. 조만간 있게 될 지상군을 포함한 대규모 부대의 투입을 위해 각 군 참모총장은 군을 동원할 수 있도록 '필요한 명령을 준비할 것'

4. 미 7함대를 대만과 중국 사이의 해협에 파견하고 필리핀의 미군을 증강시킬 것이며 동시에 필리핀 정부에 대한 원조를 강화할 것

이미 미국은 한국전쟁 발발 초기부터 대규모 지상군 투입, 필리핀과 대만 군사력 증강 등을 결정했다. 따라서 미국의 한국전쟁 참전과 미군의 주둔은 '38선 이북으로 북한군 격퇴'가 아닌 다른 것에 있음을 보여준다. 그렇다면 그들의 목표는 무엇이었을까.

미군은 1950년 9월 15일 인천상륙작전을 성공하고, 9월 28일 서울을 회복한 사실은 잘 알려져 있다. 그러나 인천상륙작전이 진행되던 당시 워싱턴에서 맥아더에게 38선을 돌파하여 계속 북진하라는 명령을 하달한 것은 알려져있지 않다.

1950년 9월 1일 미국 국가안전보장회의는 새로운 한국정책 초안인 NSC-81을 작성한다. 그 내용은 38선 북쪽지역 내의 군사행동과 점령을 어떻게 할 것인가, 중국 및 소련이 개입하면 어떻게 대응할 것인가를 다루고 있다. NSC-81은 미 합동참모본부의 반대에 부딪쳤지만 인천상륙작전 개시 나흘 전인 9월 11일 NSC-81/1의 이름으로 트루먼의 승인을 받았다. 이 문서에 제시된 행동방침은 다음과 같다.

- 소련 및 중국의 위협이 드러나지 않을 경우 유엔사령관이 북한군을 격퇴하기 위한 군사작전
- 유엔과 미 대통령의 승인을 요하는 북한 점령계획
- 한국인들의 분노를 미국으로부터 공산주의자들 쪽으로 돌리는 캠페인
- 북한 지역의 점령과 진압, 북한군 무장해제에서 한국군이 중심역할을 할 것

NSC-81/1이 승인된 뒤, '북한지역점령지침'이 1950년 10월 28일 맥아더에게 전달되는데, 이 지침은 '북한정부를 대신하여 잠정적으로 대리정부를 세우는 것'의 세부사항을 다룬다. 지침 Part Ⅱ '민정방침'은 38선 이북 지역에서 한국의 통치권은 인정하지 않지만, "전국적 범위의 사안에 대해서는 재통일을 촉진한다는 취지에서 미 대사를 통해 한국 정부와 협의해야 한다"고 적시했다. 미 국무부는 '북한 지역 정치고문'을 임명할 계획을 추진했다.
9월 21일 한 기자가 트루먼에게 "대통령님, 한국에서 우리 부대가 38선에 도달하면 어떻게 할지 결정하셨습니까?"라고 물었다. 트루먼은 "아니오, 나는 결정하지 않았습니다. 그것은 유엔이 결정할 문제입니다. 그것은 유엔군이고, 우리는 그 상황에 관심을 가지고 있는 많은 이들 중 하나입니다. 그것은 유엔에 의해 해결될 것이고 나는 유엔이 내리는 결정에 따를 것입니다."라고 대답했다.

우리 사회에서는 이런 답변을 미국의 공식적인 입장으로 받아들인다. 그러나 트루먼이 이런 답변을 하던 시기는 이미 미국에서 '북한점령정책'이 수립된 후였다.

미국이 한국전쟁에 개입하고 미군을 참전시킨 목표는 '북한 정권 소멸'이었다. 그렇다고 해서 미국의 목표와 이승만의 '북진 계획'이 일치한 것도 아니다. 이승만의 북진은 '대한민국의 38선 이북 지역 수복'이다. 그러나 미국의 '북한 지역'에 세우려했던 정부는 대한민국 정부가 아니라 '대리 정부'였다. 미국의 대소, 대중 봉쇄 정책을 추진할 '대리정부'는 대한민국으로의 재통일될 수도, 대한민국과는 전혀 다른 정부가 될 수도 있는 여지를 갖고 있었다.

정전협정 체결 후 냉전 시기: '한국 방어' vs '냉전 전초기지'

1953년 7월 27일 정전협정이 체결되었다. 미국은 미군의 주둔을 연장할 수 있는 새로운 근거와 명분이 필요했다. 1950년 재주둔하면서 내세웠던 명분인 '북한군의 격퇴'는 정전협정 체결 이후 더 이상 효력을 발휘할 수 없는 것이었기 때문이다.

주한미군 주둔의 새로운 명분을 마련하기 위해서 미국이 최초로 감행한 것은 한미상호방위조약의 체결이었다. "외부로부터의 무력공격에 대하여 자신을 방위하고저"라고 한미상호방위조약 전문에 명시함으로써 새로운 주둔 명분과 근거를 마련한 미국은 조약 4조를 통해 주한미군의 주둔을 합법화하였다.

그 다음 미국이 착수한 것은 1954년 4~7월 개최된 제네바 정치협상을 파탄내는 것이었다. 정전협정 제 60항에서 "정전협정 체결 3개월 내에 한급 높은 정치회의를 소집하고 한국으로부터의 모든 외국군대의 철수 및 한국문제의 평화적 해결문제를 협의할 것을 건의한다"는 조항은 주한미군 주둔의 새로운 근거와 명분을 마련해야 할 미국으로서는 참으로 난감한 문제가 아닐 수 없었다. 제네바회담에서 조선은 다음과 같은 5가지의 내용을 제안했다.

① '전 조선위원회'가 남북 총선거를 준비함은 물론 양 분단 지역간의 경제 및 문화교류를 관장하기 위해 결정되어야 한다.
② 한반도 내에 주둔하고 있는 모든 외국군은 향후 6개월 이내에 완전 철수하여야 한다.
③ 한반도의 통일문제에 대한 평화적 해결을 보장하는 국제협약은 3개국의 참여에 의해 결정되어야 한다.
④ 북과 남의 경제 및 문화교류의 촉진을 위해 시급한 대책이 마련되어야 한다.
⑤ 통일정부와 국민의회 수립을 위한 총선거가 실시되어야 한다.

그러나 미국을 중심으로 한 유엔군측은 다음과 같은 16개국 공동선언을 일방적으로 발표함으로써 제네바 회담을 결렬시켰다.

① 유엔은 그 헌장에 따라 침략을 격퇴하고 평화와 안전을 회복하기 위해 집단행동을 취하며 한반도에 있어서 평화적 해결을 모색하도록 주선할 수 있는 충분하고도 정당한 권한이 부여돼 있다.
② 통일 독립된 민주한국을 수립하기 위해 유엔감시하에 토착인구의 비례에 따라 대표자가 선출되는 국회의원의 진정한 자유선거가 한반도에서 실시돼야 한다.

16개국의 공동선언에는 정전협정에서 명시하고 있는 외국군의 철수는 전혀 언급되지 않았다. 유엔감시하의 총선거는 분단과 전쟁의 원인이었지, 평화적 해결의 해법은 결코 될 수 없는 것이었다. 미국은 제네바 협정을 파기하기 위해 유엔 감시에서의 총선거를 주장했던 것이다.

그 다음으로 미국은 한국군의 작전통제권을 완전히 장악했다. 1954년 11월 17일 체결된 한미합의의사록은 "국제연합군사령부가 대한민국의 방위를 위한 책임을 부담하는 동안 대한민국국군을 국제연합군사령부의 작전지휘권하에 둔다"고 명시했다. 한미상호방위조약을 통해 미군의 영구 주둔을 보장했다. 미군의 주둔 명분은 '한국의 방어'였다. 즉 한미합의의사록은 한국의 작전통제권을 영원히 미국이 행사하겠다는 뜻이다.

미국의 냉전 정책에서 한반도는 '아시아 대륙 진공을 위한 안정된 교두보'였다. 그들이 1960년대까지 일관되게 추구한 '중국봉쇄' 정책에 입각해 보더라도, 남베트남과 한국은 미국의 대륙진공을 꾀하기 위한, 확보 가능한 육로였다. 그만큼 한반도는 미국의 군사전략 속에서 중요한 가치를 갖고 있었다. 이런 맥락에서 주한미군의 임무는 한국을 미국의 군사기지로 관리하는 한편 적대 진영에 일상적인 군사위협을 가하는 것으로 집약될 수 있다. 1954년 2월 미국의 국무부 차관보였던 로버트슨이 미 하원에서 한 발언은 미국의 이런 구상을 정확하게 드러낸다.

> 종래와 같이 중국을 회복하기 위해 직접 행동에 나서는 것이 아니라 중국 내부에 붕괴가 일어나기를 기대하며 계속해서 항상 중국 주변에 무력 공격의 위협을 준다.

그런 맥락에서 추진된 것이 한반도 핵무기 배치였다. 주한미군에 핵무기가 배치된 것이 확인된 최초의 시점은 1958년이었다. '어네스트 존(Honest John)' 전술핵 로켓을 배치하면서부터였으며 이후 1960년대에 들어서는 핵지뢰, 서전트 단거리 핵미사일, 155mm 핵포탄 등 무려 950여발의 전술핵탄두가 배치되었다.

그러나 한국전쟁 당시 주한미군의 숫자는 너무나 방대한 규모였다. 1953년 당시 한국에는 미군 8개 사단(육군 7개 사단과 해병대 1개 사단) 약 32만 5,000명이 주둔하고 있었다. 정전협정이 체결되자 미국은 한국에 주둔해 있는 미군의 감축을 추진하기 시작했다. 1953년 12월 26일 아이젠하워는 "평화조류에 대한 기여로서 한국에 있는 미지상군을 점차 감축할 계획"이라고 하면서 조만간 2개 사단이 철수할 것이라고 밝혔다. 1954년 3월 14일 미 45사단 일부가 모든 장비를 한국군에게 넘겨준 채 한국을 떠나기 시작했다. 이어서 제40사단도 철수하였다. 두 사단은 그 해 6월말까지 철수를 완료하였다. 또한 10월까지는 25사단과 3사단이 철수를 완료했으며, 미 지상군 철수와 함께 미 공군도 철수하기 시작하였다. 그 결과 1955년에는 8만 5,000여명의 미군만이 남았고, 1957년에는 미 육군 1군단 산하의 2사단과 7사단 7만 명 정도만 한국에 주둔했다.

그 후 주한미군은 단계적으로 감축되었다. 베트남 전쟁이 장기화하자 미국은 베트남전에서 빠져나오기 위해 '베트남 전쟁의 비(非)미국화'를 표방하면서, 1970년 닉슨 독트린에서는 ① 미국의 태평양 국가로서 계속해서 아시아에 머물 것을 전제로, ② 아시아 동맹국가의 자조적인 노력과 핵을 제외한 통상전력의 강화를 촉구하고 ③ 미국의 핵 및 해·공군의 기동력이 이를 뒷받침한다는 것을 중심내용으로 하는 닉슨 독트린을 발표했다.

1970년대 초반 한미군사관계에서도 몇 가지 중요한 변화가 일어났는데, 1971년 미제7군단이 철수하는 등 2만명 이상이 철수하여 1972년 주한미군은 4만명으로 줄었다. 그러나 주한미군 감축과 더불어 미국은 한국군의 근대화라는 명목으로 군비증강 정책을 추진했고, 7사단 철수의 공백을 보완한다는 명목으로 1971년 7월 한미제1군단을 창설했다.

이런 패턴은 1970년대 후반 카터 정부의 주한미군 감축 시기에도 반복되었다.

1976년 미국 대통령선거에서 주한미군 철수를 주장한 지미 카터는 대통령에 당선되자, 1977년 3월 9일 기자회견에서 4~5년 이내에 주한미군 지상전투병력을 완전 철수할 계획임을 발표하였다. 같은 해 5월 5일 「대통령검토각서」는 1982년까지 3단계로 철수할 것임을 밝혔으며, 이런 계획을 한국에 공식 통보하기도 했다. 그러나 카터 정부의 이런 결정은 미 의회의 강력한 반대에 부딪쳤다. 결국 카터 정부는 3,600명의 주한미군을 감축한데 그치고 1979년 감축을 전면 중단했다.

비록 감축 계획은 중단되었으나 감축 시 검토되었던 한국군에 대한 통제 계획은 그대로 추진되었다. 1976년부터 한미 대규모 야외기동군사연습 팀스프리트 훈련이 시작되었고, 1978년에는 한미연합사를 창설하여 한국군을 직접적 통제하에 두기 시작했다. 미국의 핵우산 제공이 처음으로 공식화된 것도 1978년이다. 핵우산은 미국의 핵전쟁 계획이 한반도에 적용되고 있음을 나타내는 용어이다.

미국의 대외정책이 어떻게 펼쳐지건 한국을 '냉전의 전초기지'로 두려는 정책은 계속 유지된 셈이다. 정전협정 체결 후 40년 가까이 지속된 냉전 시기 한미동맹은 더욱 굳건해졌고, 한국의 군사적 대미 종속성은 더욱 심화되었다. 그렇다면 탈냉전 시기는 어땠을까? '한국의 방어'라는 명분, '냉전의 전초기지'라는 목표는 어떻게 변화되었을까.

탈냉전 시기: '한미동맹 재정립' vs '한반도 영구 주둔'

냉전의 해체는 국제 질서에 중대한 변화를 가져왔다. 이러한 변화는 한반도에도 직접적인 영향을 미쳤고, 이에 따라 미국의 대한반도 정책 또한 새로운 방향을 모색하게 되었다.

소련이라는 전통적인 적대국이 사라지자, 미국은 새로운 위협 대상을 설정해야 하는 상황에 직면했다. 이에 따라 미국은 변화한 안보 환경에 대응할 수 있는 새로운 전략을 구상하기 시작했다. 이러한 전략에는 냉전 이후에도 세계 패권을 유지하려는 미국의 의도가 뚜렷하게 반영되어 있었다.

미국은 탈냉전 이라는 새시대에 걸맞는 전략을 구상하기 위해 냉전당시와 비교할 때 훨씬 빈번하게 전략보고서를 만들어냈으며, 특히 미국의 대아시아 정책에 관한 보고서가 여러 차례 수정, 발표되었다. 1990년 미국 국방부는 소위 「동아시아 전략구상」(East Asia Strategic Initiative)을 의회에 제출했다. '이지(EASI)'라고 불리는 이 보고서는 동아시아 국가들에게 큰 반향을 불러 일으켰는데, EASI는 동아시아에 주둔하고 있는 미군을 서서히 감축시키기 위한 감축안을 제시하였으며 주한미군 역시 1단계 철수가 1992년 12월까지 이루어져 총 15,250명이 철수하여, 1990년 당시 44,000명이던 주한미군의 숫자는 37,000여명으로 감축되었다. 그러나 EASI는 소위 '북한의 핵개발론'이 발생하면서 폐기되었.

1992년 EASI 보고서를 수정한 새로운 보고서, '이지 투'(EASI II)가 발표되었다. EASI II는 '북한 핵'이라는 새로운 긴장변수를 고려하여 2단계(1993-1995) 중의 주한미군감축계획을 재조정했고, 미군 군사력이 아시아지역에 계속 주둔하는 것이 미국의 국익에 중요하다는 사실을 명백하게 제시하였다.

그 이후 발표된 국방정책보고서 Bottom Up Review(BUR)나 「미

국의 국가안보전략 : 개입과 확장」 등 수많은 보고서를 통해 미국은 중동과 한반도에서의 2개의 전쟁에서 동시 승리한다는 'Win and Win 전략'을 채택했고, 미국은 사활적 이익이 결부된 동아시아지역에 자신의 군사력을 계속 주둔시킴으로써 미국의 이익을 지키겠다는 점을 명백히 했다.

한편 2001년 출범한 부시 행정부는 2001년 「4년 주기 국방검토보고서」(QDR)를 발표하고, 미 본토에 대한 공격 가능성, 예측하기 어려운 국제적 테러, 국경을 초월한 국제 범죄 행위 등을 안보 위협으로 설정했다.

2002년 발표한 「국가안보전략보고서」는 그 결정판이었다. 이 보고서는 대외군사정책으로 예방적 선제공격, 압도적인 군사력 우위와 거점 확보를 채택했다. 예방적 선제공격 전략이란 '적이 대량살상무기로 미국 및 미국의 우방을 위협하지 못하도록 예방한다'는 것이며, 그 예방을 위해 선제공격을 할 수 있으며, 그같은 무력 사용은 정당하다는 것이다.

한마디로 말해 탈냉전기 미국의 외교안보군사 전략은 가능한 모든 위협에 대처하기 위해 군사력을 증강한다는 것이며, 미국의 동맹 체제 역시 그 전략에 부합하는 방향으로 개편하는 것이었다. 그런 맥락에서 나토 동맹이 동쪽 방향으로 확장되었고, 아시아에서는 미일 동맹과 한미 동맹이 새롭게 재편되었다.

우선 미국은 '한국 방어'라는 냉전 시기의 주둔 명분을 그대로 유지하기 위해 '북한 핵개발설'을 주장했다. 한미가 공조해서 조선의 핵개발을 막아야 하며, 그 과정에서 발생할 수 있는 군사적 충돌에 대비하기 위해 한미동맹이 강화되어야 하며, 주한미군의 역할 또한 중요하다는 명분이었다.

그러나 미국은 탈냉전기 주한미군의 역할을 '한국 방어'에만 국한하지 않았다. 앞서 언급했던 것처럼 미본토 방어, 테러 대비 등의 역할까지 수행해야 했다. 즉 주한미군은 필요에 따라 한국에 주둔하기도 하고, 다른 곳에 빠르게 출동하기도 하는 '전략적 유연성'을 가져야 했다. 주한미군의 입출입이 자유롭기 위해서는 중무장 병력이 경무장 병력으로 바뀌어야 한다. 그 결과 주한미군의 신속기동군화가 추진되었다. 또한 주한미군은 이동이 용이한 해군기지와 공군 기지 주변에 집중되어야 한다. 주한미군 기지 이전 및 재배치가 2000년대 들어와 본격화된 이유이다.

따라서 주한미군의 역할이 동북아시아 지역 더 나아가 전 세계적 범위로 확대되어야 했고, 그에 따른 동맹의 재조정이 필요했다. 김영삼 정부 시기 평시 작전통제권이 환수되었고, 노무현 정부 시기 주한미군의 전략적 유연성이 합의되고 미군기지 재배치가 추진되었다.

이명박 정부 시절인 2009년 6월 한미 정상회담에서 '한미동맹을 위한 공동비전'이 발표되었다. "한미 공동의 가치와 상호 신뢰에 기반한 양자, 지역, 범세계적 범주의 포괄적인 전략동맹을 구축"하고 "다음 세대를 위해 우리 양국이 직면한 도전에 함께 대처"한다는 것이 주요 골자였다. 동맹의 지역적 범위를 '범세계적 범주'로 확대하고, 모든 영역에서의 협력을 강화하는 이런 흐름은 박근혜 정부, 문재인 정부에서도 지속되었다.

이런 일련의 흐름은 결국 한미동맹의 영구화, 주한미군의 영구 주둔을 의미한다. '한미동맹 재조정'은 그럴듯한 포장에 불과하다. 미국은 '북핵 위협론', '테러세력 위협론', '중국 위협론' 등 자신이 필요한 '위협론'을 생산하고, 그것을 동맹 구조를 활용하여 동맹국인 한국에 설파한다. 그렇게 미국의 위협론에 동조화된 한국은 주한미군의 역할 변경에 동의하고, 한미동맹의 구조와 논리를 재조정한다. 이런 매커니즘을 통해 탈냉전기의 한미동맹은, 탈냉전이라는 말이 무색할 정도로 동맹 영구화가 추진되는 과정이었다.

한미상호방위조약과 주한미군

상호방위조약의 체결

휴전 협상이 한창이던 1952년 이승만은 여러 차례에 걸쳐 휴전협정 반대의사를 피력했다. 어떠한 피해가 발생하더라도 북진 통일을 완성해야 한다는 주장이었다. 이에 반해 미국 트루먼 정권은 전쟁이 장기화되면서 피로도가 쌓이기 시작했고, 대선을 앞둔 상황에서 휴전 소식을 미국 유권자에게 알려야 하는 상황이었다. 이에 1952년 6월 미국은 이승만을 제거하기 위한 논의에 착수한다. 미 국무성, 국방성, 국가안전보장회의, 유엔군총사령관 등 유관기관의 대책협의 끝에 다음과 같은 비상 수단을 검토한다.

(1) 한국정부에 대한 경제원조를 중단한다.
(2) 미국 해군함대를 부산항 내에 정박·대기시킨다.
(3) 유엔군사령부 휘하 부대를 부산지역에 진주·배치시킨다.
(4) 이승만 대통령과 그의 정부에 복종요구를 통첩한다.
(5) 요구를 거부하면 이승만 대통령의 신체적 연금을 단행한다.
(6) 유엔군 사령관의 명의로 부산(당시 수도)지역에 계엄령을 선포한다.
(7) 부산지역의 남한군대·경찰 및 준군사적 집단들과 청년단체들을 접수한다.
(8) 한국 국회의원들과 그 가족들의 신체안전을 보호하고, 망명처를 제공한다.
(9) 국회소집 및 개회, 이승만 대통령에 의해 체포·투옥된 사람들을 석방한다.
(10) 미국의 전쟁수행에 전면적으로 협조할 한국 정부 지도부를 개편하고 구성한다.

물론 이 계획은 실행되지 않았다. 이승만을 대체할 마땅한 인물이 없었던 것이다.

한국전쟁 종식을 공약으로 내걸고 당선된 미국 아이젠하워 대통령 출범한 1953년에도 유사한 갈등은 반복되었고, 이승만은 1953년 4월 8일 아이젠하워에게 서한을 보내 "한국 주권하의 통일, 중국 공산군의 완전 철수, 북한군의 무장 해제" 등을 거론하며 휴전협정 반대 의사를 분명하게 피력했다. 이승만을 제거하기도 어려운 상황에서 미국의 선택은 양면전략이었다. 휴전협상을 강행하면서도 이승만을 설득시킬 수 있는 논리 즉 미국의 방위원조 제공 의사를 피력하는 것이었다. 한미상호방위조약은 이런 과정을 통해 논의되기 시작한다.

그러나 방위조약 초안을 갖고 협상하는 과정에서도 한미 간의 의견은 대립되었다. 이승만의 '자동개입 조항' 요구 때문이었다. 이승만은 53년 7월 24일 덜레스 미 국무장관에게 서한을 보내 "대한민국이 어떤 적의 공격을 받을 경우 미국의 자동적 군사개입을 규정하는 명문적 조항을 삽입해야 한다"고 강조했다. 당시 미국 측의 문서를 보면 "아이젠하워 대통령은 그(이승만)의 요구에 대경실색했다"고 적고 있다. 미국은 한국에 대한 자동 군사개입을 보장하고 싶지 않았던 것이다. 모든 것은 미국의 요구대로 진행되었다. 1953년 8월 8일 상호방위조약 가조인이 체결되고, 10월 1일 서명함으로써 한미상호방위조약은 체결되었다.

상호방위조약의 내용

한미상호방위조약은 서문과 6개의 조항으로 구성되어 있다. 서문과 본문을 살펴보면 상호방위조약이 아니라 '일방방위조약'이며 대등한 국가간 조약이 아니라 종속적 조약임이 드러난다.

조약의 목적과 성격을 담고 있는 서문의 경우 "태평양지역에서의 평화기구를 공고히 할 것", "외부로부터의 무력공격에 대하여 방위", "태평양 지역에서 더욱 포괄적이며 효과적인 지역적 안전보장조직이 발달될 때까지 평화와 안전을 유지하고자 집단적 방위를 위한 노력을 공고히 할 것" 등의 표현이 존재한다.

서문은 한미상호방위조약이 한반도 지역에 국한된 것이 아니라 태평양지역에서의 집단적 방위를 위한 것임을 분명히 한다. 한미상호방위조약이 한국을 미국의 태평양전략을 위한 전초기지로 사용하기 위해 체결된 것임을 알 수 있다.

1조는 "어떤 국제분쟁이라도 평화적 수단에 의하여 해결하고 무력 위협이나 무력의 행사를 삼갈 것을 약속한다"고 하여 국제분쟁의 해결 원칙을 다루고 있다. 이는 유엔 헌장 1조를 차용한 것으로 보인다. 그러나 미국은 이 조약 체결 후 80년이 넘는 기간 수많은 한반도 전쟁을 계획한 바 있다. 역대 한국 정부 중 누구도 1조의 원칙을 들이대며 미국의 전쟁 계획을 반대했던 사례는 없다.

2조는 위기 발생 시 협의 규정을 다룬다. "어느 일국의 정치적 독립 또는 안전이 외부로부터 무력공격에 의하여 위협을 받고 있다고 어느 당사국이든 인정할 때에는 언제든지 당사국은 서로 협의

한다"는 문장이 그것이다. 이는 힘의 논리에 기반해 이 조약이 일방적으로 해석될 수 있음을 뜻한다. 한국이 위협을 받고 있다고 미국이 인정하면 한국은 "언제든지 협의"해야 하는 것이다. 반대의 경우는 힘의 논리에 의해 무시될 수 있다. 1976년 '청와대 습격 사건'이 사례이다. 박정희 정권은 미국과의 협의를 요청했으나 미국은 협의를 거부했다.

한편 2조는 "외부로부터의 무력 공격을 저지하기 위한 적절한 수단을 지속하여 강화"한다고 하여 군비증강의 근거로 작용한다. 지금까지 한국 정부는 천문학적인 국방비를 투입하여 미국의 무기를 구매해 왔는데, 2조가 그 근거가 된다.

3조는 조약 적용 지역의 범위를 규정한다. 3조에 "합법적으로 들어갔다고 인정하는 금후의 영토"라는 다소 난해한 표현이 들어있다. 미국의 요청으로 들어간 표현이다. 이승만이 본인의 영토라고 주장해도 미국이 '인정'해야만 조약 적용 지역이 될 수 있다는 뜻이다. 이승만 정부의 돌출적인 행동으로 인해 발생할 수 있는 전쟁에 말려들어가지 않겠다는 미국의 의지가 반영된 것이라 할 수 있다.

한편 3조는 그런 경우에도 조약의 발동은 "각자의 헌법상의 수속에 따라 행동"하도록 규정했다. 즉 미국은 헌법상 절차의 결과 미 의회가 원조를 부인하면 원조의 의무가 없다는 것이 3조에 명시되어 있다. 쉽게 말해 원조하고 싶으면 하고, 하기 싫으면 안하겠다는 것이다. 동맹 조약의 존재 이유를 부정하는 내용이 3조에 담겨있다고 볼 수 있다.

4조는, 대표적인 독소조항으로, 주둔권 규정이다. "미군을 한국의 영토내와 그 부근에 배치하는 권리를 한국은 허여하고 미국은 수락한다"는 문장이다. 미국이 자국의 군사전략에 따라 우리의 모든 영토를 마음대로 사용할 수 있는 심각한 주권침해 조항이라고 할 수 있다. 실제 미국은 자기의 필요에 따라 미군 기지를 내놓기도, 이전하기도 했고, 한국은 바로 이 조항 때문에 아무런 불만없이 미국의 요구에 따라야 했다.

5조는 비준 절차와 효력 발생을 다루는 조항이라 특별한 설명은 필요하지 않다.

마지막 6조 역시 문제의 소지가 많은 조항이다. 유효기간과 조약의 무효화 절차를 명시한 것인데, "조약은 무기한으로 유효하다. 어느 당사국이든지 타당사국에 통고한 뒤 1년 후에 본 조약은 중지시킬 수 있다"는 문장 역시 힘의 논리가 저변에 깔려 있다. 2장에서도 잠깐 언급했듯이 조약을 '무기한'으로 설정한 사례는 한미동맹이 유일하다. 미국의 필리핀, 나토, 일본과의 조약은 각각 25년, 10년, 10년을 기한으로 하여, 조약의 지속, 개정, 해제 문제를 논의하도록 되어 있다.

한편 '통고 1년 후 자동 중지'는 형식적으로는 한미 양국의 공동 권한이라 할 수 있다. 그러나 방위조약을 구걸하다시피 했던 이승만이 이 권한을 행사할리는 만무했다. 따라서 이 조항은 미국이 필요하다면 언제든지 동맹 조약을 파기할 수 있는 권한을 명시한 것이다.

발효하는 데 1년 1개월이 걸린 이유

모든 조약은 조약 체결국의 비준동의 절차를 거쳐야 발효한다. 한미상호방위조약은 53년 10월 1일 체결되었으나 54년 11월에 가서야 발효된다. 방위조약을 절실히 요구했던 이승만 정부는 빠르게 발효하고 싶어했으나, 미국은 달랐다. 미국이 방위조약을 체결하면서 이승만 정부의 북진 정책으로 자칫 자신이 원하지 않는 시간에 원하지 않는 방식으로 전쟁에 연루될 것을 우려했다. 위에서 살펴본 조약 3조가 그것이다. 조약 3조에서도 미국은 연루되지 않을 장치를 두었지만 이것만으로는 부족했다. 미의회에서 1년 넘게 이 문제를 다루었고, 결국 1954년 미 상원이 다음과 같은 양해사항을 만들고 이승만 정부가 그것을 수용했을 때에야 비로소 미의회는 조약에 동의했다.

> 미국은 위 조약 제3조에 의거하여 일방국이 외부로부터 무장된 공격을 받을 경우를 제외하고 타방국을 원조할 의무가 없으며 현 조약에 있어서 대한민국의 행정적 지배하에 합법적으로 인도될 것으로서 미국이 시인한 영토에 대하여 무장된 공격을 받았을 경우를 제외하고 한국에 대하여 미국이 원조한다는 것을 요구하는 것으로 해석될 여하한 것도 있을 수 없다.

"외부로부터의 무장된 공격을 받을 경우를 제외하고 원조할 의무가 없다"는 것은 이승만이 일으킨 전쟁에는 원조할 의무가 없다는 것이다. 또한 "대한민국의 행정적 지배하에 합법적으로 인도될 것으로서 미국이 시인한 영토"의 경우에만 원조를 제공한다는 것은 미국이 인정하지 않는 '한국의 영토'에 대해서는 원조할 의무가 없다는 것이다. 미국 상원의 이 양해각서는 방위조약 비준에 대한 한미 공동성명을 발표할 때 함께 발표되었다. 즉 이승만이 이 양해각서에 동의했기 때문에 방위 조약은 발효될 수 있었던 것이다.

한미합의의사록 ; 동맹을 가장한 통제의 문서

한미상호방위조약이 발효한 것은 1954년 11월 17일이다. 그런데 이날 비준동의 공동성명을 발표하면서 한미양국은 비밀리에 한미합의의사록을 작성했다. 한미합의의사록은 경제분야(부록 A)와 군사분야(부록 B)에서의 정책 사항을 중심으로 다루고 있다. 대한민국쪽의 군사분야 정책 사항의 중요한 내용은 다음과 같다.

> 1. 한국은 국제연합을 통한 가능한 노력을 포함하는 국토통일을 위한 노력에 있어서 미국과 협조한다.
> 2. 국제연합군사령부가 대한민국의 방위를 위한 책임을 부담하는 동안 대한민국국군을 국제연합군사령부의 작전지휘권하에 둔다. 그러나 양국의 상호적 및 개별적 이익이 변경에 의하여 가장 잘 성취될 것이라고 협의 후 합의되는 경우에는 이를 변경할 수 있다.

군사분야의 한미합의의사록은 한국 정치와 군사 문제를 미국이 완벽하게 통제하는 내용이다. 우선 한국 정부는 '미국과 협조'하여 '통일을 위한 노력'을 기울여야 한다. 한국의 대북정책, 통일정책이 미국과의 협조하에 추진되어야 한다고 못박은 것이다.
작전통제권 역시 미국에 완벽하게 장악되었다. 작전통제권 변경 등은 '협의 후 합의되는 경우'에만 가능하다. 한국 정부가 일방적으로 환수하고 싶어도 할 수 없도록 못박았다(작전통제권에 관한 사항은 다음 절에서 보다 자세히 다룬다).

한미합의의사록이 한미상호방위조약 발효일에 작성되었다는 것은 방위조약 체결의 조건으로 한미합의의사록이 작성되었음을 시사한다. 즉 미국은 "우리가 너희에게 방위 원조를 제공하니 한국의 대북정책과 통일정책 그리고 군사 작전권은 미국이 통제해야 한다"는 의사를 피력한 것이며, 이승만은 이것을 전적으로 수용하고 그것을 문서로까지 남긴 것이다.

미일 조약과는 무엇이, 어떻게 다른가

한미상호방위조약을 미일동맹조약과 비교하면 한미 동맹의 종속성이 보다 분명하게 드러난다.

일본은 1951년 미국과 동맹조약(구조약)을 체결했다가 1960년 개정하여 신조약을 체결했다. 미일 구조약은 한미조약과 거의 유사하다. 미 군정기에 철저하게 미국의 이익을 위해 작성된 조약이기 때문이다. 그러나 1950년대 구조약에 대한 비판이 일본 사회에서 강하게 일어났고, 1960년 일본 정부는 미국과 협의하여 미일동맹

신조약을 체결했고, 그 조약이 지금에 이르고 있다. 따라서 한미조약과 미일 신조약을 비교하는 것이 타당할 것이다.

첫째, 주둔권에서 차이가 있다. 한미의 경우 주한미군의 주둔권을 한국이 미국에 '허용'하고 미국은 이를 '수락'했다. 그러나 미일 신조약의 경우 "미 육, 해, 공군에 의한 일본 국내의 시설 및 구역의 사용권을 허여받는다"고 규정함으로써 주일미군의 주둔권은 일본 정부가 행사한다.

둘째, 미일 신조약의 경우 유사시 행동에 대한 '유엔 헌장 51조' 규정을 명시하고 있다. 유엔헌장 51조는 무력공격을 받은 나라는 "개별적, 집단적 자위권을 행사할 수 있다"는 조항이다. 다만, 일본은 전범국이기 때문에 집단적 자위권이 박탈된 상태였다(일본이 집단적 자위권을 행사할 수 있다고 일방적으로 선언한 것은 2010년대 아베 총리 시절의 일이다). 따라서 유사시 미일 공동 군사 행동은 '안보리 보고 사항'으로 명시했다.

또한 미일 조약은 "미일의 군사적 조치는 안전보장이사회가 국제평화를 회복하고 유지하기 위한 필요한 조치를 취한 경우 중지되어야 한다"고 명시하고 있다. 그러나 한미동맹은 이에 대한 어떠한 조항도 없다. 미일 신조약은 유엔 체제 하에 존재하지만 한미동맹은 유엔 체제 밖에 있는 것이다. 이는 다른 말로 표현하면 한미동맹 조약은 미국의 군사행동에 대한 무제한의 자유를 허용하고 있는 셈이다.

셋째, 기지 배치 범위에서도 한미동맹과 미일동맹은 차이를 보인다. 미일 신조약은 미군 기지의 배치 범위를 '일본 국내'로 명확히 제한한 반면, 한미 조약은 이를 '대한민국의 영토 내와 그 부근'으로 규정하고 있다. 이는 한미동맹이 얼마나 철저하게 미국의 전략적 이익을 중심에 두고 설계되었는지를 보여주는 대표적인 사례 중 하나라 할 수 있다.

넷째, 사전협의에서 차이를 갖는다. 미일 신조약의 경우 주일미군의 배치에 있어 중요한 변경이나, 장비에 있어서 중요한 변경 그리고 일본에서 행해지는 주일미군의 전투작전 행동 등은 미일 사전협의 대상이다. 즉 미군의 배치, 핵무기 배치, 주일미군의 작전 행동 등은 모두 미일 사전협의 대상이다. 최소한 미국은 일본 정부에 사전에 통보하고, 협의하는 절차를 밟아야 한다. 이는 주권 국가 간 협정의 기본이라고 할 수 있다.

그러나 한미조약에는 정반대의 사전협의가 존재한다. 1961년 5.16 쿠데타 후 미국은 한국군이 유엔사령관의 작전통제권을 벗어날 경우 사전협의해야 한다고 주장했고, 1961년 9월 박정희는 이에 동의했다. 한미 사전협의는 주한미군의 배치나 움직임에 대한 사전협의가 아니라 한국군의 배치와 움직임에 대한 사전협의다. 미일 사전협의가 주일미군을 일본이 통제하는 성격이라면, 한미 사전협의는 주한미군이 한국군을 통제하는 성격이다.

일본은 제2차 세계대전의 패전국으로 1945년부터 1951년까지 6년간 미군정의 통치를 받는 신세였다. 전후 일본의 정치와 경제, 군사, 문화는 완벽하게 미군정에 의해 재탄생된 것이며, 그 결과 미국에 가장 종속적인 위치에 놓여 있는 나라였다. 그러나 미일동맹은 한미동맹에 비하면 너무나 '자주적'이다. 미군 주둔권도, 핵무기 배치권도 모두 일본 정부는 미국과 동등하게 협의하지 않는가. 그런 점에서 한미상호방위 조약에서 보이는 동맹의 종속성은 치명적이라 할 수 있다.

이러한 종속성은 단지 조약 문구에만 드러나는 것이 아니라, 한미 군사관계 전반에 걸쳐 광범위하게 나타난다.

작전통제권과 한미연합사

작전지휘권과 작전통제권

본론에 들어가기 앞서 용어를 정리할 필요가 있다. 작전지휘권과 작전통제권이 혼용되어 사용되기 때문이다. 이는 누구의 잘못이 아니다. 이승만이 처음 넘겨준 것은 작전지휘권이었고, 정전협정 체결 후 미국이 행사한 것은 작전통제권이다. 작전지휘권을 반납하고 작전통제권을 이양받은 것이 아니라 미국이 임의로 작전통제권을 행사하겠다고 결정한 것이다. 그러니 혼돈이 있을 수밖에 없다.

작전지휘권은 군대의 작전, 인사, 행정 및 군사지원 등 작전전반에 대한 권한을 의미하며, 작전통제권은 상부의 전략지시에 따라

순수 군사작전만을 협조하고 조정하는 권한이다. 여전히 명확한 구분이 어렵다면, 비슷한 개념으로 이해하고 넘어가도 무방하겠다.

지적하고 싶은 것은, 1950년 7월 이승만이 유엔군사령관 맥아더에게 위임한 것은 작전지휘권이었다는 사실이다. 또한 1954년 한미합의의사록에도 작전지휘권으로 명시되어 있다. 그러나 1961년 5·16 군사쿠데타 이후 국가재건최고회의와 유엔사 간에 '작전지휘권의 유엔군사령관 복귀에 관한 공동성명'에서 혼동되어 사용되었다. 제목에서는 '작전지휘권'으로 명시되어 있으나, 성명 내용에는 '작전통제권'으로 표현된 것이다. 그리고 1961년 이후에는 '작전지휘권'이 아니라 '작전통제권'이라는 표현이 계속 사용되었다. 정부의 공식 문서에서 이렇게 혼동하여 사용되는 이유는 아직 확인되지 않았다.

따라서 필자는 용어 사용에서의 혼란을 피하기 위해 작전통제, 작전통제권이라는 용어를 사용할 것이다. 1961년 이후 한국의 공식 문서에서 사용되는 용어이기도 하고, 미국의 영문판에서도 '작전지휘'라는 의미의 'Operational Command'가 아닌 '작전통제'를 의미하는 'Operational Control'이 사용되었기 때문이다.

대한민국 정부 수립 때 이미 작전통제권 이양

많은 사람들이 한국전쟁 후 한국의 작전통제권이 미국에 넘어간 것으로 알고 있지만 사실 대한민국 정부 수립 직후 한국군에 대한 작전통제권은 미군에 넘겨져 있었다. 다만 1949년 미군이 철수하자 주한미군사고문단 단장이 이 권한을 행사했고, 1950년 7월 이 권한이 맥아더로 넘어간 것이다.

1945년 9월 미군정이 실시되고 맥아더가 포고문을 통해 "38선 이남의 조선 영토와 조선 인민에 대한 통치의 전권한은 당분간 나의 권한하에서 시행된다"고 하여 한국에 대한 통제권을 미국이 장악했다. 경비대를 창설하고 이것을 군대로 전환하는 전 과정이 미군정의 지휘와 통제하에서 진행되었다.

그러다가 1948년 대한민국 정부가 수립되고 통치권 이양과 미군 철수에 관한 협정을 맺게 되는데 그 내용은 다음과 같다.

■ 대한민국 정부와 아메리카합중국 정부간의 대한민국 정부에의 통치권 이양 및 미국 점령군대의 철수에 관한 협정(통치권이양협정)

이승만 대통령으로부터 주한미군 총사령관에게
(1948년 8월 9일)
대한민국 정부는 통치기능을 인수할 것임을 귀하에게 통고하는 영광을 가집니다. 이를 위하여 현존하는 모든 경찰, 해양경비대 및 국방경비대의 지휘와 함께 귀하가 주한 미국군대 총사령관의 자격으로 현재 행사하는 일체의 기능을 대한민국 정부에 이양함에 있어서 귀하의 협력과 원조를 바라는 바입니다.

주한미군총사령관으로부터 이승만 대통령에게
(1948년 8월 11일)
본관은 한국으로부터의 미국 군대의 철수와 미국 점령의 종결을 이룩하기 위하여 현존하는 모든 경찰, 해양경비대 및 국방경비대의 지휘 책임 인계를 포함하는 통치 기능의 점진적이고 질서있는 이양을 조치함에 있어서 각하와 협력하는 것을 기쁘게 생각합니다.

위와 같은 교환각서를 통해 미군정에서 행사하던 모든 통치권은 대한민국 정부로 옮겨지는 과정을 거치게 되고 거기에는 작전통제권도 포함되었다.
그러나 대한민국 정부의 수립과 함께 이양받는 군 작전통제권은 애석하게도 절반의 작전통제권에 불과했다. 위의 「통치권이양협정」은 비록 통치기능을 미국이 이양하고 한국이 인수한다는 내용이 담겨 있지만, 다른 한편 '대한민국 정부에 대한 권한의 이양과 한국으로부터의 미국 점령군의 철수를 수행하기 위하여 필요하다고 생각하는 매우 중요한 구역과 시설(이를테면 항구, 야영지,

철도, 통신망, 비행장 등)에 대한 관리권'을 주한미군이 계속 보유한다는 내용을 명시했기 때문이다. 비록 '권한 이양과 미군 철수를 위해 중요한 구역과 시설'이라는 단서가 붙어있지만 그러한 구역과 시설은 군사상 요충지임에 틀림이 없다. 군사상 요충지에 대한 관리권 이양이 결여된 작전통제권 이양이 이루어진 것이다. 게다가 1948년 8월 24일「대한민국 대통령과 주한미군사령관간에 체결된 과도기에 시행될 잠정적 군사안전에 관한 행정협정(이하 과도기행정협정)」이 체결된다. 이「과도기행정협정」은 비록 '미군철수가 완료될 때까지'로 유효시한을 못박고 있지만, 제2조에서 '주한미군사령관은 공동안전을 위하여 또는 대한민국 국방군의 조직, 훈련 및 장비를 용이케 하기 위하여 필요하다고 인정하는 대한민국 국방군(국방경비대, 해안경비대 및 비상지역에 주둔하는 국립경찰파견대를 포함함)에 대한 전면적인 작전상의 통제를 행사하는 권한을 보유할 것으로 합의한다'는 조항을 두고 있으며, 제3조에서 '대한민국 대통령은 주한미군사령관이 필요하다고 인정하는 중요지역과 시설(항구, 진지, 철도, 병참선, 비행장 기타)에 대하여 통제권을 보유할 것을 동의한다'고 규정하였다.「과도기행정협정」은「통치권이양협정」보다 주한미군에게 훨씬 더 많은 권한을 부여하고 있다.「통치권이양협정」에는 없던 '대한민국 국방군'에 대한 '통제권'을 분명히 하고 있는 것이다. 그것도

'전면적'이라는 표현으로 강조하고 있음을 알 수 있다.
이미 대한민국 정부 수립과 거의 동시에 한국군에 대한 작전통제권은 미국에 넘어가 있었다고 봐야 한다.

유엔군사령관에게 '작전지휘권' 이양

1950년 7월 15일 이승만은 맥아더에게 다음과 같은 서신을 보낸다.

> 본인은 현 작전상태가 계속되는 동안 일체의 지휘권을 이양하게 된 것을 기쁘게 여기는 바이오며 본 지휘권은 귀하 자신 또는 귀하가 한국내 또는 한국근해에서 행사하도록 위임한 기타 사령관이 행사하여야 할 것입니다.

'현 작전상태' 즉 현재의 교전 상태가 진행되는 동안 한국에 대한 '일체의 지휘권'을 맥아더에게 넘겨준다는 편지이다. 여기서 주목해야 할 것은 '일체의 지휘권'이다. 이승만이 어떤 뜻으로 이런 표현을 사용했는지는 분명하게 밝혀지지 않았지만 '일체의 지휘권'이 작전지휘권을 넘는, 더 큰 권한임은 분명하다. 필자는 이를 헌법상의 군통수권을 의미하는 것으로 해석한다. 즉 이승만은 군통

수권을 맥아더에게 넘겨주겠다는 서한을 보낸 것이다.

다음은 1950년 7월 18일 맥아더의 답신이다.

> 한국내에서 작전중인 유엔군의 통솔력은 반드시 증강될 것입니다. 용감무쌍한 대한민국군을 본관 지휘하에 두게 된 것을 영광으로 생각하나이다.

맥아더는 '한국군을 본관 지휘 하에 둔다'라고 적고 있는데, 여기서 지휘가 '작전지휘'인지, '일체의 지휘권'인지 여부 역시 명확하지는 않다. 그러나 다른 설명 없이 이승만 서한에 대한 답신이므로 맥아더는 '일체의 지휘권'을 넘겨받는 것에 동의한 셈이 된다. 그러나 이승만-맥아더 서신 교환(이를 「대전협정」이라고 한다)에 한 사람이 개입함으로써 '일체의 지휘권'이 아니라 '작전지휘권'이 넘어가는 것으로 결론이 난다. 그 사람은 바로 주한미대사였던 무초였다. 이승만과 맥아더의 서한은 무초를 매개로 해서 교환되었다. 무초는 맥아더가 이승만에게 보내는 편지를 자신이 이승만에게 보내는 편지에 동봉해서 보낸다. 그 편지에는 "맥아더 장군이 한국군에 대한 작전지휘권 행사를 수락하는 맥아더 편지를 동봉합니다"라고 적혀 있다.

외교관 무초가 보기에 '일체의 지휘권'을 주고 받고자 하는 이승만-맥아더의 편지는 나중에 외교적으로 큰 문제가 될 것으로 판단했던 것이 분명하다. 어쩌면 미 국무부에 보고했을지도 모를 일이다. 그래서 자신이 직접 편지를 작성해서 이승만과 맥아더가 주고 받은 것이 '작전지휘권'임을 명시했던 것으로 필자는 추정한다.

정전협정과 작전통제권

「대전협정」 체결 이후 한국 정부는 작전통제권을 주한미군에게 빼앗긴 채 지금까지 오고 있다. 그러나 위 「대전협정」을 통해 유엔군사령관에게 이양된 작전통제권은 1953년 7월 27일 휴전과 더불어 사실상 시효가 끝난 상황이었다('현 작전상태가 계속되는 동안'이라는 표현을 확인하기 바란다).

그러나 1953년 8월 7일 「이승만·덜레스 공동성명」을 통해 '지금부터 상호방위조약이 효력을 발생할 때까지 한국군은 유엔군사령부에 귀속될 것"이라고 하여' 작전통제권 이양을 연장하였다.

그리고 한미상호방위조약이 1953년 10월 서명되고, 1954년 11월 발효했고, 같은 날 한미합의의사록에서 "유엔군사령부가 대한민국의 방위를 위한 책임을 부담하는 동안" 한국군에 대한 작전통제권(합의의사록에는 '작전지휘권'이라고 표기)을 유엔군사령관이 행사하도록 했다.

위의 한미합의의사록 2항에는 구체적이진 않지만 작전통제권에 대한 유효기간이 명시되어 있다. '국제연합군사령부가 대한민국의 방위를 위한 책임을 부담하는 동안'이 그것이다. 한편 그러한 유효기간이 아니라고 하더라도 '협의 후 합의되는 경우'에는 작전통제권의 소재가 변경될 수 있는 여지를 두고 있다.

따라서 '국제연합군사령부가 대한민국의 방위를 위한 책임을 부담하'지 않는 경우에는 유엔사의 작전통제권은 변경 혹은 환수될 수 있다는 것을 암시하고 있다. 그런 상황은 1978년 한미연합사가 창설하면서 발생한다.

한미연합사 창설과 작전통제권

1970년을 전후해서 미국의 군사정책은 커다란 변화를 겪게 된다. 베트남전에서의 패배가 확실시되고 미국내와 국제적인 반전 여론이 고조되었던 1969년 미국의 닉슨대통령은 닉슨독트린을 발표하여 '베트남 문제의 베트남화', '아시아 문제의 아시아화' 정책을 추구하게 된다. 이의 연장선에서 미국은 아시아지역에서 미군 철수계획을 수립하였으며, 주한미군 또한 1971년 3월 주한 미 제7사단을 철수시킨다. 그러나 미국은 주한미군의 일부 철수로 생기는 전력공백을 메운다는 명분으로 1971년 7월 1일 한미 제1군단을 창설하는 등 기존의 한미 연합지휘체제에 변화가 생기게 되었다. 한미 제1군단은 주한미군이 유엔군 차원이 아닌 한미 차원의 군사구조를 조직한 첫 사례다.

또한 1972년에는 한국전쟁에 참전하였던 유엔회원국 중 마지막 남은 태국군이 철수함에 따라 유엔군은 미국만이 남게 되었고, 한국 전쟁시 유엔사의 적대국이었던 중국이 유엔안보리의 상임이사국이 됨으로써 더 이상 유엔군이라는 명분 유지가 어렵게 되었다. 더구나 1975년의 제30차 유엔총회에서는 유엔군사령부에 대한 대조적인 2개안이 함께 통과되는 모순을 낳게 되자 미국은 스스로 주한미군 시설의 유엔기를 철수하면서 유엔사의 자진 해체 의사를 발표하기도 했다.

미국의 유엔사 자진해체 의사 발표에는 유엔이 더 이상 한국 문제를 책임질 수 없고 유엔사가 한국의 방위를 담당할 수 없는 상황에서, 유엔사령부는 정전체제를 유지하기 위한 정전 관리 업무만 전담하고, 한국방위는 별도의 기구를 만들어 담당하게 한다는 내막이 숨어있었다.

마침내 미국은 1974년 4월 28일 유엔사를 대체하여 한국군의 작전통제권을 주한미군 선임장교 지휘하에 한미연합사에 이양할 것을 제의하게 된다. 즉 작전통제권을 유엔군사령부에서 주한미군사령부로 이전시키고 한미연합사가 유엔사령부를 대신하여 한국 방위를 책임지는 체제 개편을 시도한 것이다.

1975년 5월 28일 미국 정부는 연합사 구성에 대한 기본 입장을 다음과 같이 밝혔다.

> 첫째, 상당 수준의 미군이 주둔하는 한 한미연합군 사령관으로 미군 대장을 임명한다. 둘째, 유엔사의 작전 통제하에 있는 한국군은 한미연합사령관이 계속 작전 통제한다. 셋째, 미군은 한미상호 방위조약에 따라 적의 무력 공격시 전투부대를 제공한다.

이런 과정을 통해 한미연합사는 1977년 7월 26일 제10차 한미안보연례협의회의에서 합의한 군사위원회 및 "한미연합사 권한 위임사항"과 1978년에 군사위원회회의에서 하달한 전략지시 제1호에 근거를 두고 같은 해 11월에 창설되었다.

정리하자면 1978년 한미연합사가 창설되고, 기존에 유엔사가 담당하던 한국 방어 임무를 한미연합사가 수행하며, 그 결과 한국군에 대한 작전통제 역시 유엔사에서 한미연합사로 이관한다는 것이다.

이 과정에서 '한미연합사 권한 위임사항'이 작성되는데, 이는 유엔사와 한미연합사의 관계를 다루고 있다. 즉 유엔사는 정전협정 준수 및 관리에 대한 책임을 맡고, 한미연합사는 한국 방어의 책임을 지는 것으로 된다. 따라서 작전통제권은 한미합의의사록에서 명시된 유엔사에서 한미연합사로 넘어가게 된다.

'평시' 작전통제권의 환수

작전통제권의 한국으로의 환수는 한국전쟁 이후 끊임없이 제기되어 왔으며, 특히 민주화 열기가 고조되었던 1987년 대통령 선거를 전후하여 확산되었다. 게다가 1989년 8월 주한미군의 역할 변경과 단계적 철수 내용을 담고 있는 '넌-워너 법률'이 미 의회에서 통과된 후에는 미국측에서도 적극적으로 작전통제권 환수를 검토하게 된다. 그 결과 미국은 1991년 1월 1일부로 평시 작전통제권을 한국측에 '전환'할 의도가 있음을 표명했고, 1992년 제24차 한미연례안보협의회에서 1994년 12월 31일까지 작전통제권을 한국에 '전환'하기로 합의했다.

■ 1992년 제24차 한미연례안보협의회의 공동성명서

9. 양측대표단은 미국의 한국방위 역할이 지원적 역할로 순조롭게 전환하고 있으며 또 앞으로도 계속되어야 한다는 데 인식을 같이하였다. 양측은 한국군에 대한 평시작전통제권을 늦어도 1994년 12월 31일까지 한국에 전환하기로 합의하였다.

■ 1993년 제25차 한미연례안보협의회의 공동성명서

6. 현재 한미 연합사령관에게 부여된 지정된 한국군 부대에 대한 평시작전통제권을 1994. 12. 1일부로 한국 합참의장에게 이양하기로 합의하였다. …

■ 1994년 제26차 한미연례안보협의회의 공동성명서

7. 현재 한미연합사령관에게 부여된 지정된 한국군 부대에 대한 평시작전통제권을 1994년 12월 1일부로 한국 합참의장에게 이양한다는 제24차 합의사항을 재확인하였다. 이를 위해 1978년도 작성된 「군사위원회 및 한미 연합군사령부 관련약정」의 개정안에 서명하였으며, 이 개정안은 한미 양국 정부의 필요한 내부 절차를 완료한 후 1994년 12월 1일부로 발효된다. 양 장관은 평시작전통제권이 전환되더라도 한미 연합방위체제는 여전히 견고하게 유지될 것임을 강조하고, 한미 연합방위태세 유지를 위하여 한미 연합군사훈련의 지속적인 실시가 긴요하다는 데 합의하였다.

공동성명에서 언급한 「군사위원회 및 한미 연합군사령부 관련약정」은 한미연합사의 지휘 관계를 평시, 전시를 구분하여 재정립한다는 것을 주요 골자로 한다. 이에 따라 한미연합사령관이 행사했던 평시 작전통제권을 한국 합참의장이 행사하게 됨에 따라, 평시에 한미연합사령관은 한국 합참의장이 권한을 위임한 사항(CODA : Combined Delegated Authority)에 대해서만 임무를 수행하게 되었다.

여기서 '권한 위임사항'이라는 어려운 용어를 마주하게 되는데, 평시작전통제권을 환수받은 합참의장이 평시에 합참의장이 행사해야 할 권한의 일부를 한미연합사령관에게 위임하는 것이다. 물론 이 내용은 비밀로 지정되어 있어 전문은 지금까지 공개된 적이 없다. 다만 핵심적인 내용 정도만 부분적으로 공개되어 있을 뿐이다.

공개된 내용에 의하면 합참은 평시 자신의 권한 중 다음과 같은 6개의 권한을 한미연합사령관에게 위임한다.

- 전쟁 억제와 방어를 위한 한미연합 위기관리
- 전시 작전계획 수립
- 한미연합 3군 교리 발전
- 한미연합 3군 합동훈련과 연습의 계획과 실시
- 조기 경보를 위한 한미연합 정보관리
- C4I 상호운용성

혹은 다음과 같은 6개의 권한이 한미연합사령관에게 위임했다는 주장도 있다.

- 전쟁 억제와 방어를 위한 연합 위기 관리
- 전시 작전 수행
- 작전 계획 수립
- 교리 발전
- 전력 증강
- 군수 지원

'권한 위임사항'의 전문이 공개되지 않아 발생하는 혼선이다. 그러나 어느 경우이건 내용은 비슷하다. '전쟁과 관련한 위기 관리, 전시 작전계획의 수립, 교리의 발전, 정보관리, 전력 증강 및 군수 지원' 등으로 요약된다. 그런데 이 6개의 권한은 평시 작전통제권에서 가장 중요한 부분을 이룬다고 할 수 있다. 위기 관리, 작전 수립, 전력 증강, 정보 관리 등이 작전통제에서 핵심적 권한이기 때문이다.

따라서 비록 1994년 평시작전통제권이 환수되었지만 무늬만 환수라는 비판을 지금까지도 받고 있다. 정작 중요한 권한은 평시에도 한미연합사령관이 갖고 있기 때문이다.

마지막으로 하나 더 지적해야 할 것이 '평시'라는 용어이다. 1994

년 평시 작전통제권이 환수되었다고 적었지만 엄밀하게 말하면 '정전시' 작전통제권이 환수된 것이다. 한반도의 상태는 평화상태가 아닌 정전상태이기 때문이다. 미국 역시 당시 한국과 협의할 때 '정전시(armistice period)'라고 표기했는데, 우리 정부가 이것을 '평시'라고 번역해 지금 보편화되었다.

전시작전통제권을 환수하는 유일한 방법

전시작전통제권은 노무현 정부 시기 합의된 바 있다. 2012년 4월 17일 환수받기로 합의한 것이다. 그러나 이명박 정부 시기 환수 시기를 연기했고, 박근혜 정부 시기 무기한 연기되었다. 문재인 정부 들어와 전시작전통제권 환수를 재추진했으나 결국 실패했다. 전작권 전환의 조건을 판단하는 주체는 한국이 아니라 미국이기 때문이다.

중국과 조선 견제를 위해 한국군을 강하게 통제해야 하는 시기에 들어선 미국으로서 한국군에 대한 전시작전통제권을 한국에 넘겨줄 리 만무하다. 따라서 전시작전통제권 환수는 한미 합의가 아닌 한국 정부의 일방적인 결정으로 추진해야 할 사안이다. 문제는 과연 그런 결기와 의지가 있는 한국 정부가 등장할 것인가이다.

한편 문재인 정부의 전시작전통제권 환수 과정은 반드시 짚고 넘어갈 대목이 있다. 문재인 정부는 전시작전통제권 환수를 추진하면서 현재의 한미연합사를 전작권 환수 후 미래연합사령부로 개편하는 방안을 마련했다. 다만 미래연합사령관은 한국 4성 장관이 맡는다는 구상이었다. 얼핏 보면 그럴 듯 해 보이지만 이 안은 전작권을 환수할 수도 없고, 환수해도 의미가 없는 계획이다.

전시의 상황을 가정해 본다면, 미래연합사 부사령관인 주한미군사령관이 미래연합사령관인 한국군 대장이 작전통제를 받지 않을 것임은 자명하다. 이럴 경우 미래연합사는 존재할 수 없게 된다. 오히려 힘의 격차 상 혹은 정보력의 우위 상 부사령관인 주한미군사령관이 사령관인 한국군 장성을 통제하는 상황이 될 가능성이 높다. 전작권 환수가 무색해진다.

즉 문재인 정부의 구상대로 한다면, 전시 상황이 발생하면 미래연합사는 유명무실해지거나 한미연합사 체제로 복귀하거나 둘 중 하나로 귀결된다. 따라서 전작권 환수 후에는 어떤 식으로든 '연합' 체제가 해체되고, 수평적 협조 구조가 만들어져야 한다. 그래서 한국군에 대한 작전통제는 한국군 대장이 담당하고, 주한미군에 대한 작전통제는 주한미군 사령관이 담당해야 한다.

2019년 전시작전권을 환수하겠다는 문재인 정부의 '선한 의도'가 남북 관계를 극단적으로 악화시키는 '악한 결과'를 초래한 바 있다. 당시 한미 양국은 전시작전통제권 환수를 대비하는 한미군사연습을 진행했다. 연합 훈련을 통해 전작권 환수 후를 대비해야 미래연합사령부가 차질없이 운영될 수 있다는 판단이었다. 그리고 전작권을 대비한다는 명목으로 이 훈련을 한국이 주도한 것으로 전해졌다.

그런데 한미군사연습에 '북한 안정화 작전' 즉 조선 정권을 붕괴시키는 내용이 포함되어 있었다. 이는 적대행위를 중단한다는 남북 합의를 위반하는 행위였다. 북한은 격렬하게 반응했고, 그 후 남북 관계는 파탄으로 나아갔다.

미래연합사 체제를 염두에 둔 전작권 환수가 불러온 파국이라고 할 수 있다.

전작권이 제대로 환수되기 위해서는 연합체제가 존재해서는 안 된다. 또한 미국과의 협의를 거치면 추진될 수 없다. 미국과 협의 없는, 연합체제 없는 전작권 환수가 유일한 방안이다.

냉전기 한반도 핵전쟁 위기사

한국전쟁시기 핵전쟁 위기

미국은 한국전쟁 당시 핵폭탄 투하를 계획했다. '확전을 통한 우위확보전략'이 그것이다. 1950년 11월 28일 맥아더 사령부의 랠러 해군소장은 '적군의 계속되는 군사적 개입을 위축시키거나, (혹은 그와 동시에) 한국으로부터 유엔군의 철수를 돕기 위한 요인으로서의 원폭의 사용 가능성'을 합참본부 임원들이 정부에 건의해 줄 것을 요구하는 특급 비밀전문을 합참본부에 보냈다. 랠러 소장은 한반도 내의 특정 표적들에 대한 '원폭의 사용과 그 시기 및 수송 등'에 관하여 그리고 '최후통첩을 미리 보내든 보내지 않든 중국을 공격할 재래식 폭탄 및 원폭의 사용'에 관하여 상세한 정보를 보내줄 것을 합참본부에 요청했다.

그로부터 이틀 후인 11월 30일 트루먼은 기자회견을 갖고 "군사적 상황에 대처하기 위하여 필요한 모든 조치를 취할 것"이라고 말했다. 필요한 조처에 원폭이 포함되느냐는 질문을 받고 "원폭의 사용에 관한 적극적 고려가 그동안 줄곧 있어 왔다"고 대답했으며, "그 권한이 맥아더에게 주어졌다"고 말하였다.

맥아더는 사후에 출간된 회고록에서 "나는 만주의 숨통을 따라 30-50발의 원자탄을 줄줄이 던졌을 것이다. 그리고 동해에서 서해까지 60년 내지 120년동안 효력이 유지되는 방사성 코발트를 뿌렸을 것이다. 소련은 아무 일도 할 수 없었을 것이다. 나의 계획은 완벽했다"라고 기록했다.

1950년 12월 6일경 중국군이 압록강을 건너오자 트루먼은 지중해를 초계중이던 미해군 프랭클린 루즈벨트호 함상에 원폭 부품들을 적재하겠다는 합참본부의 건의를 비밀리에 승인했다.

1951년 1월 11일 전 미공군참모총장이고 국가안보자원위원장으로 재직중인 스튜어트 싸이밍턴은 국가안보회의와 관련된 비밀 모임에서 중국에 대한 핵무기 공격을 요구했다. 그가 작성한 계획서는 이러한 내용이 언급되어 있다.

> 미국은 현재 생존이 걸린 전쟁을 치르고 있다. 더구나 미국은 그 전쟁

에서 지고 있다. … 시간이 늦어지고 있다. 승산은 자유진영 국가들에게 불리할지도 모른다. 그러나 생존을 위한 이 싸움에서 공세를 취할 수 있는 여지는 아직도 남아 있다.

1952년 미국 대선에서 한국 전쟁의 종식을 공약으로 내걸었던 아이젠하워 정부 역시 한반도 핵폭탄 투하를 계획하고 있었다. 1984~1986년에 기밀 해제된 문서들에 따르면 아이젠하워가 대통령에 당선될 무렵 미국의 핵무기 보유고에는 그동안 미국이 개발해왔던 소규모의 전술 핵무기들이 다량 유입되고 있었다. 미국이 그동안 한반도 핵투하를 망설였던 이유 중의 하나가 비축분이 여유롭지 못한 상태에서 한반도에 핵폭탄을 투하했을 때 유럽에 있을지 모르는 전쟁에 대처할 만한 핵무기의 부족을 염려했던 것이 하나의 이유였는데, 이젠 그러한 걱정을 할 필요 없이 핵무기를 사용할 만큼의 비축분이 마련된 것이다.
280mm곡사포로 발사될 수 있는 축소형 원폭인 마크 IX와 W-19의 개발로 인해 한반도에서 핵무기를 사용한다는 구상이 국방성에서 새롭게 제기되었으며, 아이젠하워 역시 1953년쯤에 이르러서는 한반도와 중국내의 원폭 투하 목표물들을 선정하는 것과 같은 단기적 작전 계획에 실제로 참여하고 있었다. 대통령에 당선된 아이젠하워는 한반도에서의 핵무기 사용의 전망이 점점 유리해

지고 있다는 합참본부의 브리핑을 받았다. 당시 합참의장이었던 오마르 브래들리는 다음과 같이 회고했다.

"나는 아이젠하워와 윌슨 국방장관에게 한국의 군사적 상황에 관하여 브리핑해주었다. …나의 브리핑에는 우리의 팽창일로에 있는 핵보유고에 대한 비교적 상세한 설명도 포함되었다. …우리는 그 당시 아주 많은 원폭을 보유하고 있었기 때문에 한국전쟁에 상당수의 원폭을 따로 할애할 수 있었다."

훗날 아이젠하워도 다음과 같이 회고했다.

"공격하는 데 비용이 많이 드는 것을 막기 위해서는 핵무기를 사용해야만 하리라는 것이 명백했다. 이같은 필요성은 내가 취임하기 전 아직 뉴욕에 살고 있었을 때 맥아더 장군이 나에게 제의했다. 합참본부는 중국군이 구축할 수 있었던 넓은 지하 요새들을 고려하여, 전선의 진지들에서 전술핵무기를 사용하는 일의 실행가능성에 관하여 비판적 견해를 갖고 있었다. 그러나 그와같은 무기는 북한, 만주 및 중국 해안에 있는 전략적 목표들에 대하여 분명히 효과적이었을 것이다."

합참본부는 결국 핵무기가 한반도에서 사용되어야 한다는 결론에 도달하고 있었다. 1953년 1월 로스 알라모스(Los Alamos)의 원자력연구소에 근무하는 과학자들은 한국에서 사용하기에 적당한 전장용 핵무기를 처음으로 성공적으로 폭발시켰다고 보고했다. 1953년 2월 11일 브래들리는 국가안보회의의 한 비밀모임에서 넓이가 28평방 마일이고 "현재 병력과 군수품이 꽉 들어차 있는" 개성 지역에 주의를 환기시켰다. 그 비밀모임의 회의록에는 이렇게 적혀 있다.

> 그러나 [대통령은] 개성 지역에 대한 전술핵무기의 사용을 고려해야 할 것이며 그 지역은 이러한 유형의 무기에 대하여 좋은 표적이 된다는 견해를 표명했다. 어쨌든 우리는 현재의 상태를 무한정 지속할 수 없다고 대통령은 덧붙였다.

이상에서 살펴본 것처럼 미국은 한반도에서의 핵무기 공격을 거의 확정지었다. 소련군의 참전을 촉발시킬 것이라는 우려도 미국의 한반도 핵공격을 막지 못했다. 미국에게는 오로지 전쟁에서의 승리만이 목표였을 뿐이며, 전쟁에서의 승리를 위한 핵폭탄 투하 결정과정에서 수많은 인명의 피해, 제3차 세계대전으로의 확전 등은 고려의 가치가 아니었다.

▲ 1952년 11월 25일 브래들리 미 합참의장(왼쪽에서 두번째)과 주요 지휘관들이 한국전쟁 관련 회의를 하고 있다. 그들의 뒤에는 한반도를 포함한 동북아시아 지도가 펼쳐져 있다. (사진: 미 합참)

그러나 한반도 핵공격 계획은 1953년 5월 19일 주요한 전환을 맞이한다. 그 핵공격은 수 개월의 준비기간이 필요할 것이고 따라서 그 당시 진행되고 있었던 휴전협상의 성패 여부에 달려있었다. 그 시점에 「한국의 상황과 관련된 작전과정(분석)」이라는 제목이 붙은 한 극비 보고서가 국방장관에게 제출되었다.

합참본부는 "만약 휴전협상이 실패하고 해결을 보기 위하여 전쟁을 확대하기로 결정된다면 그때에는 원폭이 사용될 것"이라고 밝혔다. 다음날 합참본부는 핵무기 사용에 관한 그들의 건의안을 국가안보회의에 제시했으며, 국가안보회의 비밀회의록은 아이젠하워가 휴전협상이 실패할 경우 핵무기를 사용하겠다는 생각을 마침내 굳혔음을 밝히고 있다.

이후 아이젠하워 행정부는 휴전협상이 실패할 경우를 고려하여 핵무기 사용에 관한 준비작업에 들어갔다. 핵무기의 사용에 필요한 알맞은 조건들 - 협상 테이블과 전장에서 결정될 조건들 -이 갖춰지기만 하면 되었다. 오플랜(OPLAN, operational plan) 8-52이라고 명명된 확전을 위한 비밀계획이 이제 핵무기의 사용계획에 의하여 보완되고 있었다.

휴전협정의 체결로 미국의 핵공격은 실행에 옮겨지지는 않았다. 그러나 1953년 11월 27일 합참본부는 국방장관에게 만약 한국전이 재발될 경우 미국은 분명히 "핵무기를 사용할 것이며 중국 본토, 만주 및 한국에 있는 목표들에 대하여 대규모 공습작전을 수행할 것"이라는 내용의 비밀 메모를 보낸데서도 확인할 수 있듯이 미국은 휴전협정을 준수하여 전쟁의 재발을 막을 대책보다는 한국전쟁이 재발할 경우를 대비하여 핵무기 사용에 대한 준비를 다그치고 있었다.

1968년 위기: 푸에블로호 사건

1968년 1월 23일 미 해군 전자정보수집함 푸에블로호가 조선 해군 함정에 의해 나포되는 사건이 발생했다. 미군 1명이 죽고, 4명이 부상 당했고, 82명이 포로로 잡혔다. 미국의 보도에 따르면 당시 푸에블로호에는 미국의 기밀 통신 매뉴얼, 극동 전자 전투 명령, 다양한 비밀 코드, 해군 전신 절차, 정보 자료 등 800~1,000파운드(36~45kg) 상당의 기밀 문서가 있었다고 한다. 그래서 미국의 한 매체는 푸에블로호 사건을 "현대사에서 유례를 찾아볼 수 없는 거대한 정보 쿠데타(a major intelligence coup without parallel in modern history)"라고 한탄하기도 했다.

▲ 푸에블로호 사건은 미국 언론에 대서특필되었다.

사건이 발생하자 미국은 푸에블로호가 조선의 영해를 침범하지 않았다면서 조선의 '도발'이라고 주장했고, 조선은 푸에블로호가 조선의 영해를 침범하는 불법을 저질렀다고 주장했다. 조미 두 나라의 이런 주장은 평행선을 달렸고, 그해 12월까지 군사적 대결 상태가 지속되었다.

푸에블로호 사건 발생 이틀만인 1월 25일 평양방송은 함장 '로이드 부커' 중령이 영해를 침범하고 정탐행위를 했음을 시인하는 방송을 내보냈다. 평양은 부커 함장이 '자백서'에 서명하는 사진까지 전송했다. '자백서'의 요지는 다음과 같다.

> 푸에불로호는 쏘련의 극동지역과 북한의 해안선을 따라서 항해하면서 군사정보 수집 활동을 하라는 주일본 미 해군사령관의 명령을 받고, 67년 12월 2일 6명의 장교와 2명의 민간인을 포함해서 83명의 승무원을 태우고 일본 '사세보' 해군기지를 출발했다. 푸에불로호는 그전에도 그같은 사명을 띠고 북한 해안선을 따라서 정탐행위를 해왔다. 정탐결과는 미 중앙정보부에 보고됐고 이번에도 미 중앙정보부의 지시를 따른 것이다. 푸에불로호는 수심측정과 같은 (해저) 연구선박으로 가장하고, 1968년 1월 16일 쏘련 연해를 지나서 북한 연해에 진입했다. 푸에불로호가 원산 앞바다에 있는 노도섬으로부터 7.6마일 해상에 도달했을 때 북한 해군 참선들과 조우했다. 푸에불로호는 즉시 경계상태에 돌입하고, 북한 함선을 사격하면서 도주를 시도했으나 나포되고 말았다. 우리는 정전협정을 위반하는 범죄행위를 자행했고,

순전한 침략행위를 감행했다. 푸에블로호는 정탐행위를 은폐하려는 목적으로 미국 국기를 달지 않았고, 북한 영해에 깊숙이 침입해서 정탐행위를 하다가 북한 함선들에 나포된 데 대해서 그 어떤 변명도 할 수 없다. 우리 승무원 모두가 우리들을 걱정하는 가족 품안으로 돌아갈 수 있도록 조선민주주의인민공화국 정부가 우리들의 죄를 용서해 주기를 기대하는 바이다.

그러나 미국은 강요에 의한 거짓 자백이라면서 평양방송에 나온 함장의 '자백'을 인정하지 않았다. 푸에블로호 승무원들이 두 손을 들고 조선 경비원들에 끌려가는 모습을 본 미국 시민들은 분노했고, 미의회는 푸에블로호 '나포'를 전쟁 행위로 간주했다. 미국의 존슨 정부는 요코스카에 사령부를 둔 제7함대 주력 기동부대를 조선 해역에 출동시켰다. 일본 근해의 미해군 제7함대는 항공모함에 공중투하용 중력 폭탄 등 핵무기를 갖추고 육군을 지원한다. 또 이 함대의 잠수함 및 일반 함정들은, 조선의 잠수함을 공격할 수 있는 대잠수함 핵로케트와 수중폭탄을 싣고 있었다. 푸에블로호와 승무원을 당장 석방하지 않으면 핵전쟁을 불사하겠다는 의지를 보인 것이다.

그러나 조선은 미국의 군사적 협박에도 불구하고 3A를 주장했다. 3A는 미국의 정탐행위 인정(admit), 정탐행위에 대한 미국의 사과(apologize) 그리고 재발 방지 약속(assure)를 의미한다. 오랜 군사적 대치와 협상이 반복되다가 1968년 12월 23일 미국 대표 우드워드가 서명한 사과문이 조선에 전달되면서 푸에블로호 승무원은 석방된다. 단 조선은 승무원은 석방하면서도 '불법 행위 증거물'이라며 푸에블로호는 돌려주지 않았다.

> 미 합중국 정부는 … '푸에블로'호가 조선민주주의인민공화국의 령해에 여러 차례 불법침입하고 조선민주주의인민공화국의 중요한 군사적 및 국가적 기밀을 탐지하는 정탐행위를 이 함정의 승무원들의 자백과 조선민주주의인민공화국 정부대표가 제시한 해당한 증거 문건들의 타당성을 인정하면서, … 정탐행위를 한데 대해서 전적인 책임을 지고, 이에 엄숙히 사죄하며 앞으로 다시는 어떠한 미군 함선도 조선민주주의 인민공화국 령해에 침입하지 않도록 할 것을 확고히 담보하는 바입니다. 이와 아울러 … 승무원들의 자기들의 죄를 솔직히 고백하고 관용을 베풀어 줄 것을 조선민주주의인민공화국 정부에 청원한 사실을 고려하여 이들 승무원들을 관대히 처분해 줄 것을 … 간절히 요청하는 바입니다. …

EC-121 정찰기 격추 사건과 미루나무벌채사건

푸에블로호 사건이 해결된 지 채 반년도 지나지 않아, 한반도는 또다시 미국에 의해 핵전쟁 위기에 직면하게 된다.

1969년 4월 15일, 미 해군의 전자정찰기 EC-121이 조선의 영공을 침범했고, 조선은 전투기를 출동시켜 정찰기를 격추시켰다. 사건 당시 정찰기에는 31명의 승무원이 타고 있었으며, 전원이 사망했다.

이 사건에 대한 대응으로, 닉슨 행정부는 푸에블로호 사건 당시보다도 더 강경한 조치를 취했다. 무려 4척의 항공모함을 조선 해협에 급파하고, 수백 대의 전투기와 전투폭격기를 주한미군 기지에 배치했다. 이에 조선은 전국에 전시 태세를 선포하고 총반격 준비에 돌입하면서 한반도는 일촉즉발의 전쟁 위기로 치달았다.

닉슨 정부는 즉시 국가안전보장회의(NSC)를 소집해 징벌적 북폭까지 검토했지만, 최종적으로 공습은 실행되지 않았다. 그러나 미국은 정찰기 격추 이전부터 조선 상공에 반복적으로 정찰기를 투입하고 있었으며, 사태의 근본 원인은 미국의 지속적인 도발과 군사적 압박에 있었다. 정찰기 격추 직후 이를 '북한의 군사 도발'로 규정하고, 핵전쟁을 대비한 군사 준비 태세를 취한 것은 사실상 책임을 전가하는 행위였다.

그로부터 7년 뒤인 1976년 8월 18일, 또 다른 군사적 충돌 사건이 발생했다. 한국과 미국에서는 '도끼 만행 사건'으로 불리는 이 사건의 실상은, 판문점 공동경비구역(JSA) 내 미루나무 벌채 작업을 둘러싼 충돌이었다.

판문점 공동경비구역에 있는 '돌아오지 않는 다리' 밑에 미루나무가 한 그루 있었다. 미국측은 이 나무가 감시상 거추장스럽다고 판단하여 벌채를 시도했다. 그러나 공동경비구역 내에서의 모든 군사 행동은 군사정전위원회 논의 사항이었다. 조선은 사전 협의 없이 진행되는 공동경비구역 내 벌채를 불법이라고 주장했다. 미국은 조선의 만류에도 불구하고 벌채를 시작했고, 조선 경비병은 미국의 행동을 저지하기 시작했다. 미군 한 명이 조선 경비병을 향해 도끼를 던졌고, 조선 경비병은 그 도끼를 받아서 미군을 공격했다. 미군 두 명이 그 자리에서 사망했다.

미국은 "북한에 의한 잔학한 행위"라고 주장하면서, 항공모함 미드웨이를 조선 해협에 투입했고, 전략폭격기 B-52와 핵공격기 F-111을 한반도에 급파했다. 그러나 이 사건 역시 문제의 발단 배경은 미국에 있었다.

1970년대 작전계획

미국은 1975년 베트남전에서의 참담한 패배 이후, 한반도에서의 핵전쟁 시나리오를 본격적으로 수립하게 된다. 이러한 전환의 배경과 그에 따른 전쟁 계획은 다음과 같은 맥락에서 이해할 수 있다.

1975년, 미국은 사상 최대의 전쟁비용과 압도적인 무력을 투입하고도, 게릴라전 중심의 베트남 민족해방전선에게 충격적인 패배를 당했다. 이 패배는 단순한 전투의 실패가 아닌, 냉전 체제에서의 전략적 위신 추락으로 간주되었고, 이에 따라 미국 군부 내부에서는 기존의 전쟁 방식에 대한 근본적인 재검토가 이뤄졌다.

당시 제럴드 포드 행정부에서 국방장관을 지낸 제임스 슐레진저를 비롯한 미 군부는, 베트남 패배의 원인을 다음과 같이 분석했다.

① 핵무기의 사용을 제한한 무기 운용상의 제약
② 하노이 중심부를 공격하지 못한 지역적 제한
③ 지상군이 북위 17도선을 넘지 못한 정치적 제한

이러한 분석을 바탕으로 미 군부는 한반도 전면전 상황에서의 무기 제한을 철폐하고, 선제적이고 강력한 무력 개입을 포함한 전략을 추구해야 한다는 입장을 내세우기 시작했다. 이 새로운 전략 노선을 '적극적 방어'라고 명명했으며, 실질적으로는 선제 핵공격을 포함한 전면 타격전의 개념에 가까웠다.

이 전략은 구체적인 전쟁 계획으로 발전하게 되는데, 그것이 바로 '9일간의 전쟁계획(The Nine-Day War Plan)'이다. 이 계획은 한반도에서 조선의 '남침'을 가정한 단기전 작전 시나리오로, 1975년 6월 당시 한미연합사 제1군단 사령관 제임스 홀링스워스에 의해 처음 입안되었고, 같은 해 8월 국방장관 슐레진저에 의해 공식 승인되었다.

전쟁 계획의 핵심 내용은 다음과 같다.

① 전쟁이 발발하면, 괌과 오키나와 등지에서 출격한 B-52 전략폭격기를 포함한 미 공군 전력이 비무장지대 상공에 매시간 202회, 하루 1,000회 이상 출격한다.
② 이 전력을 통해 조선의 기동력과 방어능력을 5일 안에 완전히 무력화시킨다.
③ 이후 나머지 4일 동안 지상군을 투입해 잔여 전력을 '섬멸'하는 초단기 압도전략을 실행한다.

이 전쟁 계획은 단순한 구상에 그친 것이 아니라, 1976년부터 시작된 '팀스피리트(Team Spirit)' 한미연합군사연습을 통해 실전 훈련으로 구체화되었다.

'팀스피리트'는 조선을 직접 타격하는 시나리오와 미군의 전략자산 투입을 포함한 공격적 훈련으로 구성되었다. '적극적 방어'라는 개념이 사실상 선제 핵타격 구상임이 드러난 것이다. 이러한 일련의 계획과 훈련은 미국이 베트남전 이후 패권의 회복과 동북아 전략 재구축을 위해 한반도를 전략적 실험장으로 삼았음을 보여주는 사례이다.

표면적으로는 방어적 조치처럼 포장되었지만, 실질적으로는 핵전력을 중심으로 한 압도적 선제공격 전략이자, 전면전을 불사하겠다는 강경한 군사 노선이었다.

1980년대의 작전계획

1980년대 미국의 한반도 전략은 'H+1', 즉 전쟁 발발 후 1시간이 지나면 핵무기를 사용하는 시나리오를 핵심으로 했다. 이 전략은 단순한 이론이 아니라, 실제 군사계획과 훈련을 통해 구체화되었다.

1982년, 미국 국방성과 정부는 중동 산유 지역의 지배권 확보를 목표로, 만일 해당 지역에서 소련과 충돌할 경우 소련군의 전력을 분산시키기 위한 전쟁을 한반도에서 개시한다는 내용의 비밀 전략 계획을 수립했다. 이 계획에는 북한에 대한 핵무기 사용을 포함한 지상공격 작전이 포함되어 있었으며, 미국 언론에 의해 일부 내용이 폭로되기도 했다.

당시의 전략에 따르면, 북한에 대한 공격은 주한미군사령관의 단독 명령으로 가능하며, 미국 의회의 사전 동의는 필요하지 않았다. 또한 미국 군이 전투에 돌입하면 핵무기 사용은 자동적으로 예정된 수순으로 간주되었다.

1982년 국방성 핵정책국(DNA)에 제출된 미 육군 핵작전 보고서는 다음과 같은 내용을 담고 있다.

> 적이 주전장을 돌파하기 전에 핵무기를 방어적으로 사용하여 강습 및 후속 부대를 격파한다. 또한 병참지원을 방해하고, 장애물을 만들어 적을 불리한 지형으로 몰아넣으며, 아군의 반격 기회를 확보한다. 핵무기는 전장에서 유연한 예비 전력으로도 활용될 수 있다.

이러한 핵전략은 단순한 이론에 그치지 않고, 실전 시나리오를 염두에 둔 군사훈련으로 발전했다.

같은 해, 와인버거 국방장관과 전두환 대통령이 참관한 가운데,

팀스피리트 훈련 중 한 협곡에서 B-52 전략폭격기가 저공 강하 급습 훈련을 실시했다. 『워싱턴 포스트』 기자는 이를 두고, "통상 무기 외에 핵전력으로 한국 방위를 완성하겠다는 미국의 의지를 상징하는 장면"이라 평했다.

1983년 팀스피리트 훈련에서는 수륙양용부대의 상륙작전과 함께 '적 중심지에서의 전투'를 목표로 한 공중·지상 통합 전투 독트린이 시험되었고, 1984년 훈련에서는 '크로서 플로트(Cross the FLOT, 전방 진격)' 작전이 도입되어, 비무장지대를 돌파해 북진하는 공중 기동작전이 포함되었다.

이러한 전략 변화에 따라, 한미연합사령부의 작전계획 또한 개정되어 미국의 새로운 공격적 전략이 포함되었으며, 이를 뒷받침하기 위해 미국은 한국 내 핵전력 배치를 강화하게 된다. 이와 관련된 정보는 대부분 비공개지만, 제8미군 내부 전화번호부에는 '계획·작전 핵부대'가 명시되어 있으며, 이 부대는 핵계획·작전반, 무기통제반, 긴급상황 대응반이라는 세 개의 반으로 구성되었다. 또한 주한미군의 「조직기능교범」에는 이 부대가 "핵 공격 목표를 분석하고, 핵 발사 계획을 수립하며, 핵전시 시나리오에 대비한다"고 명시되어 있다.

1986년, 와인버거 국방장관은 "미국의 핵우산은 한국에 추가적인 안전보장을 제공하고 있다"고 발언했으며, 1987년부터는 한미합동군사훈련 중 미국의 전략지휘통제기(E-4B)가 핵전쟁을 가정한 상황 하에 한반도에 투입되었다. 이는 핵전쟁 가능성을 전제로 한 실제 훈련 시나리오가 구체적으로 운영되고 있었음을 보여주는 상징적 사례이다.

이처럼 1980년대 미국의 한반도 전략은 표면적으로는 '방어'라는 이름을 내세우면서도, 실질적으로는 선제핵공격을 포함한 압도적 군사력 행사 시나리오를 기반으로 설계되었다. 팀스피리트 훈련은 그 실행의 실전 실험장이었으며, 한반도는 냉전 이후에도 핵전략의 실험장이자 미국 패권전략의 중심무대로 기능하고 있었다.

1987년까지의 팀스피리트 훈련의 내용과 규모를 정리하면 다음과 같다.

기간	참여병력	미군의 주요 참가부대	주요 훈련 내용
1976.6.10-20	미군 6,000명 한국군 40,000명		상륙작전
1977.3.28~4.13	미군 13,000명 한국군 74,000명	오키나와 주둔 제18전술전투항공단, 제9수륙양용여단, 제1해병항공단, 제7함대	상륙작전, 지상공격훈련
1978.3.7~17	미군 45,000명 한국군 59,000명	제25보병사단, 랜스미사일대대, 괌주둔 B-52편대, 제7함대(항공모함 미드웨이) 오키나와 주둔 제3해병 사단	해상기동훈련, 긴급출격훈련, 상륙작전, 도하훈련, 랜스미사일 발사 훈련
1979.3.1~17	미군 56,000명 한국군 104,000명	오키나와 주둔 해병대, 제1해병항공단, 랜스 미사일대대, 제7함대, 괌주둔 B-52편대, 제25보병사단	상륙작전, 대잠수함작전, 랜스미사일 발사 훈련
1980.3.1~4.20	미군 42,800명 한국군 102,000명	제25보병사단, 오키나와 주둔 해병대, 알래스카 주둔 공군, 제7함대(항공모함 미드웨이)	도하작전, 해군기동훈련, 지상공격훈련, 상륙작전, 출격 훈련
1981.2.1~4.10	미군 56,700명 한국군 100,000명	제25보병사단, 제7보병사단, 오키나와주둔 제3해병사단, 괌주둔B-52편대, 제7함대	상륙작전, 도하작전
1982.2.13~4.26	미군 61,600명 한국군 100,000명	제25보병사단, 제7보병사단, 오키나와주둔제3해병사단, 필리핀주둔 미 공군, 제7함대(항공모함 미드웨이)	항공모함 기동훈련, 상륙작전, 도하작전, 화력시범훈련

1983.2.1~4.16	미군 73,700명 한국군 118,000명	제25보병사단, 제7보병사단, 오키나와주둔제3해병사단, 필리핀주둔 미 공군, 제7함대(항공모함 미드웨이, 엔터프라이즈)	야외기동훈련, 상륙작전, 도하작전, 화력시범훈련, 기뢰전 훈련, 해상작전
1984.2.1~4월 중순	미군 59,800명 한국군 147,300명	제25보병사단, 제7보병사단, 오키나와주둔해병대, 제7함대(항공모함 키테이호크), 알래스카 주둔 공군, 괌주둔B-52편대	기뢰전 훈련, 상륙작전, 도하작전,전략공수공중투하훈련, 전투기전투훈련
1985.2.1~4.30	미군 62,000명 한국군 147,000명	제25보병사단, 오키나와주둔 특수부대, 오키나와주둔해병대, 제7함대(항공모함 미드웨이), 알래스카 주둔 공군, 괌주둔B-52편대	기뢰전 훈련, 상륙작전, 도하작전,전략공수공중투하훈련, 화학전 훈련
1986.2.10~4.25	미군 70,000명 한국군 139,000명	제25보병사단, 제9보병사단, 오키나와주둔해병대, 제7함대(항공모함 미드웨이), 필리핀 주둔 공군, 괌주둔B-52편대	상륙작전, 공격작전, 해상작전, 비상이착륙작전, 지상공격훈련
1987.2.19~5월 상순	한국군 미군 합쳐서 약 200,000명	제25보병사단, 제9보병사단, 오키나와주둔해병대, 제7함대(항공모함 레인저), 필리핀 주둔 공군	상륙작전, 비상이착륙작전, 해상훈련, 해당군수지원훈련, 화학전훈련

5

신냉전 시대 한미동맹의 변화

유엔사의 과거와 현재

가짜 유엔사는 어떻게 만들어졌나

1950년 6월 25일 유엔안전보장이사회는 한국사태가 '평화의 파괴'를 구성한다고 결정하고(안보리 결의 82호), 6월 27일 원조 제공을 권고하고(안보리 결의 83호), 7월 7일 미국통합사령부 창설을 권고했다(안보리 결의 84호).

유엔 안보리 결의 84호는 회원국들의 병력 및 기타 지원을 미국 주도하의 통합군사령부가 이용할 것을 권고하면서 미국으로 하여금 사령관의 임명과 유엔깃발의 사용 권한을 부여했다. 이 결의에 따라 미국 대통령 트루먼은 7월 8일 맥아더를 통합사령관에 임명하였고, 유엔사무총장은 팔레스타인에서 사용된 유엔기를 미국 측에 이양하였으며, 7월 14일에는 이승만 대통령이 맥아더에 보내는 공개서한을 통해 한국군의 작전지휘권을 이양하게 된다. 1950년 7월 24일 동경에 유엔군사령부가 창설되었는데, 정전협정이 체결되고 난 후 1957년 7월 1일 서울로 이동하여 오늘에 이르고 있다.(이 시점은 대량의 핵무기를 한반도에 배치하던 시기라는 점에 유의해야 한다.)

짧은 문장들에 미국통합사령부와 유엔군사령부가 동시에 언급되어 독자들이 혼란스러울 수 있다. 그런데 자연스러운 혼란이다. 미국통합사령부가 어느 순간 유엔군사령부로 둔갑했기 때문에 발생하는 자연스러운 혼란이다.

당시 유엔 사무총장이었던 트리그브 리(Trygve H. Lie)는 안보리 결의 당시 유엔의 군대를 창설하기를 바랐다. 그러나 이는 미국에 의해 거절되었다. 1950년 7월 6일 안보리 의장(노르웨이 유엔 대사)은 다시 한번 '유엔을 위한 기구로서'라는 단어를 결의안 84에 넣을 수 있는지 유엔 미국 대사에게 문의했다. 그러나 미국 대사는 단호하게 반대의 입장을 밝혔다. 안보리 결의 84에서 유엔사령부가 아닌 '미국통합사령부'가 결정된 이유다. 미국통합사령관은 미국 대통령이 임명한다는 내용도 결의안에 포함되어 있었다. 유엔 결의 84에 따르면 '미국통합사령관'을 임명할 권한은 유엔 사무총장에 있지 않고, 미국 대통령에 있다. 미국 대통령 트루먼은 7월 10일 일본 도쿄에 있는 맥아더에게 '사령부'를 설립하라고 지시했다. 그런데 그 지시 서한에 적시된 명칭은 '유엔사령부'였다. 맥아더는 7월 11일 트루먼에게 보낸 답장에서 "한국에서 근무하게 된 국제적 군대의 유엔사령관"이라고 표현했다. 이렇게 '미국통합사령부'는 유엔사령부로 둔갑하였다.

7월 25일 유엔 미국 대사는 미국통합사령부 명의의 첫 보고서를 안보리에 제출했다. 보고서에는 맥아더가 도쿄에서 유엔사령부 일반명령 1호에 의해 유엔사령부를 창설했다는 내용이 보고되었다. 유엔사라는 명칭이 공식화된 순간이었다.

7월 31일 안보리 회의에서 미국 대사는 유엔사는 단지 미국통합사령부 산하의 '야전기관'일 뿐이라고 설명했다. 그 후 보고서에서는 '유엔사령부'와 통합사령부라는 명칭이 혼용되었다.

현재 유엔사 홈페이지에도 1950년 7월 7일 유엔사령부가 아닌 통합사령부가 창설되었다고 적혀있다. 다만, 독자들의 혼란을 줄이기 위해 '유엔사'로 통칭한다.

> July 7, 1950: United Nations Security Council Resolution (UNSCR) 84 authorized the United States to establish and lead a unified command comprised of military forces from UN member states, and authorized that command to operate under the UN flag.
> 1950년 7월 7일 : 유엔안전보장이사회 결의안 84호는 유엔 회원국들

이 제공한 군사력으로 구성되는 통합사령부(unified command)를 미국이 창설하고 주도하는 권한을 부여했다. 그리고 유엔 깃발 아래 통합사령부를 지휘할 권한을 부여했다.

법적 근거없는 '유엔사' 후방기지

유엔사 홈페이지(unc.mil)는 아래와 같은 그림을 넣고, '유엔사' 후방기지가 일본의 주일미군 기지에 존재한다는 사실을 밝히고 있다. '유엔사' 창설 당시 사령관은 맥아더였다. 당시 맥아더는 연합군최고사령관, 미극동군사령관 지위를 함께 갖고 있었고, 본부를 일

본에 두고 있었다. 따라서 유엔사 본부 역시 일본에 있었다. 유엔사령부가 한국으로 이전한 것은 1957년의 일이다. 그리고 미국은 주일미군 기지에 유엔사 후방기지를 설치했다. 한국전쟁이 재발할 경우 주일미군 기지의 병력을 한반도로 빠르게 전개하려는 목적이었다. 그러나 유엔사가 법적 근거가 없는 것처럼, 유엔사 후방기지 역시 법적 근거가 없다.

유엔사 창설에 대한 안보리 결의안은 후방 기지 자체를 언급하지 않고 있다. 유엔사 후방기지를 주일미군에 설치한 것은 오로지 미국의 이익과 편의를 위한 미국의 일방적 조치였다. 미국이 근거로 내세우는 것은 1951년 미국과 일본이 합의한 '유엔군 지원에 관한 교환공문(요시다-애치슨 교환공문)'이다.

> 금일 서명한 평화조약 효력 발생과 동시에 일본은 "유엔이 이 헌장에 따라 행하는 모든 조치에 대한 모든 원조"를 유엔에 제공해 줄 것을 요구하는 「유엔 헌장」 제2조에 표현된 의무를 진다.

그러나 당시 일본은 유엔회원국이 아니었다. 일본이 유엔에 가입한 것은 1956년의 일이다. 따라서 유엔 비회원국인 일본이 유엔사를 지원하는 것 자체가 아무런 법적 근거가 없는 것이다. 미국은 이 문제를 해결하기 위해 '유엔헌장 2조에 표현된 의무'를 적시했다. 그러나 이런 문구가 적시되었다고 해서 법적 문제가 해결되는 것은 아니다.

▣ 유엔 헌장 2조 5항
모든 회원국은 국제연합이 이 헌장에 따라 취하는 어떠한 조치에 있어서도 모든 원조를 다하며, 국제연합이 방지 조치 또는 강제조치를 취하는 대상이 되는 어떠한 국가에 대하여도 원조를 삼간다.

2조의 주어는 '모든 회원국'이다. 비회원국인 일본은 유엔 헌장 2조와 어떤 상관성도 갖지 못한다. 처음부터 요시다-애치슨 교환공문은 불법이었던 것이다. 또한 유엔 헌장은 안보리 결정의 이행을 유엔 회원국으로 한정했다.

▣ 유엔 헌장 제48조
1. 국제평화와 안전의 유지를 위한 안전보장이사회의 결정을 이행하는 데 필요한 조치는 안전보장이사회가 정하는 바에 따라 국제연합 회원국의 전부 또는 일부에 의하여 취하여진다.

결국 유엔사 후방기지는 유엔사 관련 안보리 결의안에 따르더라도, 유엔 헌장에 따르더라도 합법성을 갖지 못한다. 유엔사 후방기지의 불법성을 논하는 이유는 최근 유엔사 재활성화라는 명목으로 일본까지 유엔사에 참여시키려 하고 있기 때문이다. 미국이 내세우는 근거는 유엔사 후방기지이다. 즉 일본에 유엔사 후방기지가 있기 때문에 일본이 '유엔사'에 참여해야 유엔사가 제 기능을 발휘할 수 있다는 논리인 것이다.

유엔총회에서 해체 결의안 통과

유엔사의 정체를 이야기할 때 놓치지 말아야 할 것은 이미 유엔총회에서 유엔사 해체를 결의했었다는 사실이다. 1975년 가을 유엔에서 유엔사령부 해체와 유엔의 깃발 아래 한국에 주둔하고 있는 모든 외국군의 철수를 요구하는 결의안이 채택되었다.

제30차 유엔총회 한국문제 결의, 유엔사 해체문제(1975. 11. 17)

■ 가. 서방측 결의 3390 a호
총회는 (중략) 1953년 7월 27일자 정전협정은 이 지역의 평화와 안전 유지에 계속 불가피함을 인식하면서 타방 직접 관계 당사자들이 정전협정 유지를 위하여 상호 수락할 수 있는 대안에 동의한다면, 미국정부는 1976년. 1. 1자로 유엔군사령부를 종료할 용의가 있음을 확인한

1975. 6. 27자 미국 정부의 안보리 의장 앞 공한에 유의하고,
(이하생략)
3. 정전협정의 계속적인 준수와 이 지역에서의 평화와 안전의 최대한 유지를 보장할 필요성을 감안하여, 정전협정의 유지를 위한 적절한 방안과 더불어 유엔군사령부가 해체될 수 있도록 제1단계 조치로서 모든 직접 관계 당사자들이 가능한 조속한 시일 내에 협의를 시행할 것을 촉구한다.
4. 유엔군사령부가 1976. 1. 1을 기하여 해체할 수 있도록 그리하여 동일자로 남한에는 유엔 기치하의 군대는 잔류하지 않도록 상기 협의가 완결되고 정전협정 유지를 위한 대안이 마련될 수 있기를 희망한다.

당시 총회에는 비서방측에서 유엔사 해체 결의안을 제출했고 이 역시 채택되었다.

■ 나. 비서방측 결의 3390 b호

(앞부분 생략) 한국에서 지속적인 평화를 보장하고 한국의 자주, 평화 통일을 촉진시키기 위하여 한국의 국내문제에 대한 외부의 간섭을 종식시키고 이 지역의 긴장을 제거하며 군사적 충돌을 방지하기 위한 새로운 결정적 조치를 취하는 것이 긴요하다고 간주하면서
1. "유엔군사령부"를 해체하고 유엔 기치 아래 남한에 주둔하는 모든 외군을 철수시키는 것이 필요하다고 간주한다.
2. 정전협정의 실제적 당사자들에게 "유엔군사령부"의 해체 및 유엔

기치 아래 남한에 주둔하는 모든 외군의 철수와 관련하여 한국에서의 긴장을 완화하고 평화를 유지, 공고히 하기 위한 조치로서 한국 정전협정을 평화협정으로 대처하도록 촉구한다.

서방측과 비서방측 양 진영에서 모두 유엔사 해체 결의안을 제출했고, 이것이 통과되었다. 이는 당시 유엔사의 상황을 반영한 합리적 조치였다. 1967년 태국군을 마지막으로 하여 미군을 제외한 한국전 참전 '유엔사' 소속 군대들이 모두 철수했던 것이다. 따라서 비서방측 결의 4항은 결국 주한미군의 철수를 결의한 셈이다. 물론 유엔총회의 결의는 유엔안보리 결의문과 달리 구속력을 갖지 못하고, 이들 결의문은 결국 사문화되었다. 그러나 당시 분위기 상 미국 역시 유엔사 해체에 동의할 수밖에 없었다. 1976년 9월 30일 당시 미국 국무장관이었던 키신저는 유엔총회에서 다음과 같은 연설을 하였다.

(앞부분 생략)
미국은 한국의 평화를 유지시키는 유일한 법적 장치인 정전협정이 계속 유지되거나 혹은 다른 조치로 대치되는 것을 전제로 유엔군사령부를 해체할 준비를 갖추고 있습니다.
우리는 북한의 동맹국들이 한국에 대해 관계개선 조치를 취할 용의를 보인다면 북한과 관계를 개선할 용의가 있습니다. 우리는 북한과 한반도의 장래를 협의할 용의가 있으나 한국의 참가 없이는 그렇게 하지 않을 것입니다.

작년 가을 미국은 정전협정의 대안을 마련하기 위해 남, 북한, 미, 중국이 참가하는 직접 당사자 회의를 제의했습니다. (중략) 만일 그러한 회의가 지금 당장 실천될 수 없다면 미국은 단계적인 접근을 지지합니다. 회의의 장소와 범위에 관한 협의를 위해 남북한간의 예비회담이 즉각 시작될 수 있을 것입니다.

이러한 단계에서 미국, 중국은 업저버나 자문역으로 참가할 수 있을 것이고, 만일 그러한 협의가 구체적 성과를 거두면 미국, 중국은 정식으로 회담에 참가할 수 있을 것입니다.

(뒷부분 생략)

그러나 키신저의 이 발언은 '유엔사 해체 불가능 조건'을 제시함으로써 유엔사 해체 압박에서 벗어나려는 의도를 갖는 불순한 것이었다. 키신저는 '남북한간의 예비회담'과 '미국, 중국은 업저버나 자문역으로 참가'하는 이른바 단계적 4자 회담 제의를 했는데, 이 제안의 핵심은 회담 당사자를 북미가 아닌 남북으로 하고 있다는 점이다. 이미 남북 평화협정은 북에 의해 제안된 적이 있었으나 어떤 실효적 진전이 없자 북은 남이 자주권이 없다고 판단, 실세인 미국을 직접 당사자로 하는 평화협정회담을 제안한 상태였다. 미국의 남북 회담론은 정전협정의 직접 당사자가 아닌 남측을 내세우고 정작 자국은 뒤로 빠져 간접 당사자인 것처럼 하여 책임을 회피하려는 듯이 보이기에 충분했다. 이는 결국 미국이 회담을 원점으로 되돌려 시간을 끌기 위한 전술이라고 평가할 수 있다.

탈냉전기, 군사정전위 해체로 사실상 유엔사의 기능 상실

1970년대 한미연합사가 창설되면서 유엔사의 기능은 정전협정 관리로 국한되었다. 정전협정 체결 당시 유엔사가 갖는 한국 방어의 임무는 한미연합사가 행사하게 된다.

주목해야할 것은 탈냉전기에 접어 들어 정전협정 관리라는 유엔사의 기능 역시 마비되었다는 점이다. 이는 정전협정의 가장 중요한 기구인 군사정전위원회가 사실상 해체된 것과 관련을 갖는다. 1991년 3월 25일 11시 판문점 군사정전위 본 회의실에서 조-미 양측의 공동일직장교 회의에서 미국은 정전위 수석대표로 한국장

성인 황원탁 소장으로 교체되었다며 조선 측에게 신임장을 건네주었다. 그러나 조선은 "당신측의 불법적인 수석대표 교체로 인해서 군사정전위원회(이하 군정위)의 통상적인 업무를 더 이상 계속하지 못하게 했습니다. 우리측은 새로 임명된 당신 측 수석대표의 신임장을 접수할 수 없습니다"라며 신임장 접수를 거부하였다.

1991년 3월 27일 아침 일찍 평양 라디오 방송을 통해 한국군 장성이 군정위 즉 정전 감독기구의 책임자가 될 수 없다고 주장했다. 이 방송은 또 유엔사가 '자격도 없고 권한도 없는' 한국군 장성을 자기 측 수석대표로 임명함으로써 수석대표간의 전통문과 서신 교환, 그리고 군정위 회의 소집을 불가능하게 만드는 심각한 상황을 조성했고 군정위의 중대한 기능과 운명을 마비시켰다고 하였다. 며칠 뒤「노동신문」사설도 이 평양 방송의 내용을 되풀이하면서 한국군 장성의 군정위 수석대표 임명은 "정전협정을 평화협정으로 대체해야할 법적 의무를 기피하려는 정치적 목적에서 발생한 것"이며, "한국에 영원히 남아 있으려는 의도에서 나온 것"이라고 비난했다.

정전협정의 서명 당사자는 유엔사(즉 미군)와 중국군 그리고 조선군이다. 정전협정은 이들 3자로 구성된 군사정전위원회를 정전협정 관리기구로 규정했다. 따라서 유엔군이나 미군이 아닌 한국군 장성을 군사정전위 유엔측 대표로 교체한 것은 명백히 정전협정 위반이었다.

마침내 조선은 1994년 4월 28일에 군정위가 '유엔사' 측의 "비법적인 수석대표 교체로 3년째 마비되고 무용지물로 됐으니 이 기구를 더 이상 존속시키는 것은 무의미하다"고 주장하고 조선측 군정위 위원들과 비서처 성원들을 군정위에서 모두 소환한다고 통보하였다. 그리고 1994년 5월 24일 조선인민군총사령부가 판문점에 '조선인민군 판문점 대표부'를 설치했다고 '유엔사'에 통보했다. 1994년 10월엔 중국이 군사정전위에서 철수함으로써 군사정전위원회는 사실상 해체상태에 처하게 된다.

그 이후 정전협정 관련한 모든 회담은 조선과 미국의 군사회담 형식으로 진행되었다.

일례로 1999년 연평도에서 서해교전이 발생하자 판문점에서 조선군과 유엔군 사이의 장성급 회담이 진행되었다. 그 후에도 유해발굴을 위한 회담 역시 '조미 장성급 회담' 형식으로 진행되었다. 결국 '유엔사'는 그 구성 면에서(주한미군밖에 남아 있지 않은), 역사적으로(1975년 이미 해체 결의) 그리고 현실적으로(군사정전위의 사실상 폐기 이후 조-미 장성급회담 전개) 그 생명을 다했다고 볼 수 있다.

신냉전기, 유엔사 재활성화

2023년 11월 14일 유엔사 참여국들의 국방장관 회담이 서울에서 열렸다. 1950년 7월 유엔사 창설 이후 처음으로 개최되는 회의다. 왜 이런 회담이 뜬금없이 열렸을까.

미국은 2014년부터 유엔사 '재활성화'라는 말을 빈번하게 사용해 왔다. '재활성화'(revitalization)는 꺼져가는 생명체에 새로운 생명의 기운을 불어넣는 것을 의미한다. 따라서 유엔사 재활성화는 유엔사에 정전협정 관리 임무에서 새로운 임무를 부여하려는 미국의 기획이다. 유엔사 국방장관 회담도 이 기획의 일환으로 볼 수 있다.

2014년 스캐퍼로티 당시 주한미군사령관은 미 국방부 장관에게 보낸 '유엔사 재활성화'라는 제목의 서신에서 "유엔사는 대한민국 방어를 위해 다국적 작전을 수행함으로써 지속해서 정전을 유지하는 동시에 ▶ 적대행위를 적극적으로 억제하고 ▶ 확전을 방지하며 ▶ 위기에 효과적으로 대응할 것"이라는 비전을 제시했다.

주한미군 자료에 따르면 2015년 유엔사 회원국 5개국이 을지프리덤가디언 훈련에 참여했다. 2016년엔 9개 회원국 참가로 그 규모가 늘어났다. 당시 주한미군사령관은 "우리는 유엔군사령부 소속 국가들의 일상적인 작전 참여를 더욱 강화하기 위해 노력하고 있다"라고 미 상원 군사위원회에서 밝힌 바 있다.

2018년엔 '유엔사' 역사상 최초로 미국 국적이 아닌 제3국 국적의 '유엔사' 부사령관이 취임했다. 캐나다 군 장성 출신이었다. 2019년엔 호주 국적의 부사령관이, 2021년엔 영국 국적의 부사령관이 취임했다.

그렇다면 '유엔사 재활성화'의 목적은 무엇일까. 2023년 5월 16일 러캐머라 주한미군사령관은 "유엔사는 위기관리 시 대체할 수 없는 기구"라고 말했다. 위기관리는 한반도 전쟁 위기관리를 의미한다. 즉 유사시 전투조직의 기능을 유엔사가 수행해야 한다는 의미이다.

윤석열 역시 2023년 8월 10일 유엔사 직위자 초청 간담회를 갖고 "유엔사는 대한민국을 방어하는 강력한 힘"이라고 말했다. 1978년 이후 '대한민국 방어'는 한미연합사가 담당하고 있는데 말이다.

결국 유엔사 재활성화는 한미연합사 창설로 축소된 유엔사의 전투 기능을 부활하려는 의도이다.

2023년 신냉전이 본격화되던 시기였다. 러시아-우크라이나 전쟁이 확대되고 있었고, 중동 전쟁이 터지는 시점이었다. 미국은 한반도에서 한미연합사와 '유엔사'라는 2개의 전투 기능을 갖춘 2개의 사령부를 확보하려 했다고 볼 수 있다.

유엔사 재활성화의 진짜 목적

우선 미국은 유엔사를 재활성화하면서 한국을 유엔사에 편입시켰다. 주한미군, 유엔사, 한미연합사가 공동으로 매년 발간하는 『전략 다이제스트(Strategic Digest)』라는 책자가 있다. 이 책자 2019년 판 56쪽에 "유엔사는 호주와 벨기에, 캐나다, 콜롬비아, 덴마크, 프랑스, 그리스, 이탈리아, 네덜란드, 뉴질랜드, 노르웨이, 필리핀, 대한민국, 남아프리카공화국, 태국, 터키, 영국, 미국 등 18개국으로 구성되었다"라는 문장이 나온다. 유엔사에 한국이 편입된 사실을 밝힌 것이다.

▲전략 다이제스트 2019년 판에 유엔사 참여국으로 적시되어 있다>

미국은 일본마저 유엔사에 편입시키려 한다. 미 합참은 2018년 6월 '유엔사 관련 약정 미 전략지침'을 개정하여 '전력제공국'(한국전쟁 참전국을 일컫는 공식 용어)의 정의를 '유엔안보리 결의에 근거해 유엔사에 군사적, 비군사적 기여를 하였거나 할 국가'로 확대했다. '기여할 국가'까지 전력제공국 정의에 포함함으로써 일본이 유엔사 전력제공국이 될 수 있는 길 즉 일본이 유엔사에 참여할 수 있는 길을 열어 놓은 것이다.

2019년 8월 한미 연합 지휘소 훈련에서 유엔사 주도로 일본의 개입 상황을 상정한 훈련이 진행됐다는 보도가 나와 논란이 일었다. 당시 훈련에서 미국은 주한미군사령관이 유엔군사령관의 지위를 겸한 채 실시되었다고 한다.

2023년 7월 유엔사 부사령관은 "(일본의 유엔사에서의 역할 확대는) 우리가 검토할 사안"이라며, 유엔사에 일본이 참여하면 대북 억제 차원에서 도움이 될 것이라고 발언했다. 사견임을 전제로 한 것이지만 "(일본의 유엔사에서의 역할 확대는) 우리가 검토해야 할 사안"이라고 한 것이다.

윤석열 역시 2023년 8.15 경축사에서 이례적으로 '유엔사' 후방기지를 언급했다. "일본이 유엔군사령부에 제공하는 7곳 후방기지의 역할은 북한의 남침을 차단하는 최대 억제 요인"이라는 것이다.

2023년 5월 30일 국가안보실에 발간하는 월간 뉴스레터(국가안보실 웹진 10호)에도 비슷한 주장이 실렸다. 국가안보실 정책자문위원인 박영준 국방대 국가안보문제연구소장이 "일본은 유엔사 후방기지 7개소을 관리하는 역할을 맡고 있다. 따라서 유엔사 전력제공국을 포함한 안보협력회의가 개최될 때, 일본을 옵서버 자격으로 참가시키는 것이 필요하다"라고 주장한 것이다. 옵서버 자격은 정식 회원으로 가는 중간 다리이다. 결국 옵서버 자격 참가는 정식 참가를 염두에 둔 발언이다.

미국이 앞에서 끌고, 윤석열 정부가 뒤에서 밀면서 일본의 유엔사 참여는 기정사실로 되고 있다.

현재 유엔사 참여국은 아시아, 유럽, 아프리카, 아메리카 등 모든 대륙에 걸쳐 있다. 유엔사 홈페이지에 따르면 현재 유엔사는 벨기에, 덴마크, 프랑스, 그리스, 이탈리아, 네덜란드, 노르웨이(이상 유럽), 터키(중동), 캐나다, 미국, 콜롬비아(이상 아메리카), 호주, 필리핀, 태국(이상 아시아태평양), 남아프리카공화국(아프리카)로 구성되어 있다. 유엔사가 '재활성화'된다면 전 대륙의 국가를 아우르는 '글로벌 전투사령부'가 만들어지는 것이다.

만약 유엔사에 한국과 일본이 편입한다면, 유엔사는 한미일이 주도하는 형태를 띨 수밖에 없다. 미국이 유엔사 재활성화를 추진하는 진짜 목적이 바로 여기에 있다. 미국은 한미일이 주도하는 '글로벌 전투사령부'를 구축하려고 하는 것이다.

작전계획 2022에 숨은 비밀

작전계획 5027

1991년 미국방부는 「1991년 종합 합동 군사정세평가」보고서를 제출하는데, 여기에는 조선에 대한 '120일 고강도 전쟁 구상'이 명시되어 있었다. 그리고 미국 관료들의 '전쟁 발언'이 이어진다.

> *3월 6일* : 미국 국무성 동아시아·태평양지역 담당 차관(리처드 솔로몬) - "미국은 한반도의 비핵화에 반대한다. 핵확산의 책임은 오직 북한에 있다."
>
> *3월 13일* : 리스카시 주한미군사령관의 의회보고서 - "김일성과 북한은 후세인과 이라크보다 악질적 존재이다. …사막인

이라크와는 달리 북한의 지형 때문에 공군력만으로는 북한군의 섬멸이 어려우므로 지상전이 뒤따라야 한다."

4월 8일 : 미국 합동참모부 의장(콜린 파웰 대장)의 「아미 타임즈」와의 인터뷰 발언 - "(후세인 이후) 때려잡아야 할 악마가 이제 몇 남지 않았다. 다음은 카스트로하고 김일성의 차례다."

1991년은 탈냉전의 분위기 속에서 조미 대화, 남북 대화가 진행되던 상황이었다. 그러나 위 보고서에서도 확인되던 것처럼 미국의 대조선 적대 정책은 그대로 유지되었다. 조미 대화의 분위기를 살리기 위해 미국은 1992년 팀스피리트 군사연습을 임시 중단하는 조치를 취했으나, 그해 미군 1만 4천명, 한국군 12만명이 참여하는 '포커스렌즈군사연습'이 실시되었다. 이 연습에는1993년과 1994년 위기의 한 축을 담당했던 패트리어트 미사일 포대가 참여하기도 했다.

게다가 미국은 1993년 들어와 팀스피리트 군사연습을 재개하면서 한반도 긴장을 최고 수위로 끌어올렸다. 당시 조선은 '준전시사태'를 선포하기도 했다.

1990년대는 국제적 차원에서 탈냉전이 진행되는 시기였다. 그러나 미국의 대조선 적대정책은 오히려 강화되었다. "이제 남은 것은 카스트로와 김일성"이라는 콜린 파웰 합참의장의 발언처럼,

미국의 대조선정책은 노골적으로 북한 정권 붕괴를 목표로 했다. 악명높은 작전계획 5027이 언론 지상에 오르기 시작한 것도 바로 이 시기였다. 작계 5027은 1974년 경 초안이 만들어졌고, 한미연합사 창설 직후인 1978년을 전후하여 한미 작전계획으로 정식화된 것으로 전해진다. 탈냉전 후 미국은 2년 주기로 작계 5027을 갱신하면서 대조선 전쟁계획을 구체화해 갔다. 조선에 대한 침략정책은 탈냉전 후 보다 구체화되고 본격화된 셈이다.

비밀스러운 전쟁계획이기 때문에 작계 5027의 세부 내용은 공개된 적이 단 한번도 없었다. 다만 일부 내용들이 미국 언론에 간헐적으로 보도되었을 뿐이다. 그러나 일부 공개된 내용만으로 작계 5027이 유엔헌장은 말할 것도 없고, 정전협정과 조미 합의, 남북 합의를 무시한, 대조선 침략계획이라는 사실은 분명하게 확인된다.

작전계획 5027은 다음과 같은 5단계로 단계적인 대응을 펼치게 되어 있다.

1단계는 미국의 전투력 증강이다. 전쟁 위기가 고조되면 미국은 항공모함 전투단 및 전투기, 패트리어트 미사일 등을 한반도에 배치하고, 1개 항모 전투단, 스텔스 전폭기를 비롯한 200~300대의 항공기, 2만여명 규모의 해병 원정군 등으로 구성된 '신속 전개 억제 전략'도 함께 투입한다.

만약 이같은 조치에도 불구하고 전쟁이 발발하면 2단계로 돌입하여 조선의 후방 시설을 파괴함과 동시에 미 증원군을 대규모로 투입하여 북진 준비에 돌입한다.

증원군에 의해 전력이 대폭 강화되면 한미 양국군은 곧바로 3단계 작전에 돌입, 조선군의 주요 전투력을 격멸하면서 휴전선을 돌파, 본격적인 북진에 나선다. 이 과정에는 대규모 상륙작전도 포함돼 있다.

이어 4단계로 평양을 포위, 완전히 고립시킨 뒤 조선 내 점령지역에 대한 군사통치를 실시하며, 마지막 5단계로 조선 정치세력과 군대를 완전히 소탕하는 것이 작계 5027의 골자이다.

1998년은 김정일 국방위원장 체계가 공식화되는 해였다. 이런 상황을 반영해 작계 5027-98에는 "김정일 독재체제 종식"이라는 표현이 삽입되었고, 2002년판에는 "김정일 암살 작전"을 한국과 상의하지 않고 진행한다는 내용도 포함된 것으로 전해졌다. 2002년은 부시 정부가 「국가안보전략보고서」에서 예방적 선제공격 전략을 공식화하던 시기였다. 작계 5027이 미국의 안보전략을 그대로 반영하여 작성된 것임을 확인할 수 있다.

작계 5027에서 작계 5015로 변환

2015년 한미 양국은 작전계획 5027의 후속개념으로 작계 5015를 작성했다. 2015년은 2000년대 중반 핵무기 개발에 성공한 조선이 핵탄두의 소형화, 경량화, 다종화를 추진하고 중장거리 미사일 개발에 박차를 가하던 시기였다. 즉 조선의 핵탄두가 주일미군 기지를 넘어 괌 하와이 그리고 미본토를 타격할 정도로 고도화되던 시기였다. 미국으로서는 예방적 선제공격이 더욱 절실하게 필요하던 시기였다고 할 수 있다.

이런 변화를 반영해 마련된 작계 5015는 선제타격 옵션이 포함되었고, 핵무기와 대량살상무기 제거 그리고 조선 수뇌부 타격 시나리오까지 포함되었다. 언론 보도에 따르면 작계 5015는 4D 작전계획이 반영되어 있는데, 탐지(Detect), 교란(Disrupt), 파괴(Destroy), 방어(Defense)가 그것이다. 선제타격 대상은 영변 핵시설, 주요 지휘부 시설, 미사일 기지, 이동식 미사일 발사대 등 700곳에 달한다고 전해진다.

그런데 한가지 의문점이 생긴다. 작계 5027도 선제공격이었다. 따라서 작계 5015와 크게 다를 바 없는데, 왜 명칭까지 변경해 가면서 작전계획의 갱신을 추진했을까.

그 이유는 두 가지로 추정해 볼 수 있다.

첫째, 2000년대 들어 조선의 핵무기 보유가 현실화되면서 '핵 시설 선제타격'을 보다 정교화, 구체화해야 할 필요성이 있었다. 특히 조선이 핵보유를 넘어 미본토를 공격할 수 있는 대륙간탄도미사일(ICBM)을 개발하는 단계로 진입했다. 미본토 방어 견지에서 보면 조선의 핵무기는 '잠재적 위협'에서 '현실적 위협'으로 바뀌었다. 조선의 핵공격으로부터 미본토를 방어하는 것은 사활적 문제가 된 것이다.

둘째, 그 연장선에서 단지 작전계획의 수정이 아니라 한미 동맹 차원의 국방안보 정책의 근본적인 전환이 필요한 시점이었다. 킬체인(Kill Chain)이 2012년에 공식화되고, 한국형 대량응징보복(KMPR, Korea Massive Punishment & Retaliation) 전략이 2016년에 마련된 것에 주목할 필요가 있다.

킬체인은 조선이 핵과 미사일 공격 징후가 보이면 이를 위성과 레이더를 통해 조기 탐지하고 조선의 미사일 발사대 등의 목표를 식별하고, 실시간으로 위치를 추적해서 전투기, 미사일 등으로 선제타격하는 일련의 체계를 의미한다.

한국형 대량응징보복 전략은 평양 등 지휘부와 전략 거점, 핵심시설을 정밀타격하는 개념으로 조선의 핵, 미사일 공격 시 즉각적이고 압도적인 보복타격을 수행하는 전략이다.

따라서 킬 체인과 한국형 대량응징보복 전략 그리고 작전계획

5015는 하나의 통합 개념으로 이해된다. 즉 킬 체인으로 조선에 대한 선제타격을 시도하고, 킬 체인이 실패하여 전쟁이 발발할 경우 한국형 대량응징보복을 통해 조선의 지휘부를 타격하고 응징하여 전쟁을 조기 종결하겠다는 것이다.

작전계획 5015는 이 과정을 한미연합사 차원에서 공동관리, 공동집행한다는 개념이다. 따라서 킬 체인과 한국형 대량응징보복이 한국군 자체의 군사정책이 아니라고 할 수 있다. '한국형'이라는 명칭이 무색하게 한미 연합 차원 더 정확하게 얘기한다면 전시작전통제권을 갖고 있는 주한미군사령관의 관할 하에 실행된다.

작계 5015에서 작계 2022로의 변환

한편 문재인 정부 말기부터 윤석열 정부 초반까지 한미 작전계획은 또 다시 변화를 모색한다. 작전계획 2022가 그것이다. 한미 양국은 2021년 12월 한미 안보연례회의에서 '작계 최신화'의 필요성에 공감하고, 이를 위한 '전략기획지침'을 마련함으로써 작계 2022 전환을 시작했다. 2024년 2월 국방부 관계자는 "한미 군은 작계 2022를 통해 부대별 임무를 분석하고 방책을 수립하는 단계까지 끝내고 (작계 2022 수립의) 마지막 단계에 와 있다"고 말했다. 사실상 작계 2022가 완성되었음을 시사하는 발언이다. 그 후 한미 군사연습은 작계 2022를 숙달하는 것을 목표로 하여 진행되고 있다. 그리고 2025년 4월 미하원 군사위원회에서 주한미군사령관은 세로은 작전계획이 2025년 승인되었다고 인정했다.

그렇다면 작계 2022는 무엇이고, 작계 5015와 어떻게 다른 걸까? 첫째, 작계 2022는 작계 5015보다 핵 사용 임박 시나리오를 세분화한 것으로 보인다. 작계 5015가 단순하게 '징후'를 감지하는 것이었다면, 작계 2022는 '핵사용 직전', '핵사용 직후' 등으로 시나리오를 세분화한 것으로 전해진다.

둘째, 다영역 작전 개념이 반영되었다. 지상, 공중, 해상, 사이버, 우주 등 다영역 작전 개념을 반영하여 지속적인 작전을 펼치는 것이 포함되어 있는 것으로 전해진다.

셋째, 작전계획이 만들어진 속도의 차이다. 작계 5015는 2010년 10월 한미안보연례회의에서 '전략기획지침'을 마련하면서 본격적인 준비 작업에 들어갔다. 그리고 그것이 완성된 것은 2015년이다. 5년의 시간이 소요되었다. 그러나 앞서 살펴보았듯이 작계 2022는 2021년 12월 '전략기획기침'을 마련하고, 2024년에 사실상 완료되었다. 3년이 채 걸리지 않은 것이다.

이를 종합하면 미국은 2021년 변화된 상황에 대처하기 위해 작계 2022를 빠른 속도로 마련한 것으로 확인된다. 2021년 12월은 조선이 8차 당대회에서 대미 강대강 정책을 천명하고, 핵전력 고도화를 결정한 해이다. 그리고 8차 당대회에서 조선은 극초음속 미사일, 초대형핵탄두, 전술핵무기, 인공위성 등 국방력 고도화를 위한 정책을 결정했다. 미국에게 있어 조선의 8차 당대회 결정은 조선의 군사력에서 또 한번 중요한 변화를 모색하는 시기였다. 미국은 작계 5015는 조선의 새로운 군사력에 대응하는 전쟁계획이 될 수 없다고 판단하고, 작계 2022에 착수한 것이다.

'20'에 주목해야 하는 이유

여기서 작계 2022가 작계 5015와 갖는 또 하나의 중요한 차이점에 주목해야 한다. 주한미군이 소속되어 있는 인도태평양사령부에서 관할하는 지역의 작전계획은 '50'으로 시작하고, 그 뒤 일련 번호를 붙인다. 즉 5027, 5026, 5030 그리고 5015 등이 그렇다. 중부사령부가 관할하는 중동 지역의 경우 '10'으로 시작한다.
다음은 미국방부의 계획식별번호(Plan Idnetification Number, PID)는 아래와 같다.

- 0001 through 0999 미 합참
- 1000 through 1999 미 중부사령부
- 2000 through 2999 미 제병합동군
- 3000 through 3399 미 북미우주방위군
- 3400 through 3999 미 항공우주군
- 4000 through 4999 미 유럽사령부
- 5000 through 5999 미 태평양사령부
- 6000 through 6999 미 남부사령부
- 7000 through 7499 미 육군사령부
- 7500 through 7999 미 특수전 사령부
- 8000 through 8999 미 전략사령부
- 9000 through 9599 미 수송사령부
- 9600 through 9699 예비작전계획
- 9700 through 9799 미 해안경비대

물론 위 식별번호는 현재의 번호 체계를 의미하는 것은 아니다. 미 태평양사령부가 인도태평양사령부로 변경되었고, 미 제병합동군(USCINCJF)은 1999~2011년까지 존재했던 미 국방부 산하 통합전투사령부 중 하나였다. 따라서 위 식별번호는 1999~2011년 사이의 것이다(2011년 이후의 식별번호는 찾지 못했다).

다만 위 식별번호에서 우리는 작계 2022의 중요한 단서를 포착할 수 있다. 계획식별번호 '20'이 붙는 사령부는 미 제병합동군사령부이다. 이 사령부는 냉전 시기 미 대서양사령부 소속이었다. 냉전 해체 후 소련 위협의 감소로 임무가 재조정되어 1999년 미군 내 합동작전 강화와 전력 통합을 위해 제병합동군사령부로 개편되었다. 이 사령부의 임무는 미 각군(육군, 해군, 공군, 해병대 등)이 함께 작전을 수행하도록 돕는 합동훈련을 주도하고(교리/훈련 개발), 미국 본토를 중심으로 하는 신속 대응 전력의 준비 및 배치(미본토방어)를 주요 임무로 한다.

그런데 2011년 이 사령부는 국방예산 감축 및 기능 중복 해소 등의 이유로 해체되고, 그 핵심 기능은 다음과 같이 이관되었다.

- 교리/훈련 개발 → 합동참모본부
- 미본토 방어 연계 역할 → 북부사령부

작계 2022의 '20'이 위 식별번호에 따라 붙여진 거라면, 작계 2022에는 합동참모본부의 '각군 통합' 기능이나 북부사령부의 '본토 방어' 기능이 포함되어 있다고 보는 것이 타당하다.

그런데 작계 2022가 작성되는 시기의 한미군사관계 변화를 추적하면 '통합'과 '미본토 방어'가 상당히 강조되고 있음을 확인할 수 있다. 비근한 예로 2017년 한반도에 배치된 사드는 미본토 방어용이다. 2019년 만들어지고, 2022년 인도태평양사령부와 주한미군사령부, 2024년 주일미군사령부에 배치된 우주군 역시 미본토 방어용이다. 혹시 기억하는가. 2023년 윤석열-바이든이 합의한 워싱턴 선언에 따라 만들어진 한미핵협의그룹에서 중요하게 논의되고 있는 것이 '미국의 핵전력과 한국의 재래식 전력의 통합'이다. 이 문제는 다음 절에서 보다 구체적으로 다뤄보기로 한다.

작계 2022가 한미연합사 차원 혹은 인도태평양사령부 차원의 것이 아님은 분명하다. 그랬다면 '20'이 아니라 '50'이 붙었을 것이다. 따라서 작계 2022는 한미간의 협의에 따라, 한미연합작전계획의 일환으로 마련되었다는 것은 거짓말이 분명하다. 미합참이 되었건, 북부사령부가 되었건 혹은 다른 어떤 미군이 되었건 작계 2022는 미국의 작전계획이다. 이것을 한미 합의인 것처럼, 한미연합작전인 것처럼 '포장'되어 있을 뿐이다.

결국 작계 2022는 미국의 작전계획에 한국이 통합된 것이다. 작계 2022는 지금까지의 '작계 50' 시리즈와는 전혀 다른 개념인 것이다.

미국의 신 전쟁개념: 다영역전(multi-domain battle)

지금까지의 논의에서 '다영역'이라는 다소 낯선 개념을 몇 차례 언급한 바 있다. 프리덤 엣지는 한미일 다영역 군사연습이다. 2024년 우리 합참은 '다영역작전부'를 신설하고 있다.

다영역에 대비되는 개념이 '공해전'이다. 공해전(Air-Sea Battle) 개념이다. 공해전 개념은 공군력과 해군력을 중심으로 하는 전투 개념이다. 중국의 군사력이 급부상하던 2010년을 전후한 시기 미국이 중국과의 전쟁을 대비하는 개념으로 창안한 것이다. 당시 미국의 국방 문서에는 아래 그림과 같이 중국의 군사전략을 분석한 그림이 흔하게 등장한다.

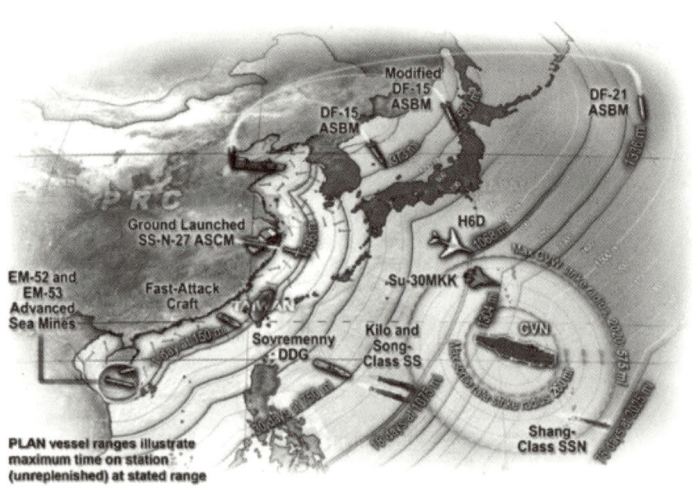

중국의 이런 군사전략을 격파하기 위해 공군력과 해군력의 합동 작전이 필요했던 것이며, 이를 위해 한미 동맹, 미일 동맹을 강화하는 것이 공해전 개념의 핵심이다. 그래서 우리는 아래와 같은 한미 군사연습 사진을 많이 봐 왔다.

▲ 미공군 B-2 폭격기와 공군, 해군, 해병대의 다른 항공기가 3기의항공모함과 함께 군사연습을 하고 있다.(사진: 미국방부 시각정보배포 서비스 DVIDS 홈페이지)

그런데 미국방부는 2015년 공해전 명칭을 폐기하고, '국제공역에서의 접근과 기동을 위한 합동개념(Joint Concept for Access and Maneuver in the Global Commons)'라는 새로운 개념을 도입했다. 그리고 2017년 미육군 훈련 및 교리 사령부(TRADOC) 사령관인 데이비드 퍼킨스가 아래와 같은 보고서를 작성하면서 미국방부는 다영역전 개념을 도입하기 시작한다.

다영역전(Multi-Domain Battle) 개념은 위 보고서의 표지에서 확인

되듯이, 육군, 해군, 공군, 우주, 사이버공간에서 수행하는 전쟁 개념이다. 즉 공해전에서 강조했던 공중과 해상만이 아니라 육지는 말할 것도 없고 사이버공간과 우주공간을 동시에 활용하는 새로운 전쟁 개념인 것이다.

관찰력이 있는 독자라면 미 제병합동군사령부가 해체되면서 '교리/훈련 개발' 기능이 미 합동참모본부로 이관되었다는 사실을 기억할 것이다. 다영역전 개념을 도입한 퍼킨스는 바로 이 기능을 담당하는 미육군 훈련 및 교리 사령관이었다. 따라서 작계 2022와 다영역전 개념은 상당한 관련성을 갖고 있음을 확인할 수 있다.

그리고 이 다영역전 개념이 한미 동맹, 미일 동맹, 한미일 동맹에 적용되기 시작한 것이다. 한미일 다영역 군사연습인 프리덤 엣지가 2024년부터 시작되었고, 한미 군사연습에서도 적용되기 시작했다. 2025년 3월 10일 시작된 한미군사연습 '2025 자유의 방패'를 보도하는 국방뉴스의 한 문장은 다음과 같다.

오는 20일까지 진행하는 FS 연습에서 한미 양국군은 작전계획에 따라 우리나라 전역에서 다양한 훈련을 한다. 연습 시나리오와 연계해 지·해·공, 사이버, 우주 등 전 영역에 걸친 연합 야외기동훈련(FTX)을 총 16건 실시할 계획이다.

여기서 언급한 "지·해·공, 사이버, 우주 등 전 영역"이 바로 다영역이다.

다영역전은 미국의 전쟁 개념이다. 따라서 한미 동맹 차원에서 다영역전 군사연습이 실시되고, 한국 합참이 '다영역작전부'를 신설하고 있다는 것은 미국의 전쟁 개념에 한국군이 완벽하게 편입되고 있음을 보여주는 명백한 사례가 된다.

'통합'이 빈번하게 등장하는 이유
:미국의 작전계획에 한국군 통합

한미 군사 관계에서 또 하나 빈번하게 등장하는 용어는 '통합'이다. 미국 합동참모본부는 2019년 합동핵작전지침(Joint Publication 3-72: Nuclear Operation)을 발간한다. 이 문서는 핵무기와 재래식 전력을 분리된 도구로 여겼던 과거의 인식에서 벗어나 현대전에서는 통합적으로 사용해야 하며, 핵무기는 전략적 억제 도구이면서도 제한적 상황에서 전술적 사용도 가능하다고 언급한다. 그러면서 강조된 것이 핵-재래식 통합(Nuclear-Conventional Integration, NCI)이다. 다양한 위기 상황에서 핵과 비핵 옵션을 조합해서 지휘관의 선택지를 확장해야 한다고 주장한다.

한편 미국은 2022년 9월 핵태세검토보고서(NPR), 10월 국방전략(NDS)를 연속 발표하면서 통합 억제(Integrated Deterrence) 개념을 핵심 전략으로 도입했다. 이 개념은 미 국방전략의 중심 요소로, 다양한 수단과 영역을 결합해 적대 세력의 공격을 억제하는 것을 목표로 한다.

2023년 4월 한미 정상회담에서 워싱턴 선언이 발표되었다. 워싱턴 선언은 핵협의그룹(Nuclear Consultatiove Group, NCG) 창설을 핵심으로 한다. 2023년 7월 서울에서 열린 1차 핵협의그룹에서 "미국 핵 작전에 대한 한국의 비핵 전력 지원을 위한 공동 기획 및 실행방안"을 강구하기로 합의했다. 2023년 12월 워싱턴에서 열린 2차 회의에서 "핵전략 기획 운용에 관한 가이드라인"을 수립하고, "미국의 핵전력과 한국의 비핵전력 간 합치 및 운용 개념"을 구체화하기로 합의했다.

당시 한국 정부는 말할 것도 없고 대다수 언론은 핵협의그룹의 합의를 '미국의 한국에 대한 핵우산 강화'로 해석했지만 이는 잘못된 해석이다. 1차 회의에서 합의한 '미국의 핵 작전에 대한 한국의 비핵 전력 지원'은 앞서 언급했던 2022년 미국의 핵태세검토보고서와 국방전략의 맥락에서 보아야 한다. 즉 '미국의 핵작전'은 미 국방전략 상의 핵작전이다. 국방전략은 미국 방어 전략이다. 따라서 '한국의 비핵 전력 지원'은 미 국방전략 상의 핵작전에 대한 한국의 지원이다. 다시 말해 핵협의그룹에서 언급하는 '미국의 핵작전과 한국의 지원'은 한반도 방어전쟁을 의미하는 것이 아니라 미국의 전쟁을 의미하는 것으로 읽어야 한다.

미국의 핵전쟁 구상에 한국의 군사력을 통합하는 것이 바로 2022년 핵태세검토보고서와 국방전략에서 핵심 개념으로 도입한 '통합 억제'이다. 미국의 전쟁과 방어 전략에 '한국의 재래식 전력'을 통합하는 것이다.

12.3 내란으로 한국의 정국이 혼란스러운 시기였던 2025년 1월 10일 열린 4차 핵협의그룹은 미국의 핵전략에 한국군의 통합하는 문제를 노골적으로 명기하고 있다. 아주 중요한 대목이라서 공동보도문의 일부를 아래 소개한다.

> 공동의장은 안보 및 정보 공유 절차, 핵 및 전략 기획, 재래식-핵 통합(CNI), 훈련 및 시뮬레이션, 위기 및 비상 시 핵 협의 및 전략적 소통체계, 안전한 통신망 구축, 전략적 메시지 전달 등 NCG 주요 과제들의 진전을 점검했다.
> <중략>
> 공동의장들은 특히 대한민국 전략사령부, 한미연합군사령부, 주한미군, 미 인도태평양사령부, 미 전략사령부 등 방위 기관들이 개발한 CNI 관련 업무의 진전을 높이 평가했으며, 신설된 한국 전략사령부의

역량과 계획 수립이 동맹의 통합 방위태세와 긴밀히 연결되도록 협력하고 있다고 밝혔다.

세 가지 대목에 집중할 필요가 있다. 첫째, 재래식-핵 통합(CNI)이 진전되고 있음을 밝혔다. 둘째, 핵무기를 다루는 미국의 전략사령부가 CNI 개발에 참여하고 있다. 셋째, 신설된 한국 전략사령부가 동맹의 통합 방위태세에 연결되고 있다.

쉽게 풀어쓴다면 재래식-핵 통합은 미국의 전략사령부가 주도하는 핵전쟁 계획의 일환이다. 한국 방어를 위한 CNI라면 미 전략사령부가 언급될 필요가 없다. 작계 5027 등 기존의 한반도 방어를 위한 핵우산 작전계획에서 미 전략사령부는 언급된 바 없기 때문이다. 그리고 지난해 10월 1일 창설된 한국의 전략사령부 역할이 정확하게 명시되어 있다. 미국 전략사령부의 한국 파트너, 보다 적나라하게 표현한다면 한국 국방부 안에서 미 전략사령부의 '지침'을 받아 한국군을 움직이는 사령부가 바로 한국 전략사령부이다.

다영역전이 중국과 조선의 군사적 부상을 염두에 둔 새로운 전쟁 개념이라면, 통합은 미국의 새로운 전쟁 개념을 군사전략으로 옮긴 개념이다. 다영역전과 통합 개념이 작전계획 2022가 마련되는 시기에 맞춰 한미 동맹에 적용되고 있었다.

이로써 한미동맹은 이제 과거와는 완전히 다른 동맹이 되었다. 그 것이 한반도가 되었건 대만이 되었건 혹은 중동이 되었건 미국의 전쟁 계획에 한국이 완벽하게 편입된 체제이다.

한미일 동맹과 아시아판 나토

사드와 우주군은 한 몸이다

사드는 박근혜 정부, 문재인 정부, 윤석열 정부의 합작품이다. 박근혜 정부는 무수히 많은 논란에도 불구하고 사드 배치를 추진했고, 박근혜 탄핵으로 정국이 혼란한 틈을 타 황교안 권한대행 체제하에서 사드 부품이 한반도로 들어왔다. 대선 후보 시절 사드 도입을 비판했던 문재인은, 그러나 대통령이 된 후 '임시 배치'라는 명목으로 사드를 배치를 허용했다. 환경영향평가 후 배치 여부를 최종 판단하겠다고 했지만, '임시 배치'는 '정식 배치'의 전 단계에 불과한 것이었다.

그리고 윤석열 정부 들어와 '정식 배치' 즉 '사드 정상화'가 본격화된다. 2023년 2월 사드 부지에 대한 환경영향평가서 초안이 나왔고, 그것을 검토하는 '형식적 절차'를 거친 후, 환경부 6월 21일 환경영향평가서를 승인했다. 이로써 사드는 '임시 배치' 딱지를 떼고 '정식 배치' 수순에 돌입한다.

환경영향평가 자체가 불법이었다. 환경영향평가에 참여한 주민 대표가 누구인지 베일에 가려져 있었다. 2022년 8월 국방부가 성주군청에 주민 대표를 추천해 달라고 했으나 성주 주민의 반대로 성주 군청은 추천인을 특정하지 못했다. 국방부는 평가에 참여한 주민 대표를 공개하지 않았다.

또한 국방부는 전자파 측정에 대한 정보를 비밀에 부쳤다. 사드 레이더에서 나오는 전자파는 인체에 치명적인 손상을 줄 수 있는 것이기에 전자파 정보는 환경영향평가의 객관성과 신뢰성에 결정적 영향을 미치며, 사드 '정식 배치'의 타당성에서 가장 중요한 판단 근거가 된다.

한편 국방부는 환경영향평가보고서가 채택되기 전부터 '사드 정상화' 조치를 취해왔다. 2022년 9월부터 성주 사드기지에 보급물자, 병력, 장비 등이 무제한으로 공급되었다. 40만㎡에 달하는 2차 부지 공여 역시 2022년 9월에 완료되었다.

한편 '사드 정상화'가 추진되던 바로 그 시점인 2023년 5월 22일 주한미군 대변인이 "한미일 삼국의 북 미사일 정보를 공유하는 데서 '한국 주둔 미 우주군'의 역할이 중요하다"고 발언했다. 난데 없이 '우주군'이라는 낯선 용어가 등장한다.

미 우주군은 군사위성을 담당하는 부대로, 2019년에 창설되었다. 육군, 해군, 공군, 해양경비대, 해병대에 이어 미국의 6번째로 만들어진 독립 군부대이다. 군사위성은 "미 본토에 대한 미사일 공격을 방지하기 위해 전 세계의 탄도 미사일 발사를 모니터링"(우주군 홈페이지)하는 미국의 자산이다. 따라서 우주군은 미 본토를 탄도미사일로부터 방어하기 위해 만들어진 군부대이다.

우주군이 처음으로 배속된 지역이 인도·태평양이었다. 인도태평양사령부는 2022년 11월 22일 우주군이 배치된 사실을 밝히면서, "인도·태평양은 국가 안보 5대 위협 중 4개(중국, 러시아, 조선, 폭력적 극단주의자들)가 있는 가장 중요한 곳"이라고 말했다. 우주군이 책임지는 영역(domain)은 '해수면에서 100km 이상의 고도'이다. 우리 언론은 '미태평양사령부 산하 우주사령부'라고 표기하지만, 정확한 명칭은 '인도태평양사령부 주둔 우주군'(Space Force Presents Forces to U.S. Indo-Pacific Command)이다. 인도태평양사령부 소속이 아닌 미 우주군 소속이다.

그 다음 우주군이 배치된 곳이 바로 주한미군사령부이다. 2022년 12월 14일 미 우주군이 한반도에 배치되었다. 이 역시 우리 언론은 '주한미군 우주군사령부'라고 소개하지만, 정확한 명칭은 '한국 주둔 미 우주군'(US Space Forces - Korea)이다. 이 명칭은 한국에 주둔하는 우주군이 주한미군 소속이 아닌 미 우주군 소속이라는 사실을 드러낸다.

'한국 주둔 미 우주군'의 역할은 '주한미군사령관에게 우주 기획 및 운용 전문성과 더불어 우주 지휘 및 통제 능력을 제공'하는 것이다. 한국 주둔 미 우주군 창설식에서 주한미군 사령관은 "우리의 방어 능력을 향상하고 한반도 및 동북아시아 평화와 안보를 보장하는 데 기여할 것"이라고 말했다. 여기서 '우리의 방어 능력'은 미 본토 방어 능력이다.

주지하다시피 사드는 고고도미사일방어체계이다. 고고도는 해발 100km 이상의 우주 공간을 의미한다. 미 본토를 향해 비행하는 대륙간탄도미사일이 움직이는 고도다. 사드 역시 주한미군 소속이 아니라 94사령부 소속이다. 94사령부의 정식 명칭은 제94육군항공미사일방어사령부(94th Army Air and Missile Defense Command, 94th AAMDC)이며, 미 육군 소속이다. '인도태평양 지역의 모든 육군, 방공 자산을 동맹국과 통합하는 것'을 임무로 한다.

다소 복잡한 내용이지만 지금까지의 논의를 정리하면, 사드가 '정식 배치'되는 시기와 맞물려 미 우주군이 주한미군에 배치되었다. 그런데 사드와 우주군의 역할은 동일하게 '미본토 방어'이다. 주한미군에 배치된 사드는 미 육군 소속이고, 주한미군에 배치된 우주군은 미 우주군 소속이다. 즉 한국에 배치된 사드와 우주군은 주한 미군 소속이 아니며, 따라서 한미연합지휘체계에 놓여 있지 않다.

이런 움직임과 연동하여 2021년 3월 12일 태평양 지역의 미군 4개 부대가 탄도미사일 합동 방어훈련을 한 사실에 주목할 필요가 있다. 합동 방어훈련에 참가한 4개 부대는 일본 주둔 제38방공포여단(38여단), 하와이 주둔 제94육군항공미사일방어사령부(94사령부), 경기 오산 주둔 제35방공포여단(35여단) 그리고 괌 주둔 E3 사드 포대이다.

훈련은 조선의 탄도 미사일이 일본 방향으로(일본을 지나 미본토 방향으로) 비행하는 상황을 가정해 주한미 35여단과 주일미 38여단이 탐지한 미사일 정보를 공유하는 한편 그것을 추적하고 요격하는 것을 목표로 했다. 미군 측의 보도자료에 의하면 패트리어트 미사일과 사드 포대 통합을 넘어 한국, 일본, 괌, 하와이의 네 지역을 미사일방어체계에 통합하는 데 성공했다고 한다. 한국-일본-괌-하와이 방어체계가 통합되는 것이다.

또한 이 시기는 작계 2022가 만들어지던 시기와도 일치한다. 작계 2022가 한미연합사 차원이 아니라 미국의 작전계획이라는 것은 앞에서 지적한 바 있다. 미국의 모든 움직임은 작계 2022에 맞춰 주한미군을 재편하고, 한국을 그 하위 체제에 편입하는 것에 맞춰져 있었다.

한미일 동맹: 한미 동맹과 미일 동맹의 통합

미국이 추진한 것은 단지 한미동맹의 재편만이 아니었다. 작계 2022에 맞춰 미국이 추진하는 통합은 한미일 통합도 해당된다. 2022년 11월 프놈펜에서 진행된 한미일 정상회담이 그 출발이었다. 이 회담에서 한미일은 프놈펜 성명을 발표하고 한미일 동맹 추진을 공식화했다. 성명의 공식 명칭은 '인도·태평양 한미일 파트너십에 대한 프놈펜 성명'이다. 그러나 한미일 동맹은 '인도·태평양' 지역을 넘는다. 성명의 첫 번째 소제목은 '인도·태평양과 그 너머'였다.

2023년 8월 미국 대통령의 별장인 캠프 데이비드에서 진행된 한미일 정상회담은 한미일 동맹을 완성하는 회담이었다. 이 회담에서 3개의 합의문이 채택되었다. '캠프 데이비드 정신'(이하 '정신'), '캠프 데이비드 원칙'(이하 '원칙'), '한미일 정상의 공약'(이하 '공약')이 그것이다. 흔히 정상회담을 하면 공동성명을 발표하는데, 여기에 해당하는 것이 '정신' 문서이다.

따라서 '정신' 문서는 캠프 데이비드 회담의 메인 합의서이다. 한미일 동맹의 내용은 바로 이 '정신' 문서에 담겨있다. '원칙' 문서와 '공약' 문서는 보조 합의서의 의미를 갖는다.

미국은 '정신' 문서에서 합의한 내용이 지속하기를 바랐다. 특히

합의문서	성격	내용(배경)
캠프 데이비드 정신	메인 합의서제	한미일 협력의 세부내용 적시
캠프 데이비드 원칙	제1 부속합의서	합의의 지속성과 연속성 강조
세 정상의 공약	제2 부속합의서	의무부과 없다는 사실 강조

한일 관계가 부침을 반복해 오면서 한미일 군사 협력이 불안정했던 과거의 상황을 반복하고 싶지 않았다. 그래서 나온 것이 '원칙' 문서이다. '원칙' 문서는 한미일의 정부가 바뀌더라도 '따라야 하는 원칙'이다.

이에 반해 '공약' 문서는 상대적으로 저평가되어 있다. '공약' 문서는 5문장으로 이뤄진 짧은 합의문이다. 그러나 캠프 데이비드 정상회담의 핵심적인 문제의식이 함축되어 있다. '공약' 문서의 앞 세 문장은 '정신' 문서의 합의 내용을 압축했다. ▶지역적 도전과 도발, 그리고 위협 발생 시 삼국의 신속한 협의(첫 문장) ▶삼국 간 정보 공유, 메시지 동조화, 대응 조치 조율(둘째 문장) ▶자국 안보 위해 적절한 조치 취할 자유(셋째 문장)가 그것이다. 그런데 네 번째와 다섯 번째 문장이 뜬금없다. 이번 합의가 한미 동맹조약과 미일동맹을 대체하거나 침해하지 않으며(넷째 문장), 국제법 또는 국내법적인 권리나 의무를 만들지 않는다는 것을(다섯째 문장) 적시했다. 다시 말해 이번 합의가 동맹조약을 변경하지도 않으며, 국제법 또는 국내법적인 의무를 부과하는 강제력이 없다는 것이다.

일반적인 정상회담이라면 '공약' 문서의 내용은 동어반복이거나 사족이다. 굳이 채택할 필요가 없는 문서이다. 따라서 '공약' 문서는 정반대로 해석해야 합당하다. 즉 동맹 조약 변경 없이 동맹을 체결했다는 증거가 바로 '공약' 문서이다. 그 '공약' 문서를 통해 한미일 삼국은 기존의 동맹 조약을 개정하면서 발생할 정치적 논란을 해소하고, 그러나 사실상 '정신' 문서와 '원칙' 문서로 동맹 조약을 대체한 것이다.

이제 한미일 동맹의 내용을 담고 있는 '정신' 문서를 구체적으로 검토할 때다. '정신' 문서가 동맹조약인가 아닌가를 판단하기 위해 한미 상호방위조약과 비교해 본다.

첫째, 위협의 실체이다. 한미조약은 "외부로부터의 무력 공격"을 위협의 실체로 명시했다. '정신' 문서는 "지정학적 경쟁, 기후위기, 러시아의 우크라이나 침략 전쟁, 그리고 핵도발", "지역적 도전, 도발 그리고 위협", "역내 평화와 번영을 약화시키는 규칙 기반 국제질서에 부합하지 않는 행동" 등을 위협의 실체로 명시했다. 결국 조선과 중국, 러시아 삼국을 위협의 실체로 명시한 것이다.

둘째, 동맹의 지리적 범위이다. 한미조약의 경우 "태평양 지역에 있어서의 무력공격"이라고 명시했다. '정신' 문서는 "인도태평양 지역과 그 너머"로 설정했다. 즉 한미일 동맹은 전 지구적 범위에서의 군사동맹이다.

셋째, 협의 규정이다. 한미조약은 "위협을 받고 있다고 어느 당사국이든지 인정할 때는 언제든지 당사국은 서로 협의한다라고 적고 있다. '정신' 문서에도 이와 유사한 대목이 나온다. "도전, 도발, 위협에 대해 삼국의 대응을 조율하기 위해 서로 신속하게 협의한다"라는 문장이 그것이다. 또한, '정신'문서는 구체적인 협의 기구도 나열하고 있다. "정기적이고 시기적절한 3국 간 소통"을 언급하며 정상회담, 외교장관, 국방장관, 국가안보보좌관 간 협의, 재무장관회의, 산업장관 협의, 3자 인도-태평양 대화, 개발정책대화 등을 출범시키고, 정기적이고 시기적절하게 소통한다고 밝혔다.

넷째, 군사 안보 협력의 내용도 적시한다. 한미동맹조약은 "무력공격을 저지하기 위한 적절한 수단을 지속하며 강화할 것이며, 본 조약을 실행하고 그 목적을 추진할 적절한 조치를 협의와 합의 하에 취할 것"을 명시했다. '정신' 문서는 "북 미사일 경보정보 실시간 공유", "탄도 미사일 방어 협력", "다영역에서 연례적으로 군사연습 실시" 등을 명시했다.

다섯째, 협정의 유효기간이다. 국제협정은 대개 5년, 10년, 15년, 20년 등의 기간이 설정되어 있다. 단 한미동맹조약만큼은 '무기한'이다. '정신' 문서에는 '다년 삼자 훈련'이라는 표현이 등장한다. 다년은 특정한 기간이 설정되지 않는 표현이다. 또한 바이든은 공동기자회견에서 "올해뿐 아니라, 내년까지만도 아니라, 지금부터 영원히"(from this point on; not just this year, not next year — forever)라고 발언했다. 즉 미국은 이번에 합의한 한미일 삼국 동맹을 영구적으로 유지하고자 하는 의사를 피력했으며, 그것이 '정신' 문서에 반영되었다.

캠프 데이비드에서 채택한 '정신' 문서는 동맹조약의 내용을 모두 담고 있다. 따라서 캠프 데이비드 회담에서 한미일의 '사실상 동맹'이 체결된 것이다.

캠프 데이비드 회담이 한미일 동맹을 합의한 것이라면, 2024년 7월 27일 "한미일 안보 협력각서"의 체결은 동맹의 출발(즉 발효)을 의미한다.

이날 도쿄에 모인 한미일 국방장관은 "미국 국방부, 일본 국방부, 대한민국 국방부 간의 3국 안보 협력 프레임워크(TSCF)에 대한 협력 각서(MOC)"에 서명하고, 서명과 즉시 발효되었다고 발표했다. '한미일 안보협력 프레임워크'는 한미일 군사동맹의 세부내용을 적시한 것이고, 협력각서(MOC: Memorandum of Collaboration)는 그 내용에 대한 삼국 국방부 장관의 협력 내용을 다루고 있다.

프레임워크와 협력각서의 구체적 내용은 공개되지 않았다. 또한

한미동맹	내용	한미일동맹
한미상호방위조약	법적 근거	세 개의 합의 문건 (캠프 데이비드 정신, 캠프 데이비드 원칙, 한미일 정상의 공약)
[군사안보 위협] 외부로부터의 무력 공격	위협 실체	[포괄위협] - 지정학적 경쟁/우크라이나침략/핵도발(북중러 삼국 구체적으로 적시) - 지역적 도전, 도발, 그리고 위협 규칙기반 국제질서 부합않는 행동 기후위기
한국	지리적 범위	인도-태평양과 그 너머
위협을 받고 있다고 인정할 때 언제든지	협의 업무	도전, 도발, 위협 발생 시 신속하게 협의
무력공격 저지 적절한 수단 강화 조약 실행 목적 조치를 협의·합의	군사 협력	- 북 미사일 경보정보 실시간 공유 - 탄도 미사일 방어 협력 - 다영역에서 연례적으로 한미일 군사훈련
무기한	동맹 기간	지금부터 영원히(바이든 발언)
비정기적 정상회담 한미한보연례협의회(SCM) 한미군사위원회(MC)	협의 기구	- 정기적이고 시기적절한 3국 소통 - 정상회담 - 외교,국방, 안보보좌관, 경제 장관 회담

미국방부 홈페이지에는 한미일 국방장관회담 '기자회견 성명'이 공개되어 있으나, 우리 국방부에는 그런 내용조차 공개되어 있지 않다. 단지 '한미일 국방장관회의 일본에서 최초 개최'라는 제목

의 보도자료만 공개되어 있을 뿐이다.

따라서 협력각서의 세부적 내용은 미 국방부 홈페이지에 게재된 '기자회견 성명'과 우리 국방부의 보도자료를 토대로 유추할 수밖에 없다.

'기자회견 성명'에서 다음의 문장이 핵심이다.

> TSCF는 고위급 정책 협의, 정보 공유, 3국 훈련, 국방 교류 협력을 포함한 국방 당국 간의 3국 안보 협력을 제도화하여 한반도, 인도-태평양 지역 및 그 너머의 평화와 안정에 기여한다.

삼국은 고위급 정책 협의, 정보 공유, 군사 훈련, 국방 교류 협력을 포함하는 국방 당국 간의 안보 협력을 제도화기로 합의한 것이다. 그 다음 문장에 명시된 안보 협력의 대상 지역은 "한반도와 인도태평양 지역 그리고 그 너머"이다. 한반도 지역은 '북한의 위협', 인도태평양 지역은 '중국의 위협', 그 너머 지역은 '러시아 및 이란의 위협'으로 해석하면 큰 무리가 없다.

이는 우리 국방부의 보도자료에서도 확인된다. 보도자료에 따르면 삼국 국방장관은 '인도-태평양 수역에서의 어떠한 일방적 현상변경 시도에도 강하게 반대한다는 점을 재확인'했다. 이는 삼국의 군사협력이 중국을 대상으로 하고 있음을 보여준다. 또한 삼국장관은 '3국간 상호운용성 증진을 목표로 하는 프리덤 엣지'를 높이 평가했다. 우리 국방부는 '상호운용성'이라고 표현했지만, 미 국방부 성명엔 '상호작전운용(interoperability)'이라고 표기된 이 용어는 동맹국 간 군사 협력을 일컫는 용어이다.

캠프 데이비드 선언이 그랬던 것처럼, 안보 위협의 구체적인 대상과 군사협력의 세부적 내용(지역 및 분야, 목표 등)이 명시되어 있으면, 그것이 바로 동맹이다. 따라서 '삼국 안보 협력 프레임워크(TSCF)'는 한미일 군사협력이 동맹임을 의미하고, 이를 위한 협력각서가 서명되고 발효되었다는 것은 그 동맹이 출범했음을 의미한다.

이 협력각서가 체결되기 한달 전 한미일 '프리덤 엣지' 군사연습이 진행되었다. 미국의 인도태평양사령부가 주도하는 다영역전 군사연습이다. 이 훈련에는 제9항모타격단이 참가했다. 항모타격단은 미 해군의 항공모함 전투단의 한 유형이다. 항공모함, 순양함, 구축함, 호위함, 전투기, 폭격기 등으로 구성된다. 우리 언론은 '항모강습단'이라고 해석하지만, '항모타격단(Carrier Strike Group)'이 정확한 명칭이다. 프리덤 엣지 군사연습은 다영역에서 진행되는 미국의 타격계획을 숙달하기 위한 군사연습이다. 즉 한미일 통합 작전지휘 체계 수립을 목적으로 한다.

새로운 전쟁계획인 2022의 효과적인 실행을 위해 한미동맹과 미일동맹을 통합하는 한미일 군사동맹이 완성되고, 그 차원에서 대규모 전쟁연습이 본격화되고 있는 것이다.

아시아판 나토 본격화

아시아판 나토 구축은 미국의 오랜 계획의 하나였다. 미국은 냉전이 해체된 직후 중국을 미국 패권을 위협할 수 있는 잠재적 도전국으로 상정하고, 아시아에서 중국을 봉쇄하기 위한 아시아판 나토를 구축하기 위한 노력을 기울여왔다.

그러나 아시아판 나토 구축은 미국의 바람처럼 쉽지 않았다. 우선, 한국과 일본 등에서 중국과의 경제 협력이 강화되면서 한국과 일본이 중국에 대한 대결 일변도 정책을 추진하는 데서 국민의 동의를 받는 데 성공하지 못했다.

또한 탈냉전기에 접어들어 한일 관계가 악화한 것도 실패의 원인이 되었다. 군사 대국화, 보수화의 길을 선택한 일본에서 쉬지 않고 터져 나오는 식민지 미화 발언, 역사 왜곡 발언, 독도 영토 발언 등으로 인해 좋아지던 한일관계가 악화하는 과정이 반복되었기 때문이다.

독자들은 '쿼드'를 들어봤을 것이다. 윤석열 정부가 인수위 시절부터 '쿼드' 가입 의사를 밝혀왔던 것도 기억할 것이다. 한미일 군사협력이 미국의 바람처럼 속도를 내지 못하고, 특히 문재인 정부 들어와 강제징용 배상 문제로 한일 관계가 극도로 악화하자 아시아판 나토를 구축하기 위해 미국이 꺼내든 카드가 바로 '쿼드'였다.

쿼드의 전신은 미국, 일본, 인도, 호주 등 네 나라로 구성된 '4자 안보대화'이다. 2007년에 시작된 '4자 안보대화'는 초기엔 지지부진했다. 그러나 2012년 시진핑 체제 출범 이후 미중 관계가 악화하고, 중국이 남중국해에서 군사기지화를 건설하는 등 적극적인 대외정책을 추진하자 '4자 안보대화'는 다시 활성화되기 시작했다. '4자 안보대화'는 2020년 쿼드(QUAD)라는 이름으로 재탄생하게 되었으며, 연합 군사훈련을 실시하는 등 군사 동맹체로서의 면모를 갖추어가기 시작했다.

당시 스티븐 비건 미 국무부 부장관은 "쿼드에 참여하는 4개국으로 먼저 출발하는 게 (아시아판 나토 설립에) 중요한 첫걸음이 될 수 있을 것"이라며 미국의 구상을 드러내기도 했다. 트럼프 정부는 쿼드에 한국, 베트남, 뉴질랜드 등 3개국을 추가하는 '쿼드 플러스' 구상을 제시하면서, 쿼드를 모태로 하여 아시아판 나토를 구축하려는 의도를 드러내기도 했다.

트럼프 정부의 구상은 바이든 정부에게로 이어졌고, 바이든 정부는 쿼드를 정상급 회담으로 격상시켰다. 2021년 3월과 2022년 5월 쿼드 정상회담이 개최되었다.

그런데 역설적으로 2022년 신냉전이 본격화되면서 쿼드는 무력해졌다. 중국의 위협에 공동대처하기 위해 쿼드에 참여했던 인도가 미국의 대러 정책에 동조하지 않았기 때문이다. 인도는 대러 제재에 동참하지 않았고 러시아와의 경제 협력을 강화하고 브릭스 국가들과의 연대를 모색했다. 그 결과 쿼드를 모태로 하여 한국 등 아시아 국가들을 결합해 아시아판 나토를 구축하려는 미국의 구상 역시 흔들릴 수밖에 없었다.

미국은 새로운 판을 구상해야 하는 상황이었다. 2022년 6월 윤석열은 미국의 '초청'으로 나토 정상회의에 참여했다. 미국이 초청한 나라는 한국, 일본, 호주, 뉴질랜드 네 나라였다. 2022년 나토 정상회의는, 엄밀히 표현하면, '나토+4 정상회의'였던 셈이다. 미국은 쿼드 대신 한국, 일본, 호주, 뉴질랜드 네 나라를 선택하는 것으로 새로운 접근을 시도한 것이다.

8월엔 낸시 펠로시 하원의장이 대만을 방문하여 대만해협에서 위기가 고조되었다. 또한 한반도에서 전략자산을 의도적으로 끌어들여 한반도 위기를 증폭시켰다. 이런 일련의 흐름은 모두 아시아판 나토의 필요성을 역설하려는 미국의 계산된 행동이었다고 할 수 있다.

신냉전 아시아판 나토를 구축하려는 미국에 있어서 가장 큰 걸림돌은 한일 관계, 특히 한국의 대일 정책이었다.

한미일 안보 협력을 강화하는 데서 미국과 일본의 의견은 오래전부터 일치되어 왔다. 문제는 한국 정부였다. 특히 김대중, 노무현 정부는 한중 관계, 남북 관계를 고려하여 한미일 안보 협력에 소극적이었다. 이명박, 박근혜 정부 시절 한미일 안보 협력이 다시 적극적으로 추진되었다. 박근혜 정부 말기 한일 지소미아 협정이 타결되는 등 상당한 '성과'를 내기도 했다.

그러나 박근혜 대통령이 탄핵당하고, 2018년 한반도 평화 프로세스가 추진되고, 2019년 일제 강점기 시절 강제징용 노동자에 대한 배상 판결로 한일 관계가 극도로 악화하면서 한미일 안보 공조는 다시 정체되는 상황이 반복되었다.

윤석열 정부가 등장하면서 그 걸림돌이 사라졌다. 미국의 신냉전 돌격대를 자처하고 나선 윤석열 정부의 출범은 아시아판 나토를 구상하는 미국에게 절호의 기회가 아닐 수 없었다.

한미일 군사동맹이 체결되었고, 한일 관계가 정상화되었다. 유엔사도 '글로벌 전투사령부'로 재활성화되고 있다. 일본은 영국(2022년), 호주(2023년), 필리핀(2024년)과 파병협정(파병원활화협정)을 체결했다. 일본은 프랑스와 파병협정 체결을 논의하고 있다.

2024년 일본은 영국, 독일 등과 군사훈련을 시작했다. 2025년에 미국, 일본, 프랑스 항모가 필리핀에서 첫 연합연습을 실시했다. 비슷한 시기 한국 역시 영국, 프랑스와 군사연습을 시작했고, 2024년 독일 군함이 한국에 처음 들어왔다.

이 모든 일련의 과정은 아시아판 나토를 구축하기 위한 빌드업이라고 할 수 있다. 이제 미국은 흩어져 있는 퍼즐을 잘 꿰기만 하면 된다.

그런 측면에서 본다면 유엔사 재활성화와 아시아판 나토는 상당한 연관성을 갖는다. 아니 아시아판 나토를 창설하는데 유엔사만큼 최적의 플랫폼은 없다. 유엔사를 아시아판 나토로 확장하려는 미국의 구상은 이미 시작되었다. 2024년 독일이 유엔사 회원국이 되었다. 한미 양국은 일본의 유엔사 회원국 참여를 준비하고 있다. 이 역시 작계 2022에 필요한 '통합'의 흐름이다. 미국은 대중국, 대조선 전쟁을 위해 모든 동맹국의 군사력을 통합하고 있는 것이다.

신냉전 핵동맹의 완성

2024년 8월 진행된 한미 '을지 자유의 방패' 군사연습은 조선의 핵공격 상황을 가상해서 열렸다. 한미군사연습에서 공식적으로 '핵공격 상황'을 가상한 최초의 군사연습입니다. 한미 동맹이 핵전쟁 동맹으로 변화하고 있음을 보여준다.

이미 여러차례 언급했듯이 최근 한미 양국은 '재래식-핵무기 통합'(CNI)을 추진하고, '핵 사용 임박 시나리오'를 '핵사용 직전', '핵사용 직후' 등으로 세분화한 작전계획 2022를 마련하고, 미국의 핵타격 수단이 한반도에 빈번하게 전개되고 있다.

또한 이런 양상은 '한미 핵작전 지침'으로 이미 제도화되었다. 2024년 6월 합의된 핵작전 지침은 '미국의 핵작전에 대한 한국의 재래식 지원'을 목적으로 한다. 그래서 핵작전 지침은 '한미 공동지침'이 아니라 '한미가 합의한 미국의 핵작전 지침'이라고 보는 것이 정확하다. 2024년 8월엔 '한미 아이언 메이스 24'라는 핵-재래식 통합(CNI) 도상연습이 실시되기도 했다.

다음은 핵작전 지침 합의를 이끌어낸 미국의 핵협의그룹(NCG) 대표인 비핀 나랑이 2024년 7월 16일 미국의소리방송(VOA)와 진행한 인터뷰이다.

기자) 미국 핵전력 사용은 전적으로 미국 대통령의 고유권한입니다. 그런데 한국도 동등한 파트너라고 말씀하셨는데요.

나랑 차관보) 아주 명확하게 말씀드리고 싶습니다. 미국 대통령만이 미국 핵무기의 사용을 승인할 수 있습니다. 그러나 확장억제 관계를 맺고 있는 우리는 동맹국들의 재래식 지원을 필요로 합니다. 우리는 그 대응이 어떤 모습일지 조율해야 합니다. 제가 동등한 파트너라고 말하는 것은 미국의 핵 작전에 대한 한국의 재래식 지원을 조율하는 능력을 높였다는 의미입니다. 한국이 미국을 지원할 수 있는 실행 가능한 개념을 결정할 때 우리는 동등한 파트너로서 접근합니다.

미국이 핵무기를 사용하는 데 한국의 재래식 지원이 필요하다는 사실을 토로하고 있다. 핵작전 지침의 본질을 드러내는 인터뷰라고 할 수 있다.

신냉전 대결 정세가 격화되고 있다. 러-우 전쟁이 장기화되고 있고, 중동, 대만, 한반도 등 세계 다양한 곳에서 전쟁이 벌어지거나 전쟁 위기가 고조되고 있다. 이에 미국은 핵무기로 대응하는 태세를 구축하고 있다. 바이든은 2024년 3월 새로운 핵운용 지침을 승인했다. 미 백악관 관리는 "이 지침은 러시아, 중국, 북한을 동시에 억제할 필요성이 강조됐다"라고 말했다. 위의 비핀 나랑 역시 "러시아, 중국, 북한 등 핵 도전국을 억제해야 하는 새로운 핵 시대를 맞았다"고 발언했다. 새로운 핵운용 지침은 조중러와의 핵전쟁을 대비한 것임을 확인할 수 있다.

한편 미국은 2024년 11월 미국의 핵운용 전략을 설명하는 '핵무기 운용 전략 보고서(Report on the Nuclear Employment Strategy of the United States, 일명 491보고서)'를 미의회에 제출했다. 미 국방부 홈페이지에 공개된 이 보고서는 '미국이 평시, 위기 상황, 그리고 전쟁 상황에서 러시아와 중국 그리고 북한을 동시에 억지할 수 있도록 할 것을 지시'하고, '제한된 전략 공격에 대응하는 미국의 계획 수립'을 강조하며, 이런 계획 추진을 위해 '나토 및 인도태평양 지역의 동맹국들과 보다 심도 있는 협의, 조율, 그리고 공동계획을 필요로 한다'고 적었다. 한편 '극단적인 상황에서 국가 목표 달성을 가능하게 하는 것'을 핵무기의 역할로 규정했다. 즉 핵무기를 사용할 수 있는 것을 명시했다. 또한 '확전 관리 전략'에서는 '제한된 핵공격 또는 대규모 비핵 공격에 대한 대응 계획으로 확전을 유리하게 관리하기 위한 개념'으로 핵무기 사용을 언급하고 있다. 즉 확전을 방지하기 위한 핵무기 사용이 아니라 '미국에 유리한' 확전을 위해 핵무기 사용을 언급하고 있다.

따라서 2024년 7월 한미가 합의한 '핵작전 지침'은 미국의 새로운 핵운용 지침을 반영한 것으로 보는 것이 타당할 것이다. 또한 2025년 1월 10일 열린 4차 핵협의그룹에서 미국의 전략사령부와 한국의 전략사령부 사이의 '통합 방위태세'를 합의한 것 역시 이런 흐름을 반영한 것이라 할 수 있다. 이로써 한국은 미국의 핵전쟁계획에 완벽하게 편입된 것이다. 한미핵동맹이 완성된 것이다.

2023년 11월 제55차 한미연례안보회의에서 한미 국방부장관은 '동맹 100주년을 준비하는 미래 청사진'이라는 국방 비전을 합의했다. 앞으로도 30년 동안 한미동맹을 더욱 강화하겠다는 것이다. 그리고 여기서 앞으로 30년 동안의 동맹 협력의 3가지 핵심축을 제시했는데, '▶북한에 대응한 확장억제 노력의 향상 ▶동맹 능력의 현대화 ▶유사 입장국과의 연대 및 지역 안보협력 강화'가 그것이다. '북한'이라고 표현되어 있지만, 국방비전은 조중러에 대한 대응이다. 동맹 능력의 현대화는 한미 핵동맹의 현대화라고 읽어야 타당하다. '유사 입장국과의 연대 및 지역 안보협력 강화'는 유사 입장국과의 통합을 의미한다. 여기서 유사 입장국은 '일본 등'을 일컫는다. 한미(한미일) 핵전쟁 동맹을 30년 동안 그리고 그 이후까지 지속하겠다는 속셈이다.

[보론]
160년 미일 결탁의 역사와 한미 동맹

조선과 미국의 첫 만남은 1866년 제너럴셔먼호 사건이었다. 160년이 넘는 질긴 인연이 지속하고 있다. 미국과의 첫 만남 자체가 침략과 침략 저지의 치열한 대결이었고, 이 대결은 지금까지 계속된다.

한편 160년은 미일 결탁의 시간이기도 했다. 미국과 일본은 160년 동안 결탁을 유지하면서 한반도에 검은 마수를 뻗쳐 왔다. 일본과 미국은, 태평양전쟁(1941~1945) 시기를 제외하고, 160년 동안 한 몸으로 움직였다. 일본의 아시아 강점을 미국이 지원하고, 미국의 아시아 패권 정책을 일본이 지원하고, 이젠 미일 동맹 체제 하에 한국을 편입시키는 한미일 동맹을 완성하고 있다.

조미수호통상조약과 가쓰라-태프트 밀약
: 미일 결탁의 시작과 일제 강점

제너럴셔먼호라는 이름은 미국 남북 전쟁 시기 화려한 전공을 자랑했던 미 육군 대장 윌리엄 셔먼(William T. Sherman)에 기원을 둔다. 윌리엄 셔먼은 대표적인 인종주의자, 폭력주의자였다.

셔먼은 미국 대통령에게 "우리는 수족(the Sioux, 인디언의 한 종족)

의 남자, 여자, 어린이를 가리지 말고 완전히 몰살(extermination) 시켜야 합니다"라고 조언했다. 또한 남북 전쟁 당시 미 육군 총사령관에게 "우리는 군대와 싸우는 것이 아니라 적대적인 국민과 싸우고 있으며, 늙건 젊건, 부자건 가난하건 전쟁의 고통스러운 손길을 느끼게 해 주어야만 한다"고 조언하는 편지를 보내기도 했다.

셔먼의 인종주의적이며 폭력적인 성향이 제너럴셔먼호에 전수된 것일까. 제너럴셔먼호 승무원들은 평양을 침략하여 대포 사격과 약탈, 납치를 감행했다. 평양 인민들의 투쟁으로 제너럴셔먼호는 물러갔으나 미제 침략 세력은 조선을 포기하지 않았다.

▲조선 대동강에 제너럴셔먼호 격침 기념비가 세워져 있다.

결국 미국은 청나라의 중재 아래 조선의 문호를 여는 데 성공한다. 1882년 조미통상수호조약 체결이 그것이다. 조미수호통상조약은 '굴욕 외교'의 끝판왕이라고 할 수 있다. 조미수호통상조약의 모든 문구는 청나라 관리 이홍장과 미국 관리 슈펠트가 작성했다. 조선 관리 김홍집과 슈펠트 사이의 조인식은 형식 절차에 불과했다.

조미수호통상조약은 조선이 미국에 '치외법권과 최혜국대우'를 제공하는 대신, 미국은 조선에 '거중조정'을 제공하는 것을 골자로 한다. '치외법권'은 미국인의 범죄에 대한 조선의 재판권이 박탈당하는 독소조항이며, 무역을 하는 두 나라가 특혜를 주고받는 경우에 제3국에 대해서도 그 특혜가 자동적으로 적용되는 것을 의미하는 '최혜국대우'는 미국에 특혜를 제공하는 독소조항이었다.

미국은 조약 체결 후 '치외법권'과 '최혜국대우' 조항의 권리를 마음껏 행사하며 조선에 대한 약탈을 본격화했다. 미국은 1884년 인천에 <타운센드 상회>를 비롯한 회사들을 세우고 막대한 이윤을 남겼으며 조선 정부의 물자거래 창구를 독점하였다. 1892년 이후에는 자금을 선대하는 방식으로 농민들로부터 헐값으로 약탈하여 인천항으로 실어나르는 약탈무역을 진행하였다. 그 외에도 미국은 운산금광 채굴권, 경인철도 부설권, 전기 가설권 등 주요 이권을 차지했다.

이 시기 조선에 눈독을 들이고 있었던 또 하나의 침략 세력은 일본이었다. 일본의 조선 침략은 더욱 적극적이었다. 조선의 종주국을 자처하는 청나라를 조선에서 배제하고(1894년 청일전쟁), 영국과 더불어 세계 2대 군사 강국의 지위를 갖고 있던 러시아와 일전을 벌여(1904년 러일전쟁) 조선을 독차지한다(1905년 을사늑약과 1910년 조선 병탄).

그런데 일본의 조선 독식에는 미국의 지원이 있었다. 일본이 러일전쟁을 준비하기 위해 채권을 발행하자 그 채권을 매입한 나라가 바로 미국과 영국이었다. 일본이 투입한 러일 전쟁 비용의 83%가 국채 발행으로 충당한 것이었고, 그 국채의 대부분을 미국과 영국이 매입했다.

미국의 지원은 경제적 측면에서 끝나지 않았다. 러일전쟁에서 일본이 승기를 잡자 미국은 두 나라 사이를 중재하여 종전 협상을 주도했다. 미국의 항구도시 포츠머스에서 체결된 러-일 강화조약 1조는 "러시아 제국은 일본 제국이 조선에서 정치·군사·경제적인 우월권이 있음을 승인하고 또 조선에 대해 지도·보호·감독에 필요한 조치를 취할 수 있음을 승인한다"라고 하여 일본의 조선에 대한 '지도, 보호, 감독 권한'을 명시하고 있다.

미국이 필리핀을 지배하고, 일본이 조선을 지배하는 것을 골자로 하는 태프트-가쓰라 밀약에도 비슷한 내용이 담겨져 있다. 미 육군장관 태프트와 일본 총리 가쓰라의 대화를 정리한 형식을 갖고 있는 이 밀약은 조선이 러-일 전쟁의 직접적인 원인을 제공했기 때문에 유사한 전쟁이 재발하지 않도록 '어떤 확실한 조치(some definite step)'를 취해 '일본군이 한국에 대한 종주권(suzerainty over Korea)을 수립하여 일본의 동의 없이는 한국이 어떠한 외국 조약도 맺지 못하도록 하는 것(that Korea enter into no foreign treaties without the consent of Japan)'이 필요하다는 내용을 골자로 한다.

'일본이 한국의 외교권을 박탈하는 것에 미국이 동의한' 이 밀약은 미국이 일본의 조선 식민지화에 결탁한 사실을 보여준다. 을사늑약은 1905년 11월 17일 강제되었다. '을사조약'이 강제로 체결된 후 조선에서 가장 먼저 공사관을 철수한 나라가 바로 미국이었다.

조미수호통상조약 상에 '거중조정' 약속은 거짓에 불과했다. 조선이 위태한 지경에 이르면 미국이 돕는다는 뜻을 가진 거중조정(Good office)은 '안보지원'과 비슷한 단어이다. 고종은 조미수호통상조약 1조에 박힌 이 단어를 철썩같이 믿고 있었다.

"조선의 주권이 일본에 의해 침해되지 않도록 도와달라"는 1905년 7월 6일 고종이 루즈벨트에 밀서를 보낸 것도 '거중조정' 조항에 실낱같은 희망을 가졌기 때문이다.

미국 부통령의 자리에 있던 1900년, 루즈벨트는 "나는 일본이 대한제국을 차지하기를 바란다. 그러면 일본은 러시아를 저지하게 될 것이고, 이제까지 해온 것으로 보아 일본은 충분히 그럴 만한 능력이 있다"라고 발언했다. 또한 루즈벨트는 러일 전쟁 직전에 이미 "조선은 아주 미약한 나라이기 때문에 미국이 함부로 간여하다가는 모든 책임을 질 수 있으니, 냉정한 태도를 가지고 절대 중립을 엄수해야 한다"는 외교지침을 하달했다.

우리 역사는 이 시기를 일본의 식민 지배로만 기록한다. 그러나 이 시기는 미일의 조선 침략사로 기록되어야 한다. 미국과 일본의 조선 공동 침략의 역사는 미국과의 관계가 유지되는 160년 동안 지속하였다.

샌프란시스코 강화 조약과 한일기본조약
: 냉전 시대의 미일 결탁

1945년 일본의 패전과 함께 시작한 일본에 대한 미국의 군정은 1951년 샌프란시스코강화 조약으로 종료된다. 미군정 초기의 정책은 일본이 다시는 전쟁을 일으키지 못하는 약소국으로 만드는 것이었다. 군사력을 지탱하는 공업 및 경제적 기초를 파괴하고,

일본의 동아시아에 대한 정치 경제적 우위를 허용하지 않았다. 또한 군대 보유를 금지하는 등 전쟁 능력을 박탈했다.

1946년 11월 3일 일본 평화헌법이 만들어지고, 총선거가 실시되었다. 이로써 미군정의 역할이 종료되는 시점에 이르렀다. 실제 맥아더 역시 군정의 종료를 구상하고 있기도 했다.

그런데 1947년 냉전이 시작된다. 미국은 소련과 협력이 불가능하다는 결론을 내리고, 사회주의 소련의 영향력을 차단하기 위해 소련 봉쇄정책을 시작했다. 아시아에서의 냉전은 더욱 극적이었다. 국공내전에서 미국의 바람과는 반대로 모택동 공산당 세력이 승기를 잡기 시작한 것이다. 이제 미국에 있어 가장 중요한 국가는 장개석 중국이 아니라 일본으로 설정되었다. 일본마저 공산화되면 미국은 아시아의 가장 중요한 발판을 잃게 된다.

미국은 일본을 '패전국'에서 '미국의 협력국'으로 만들어야 할 필요성을 느꼈다. 장개석 중국을 대신해 미국의 정책을 뒷받침해 줄 '힘 있는 아시아 국가 일본'이 필요했다.

미국은 일본을 재건할 '유능한 정치인'들에 주목했다. 도쿄 전범재판에 기소된 군국주의자들은 미국에 맞춤형 일본 정치인들이었다. 도쿄재판을 좌지우지하고 있었던 미국은 7명의 대표적인 전범(도조 히데키 등)을 사형시키고 나머지는 솜방망이 처벌을 하고, 정계에 복귀시킨다.

냉전이 시작되면서 일본 군국주의는 부활했다. 미국 냉전 정책의 결과 전쟁 범죄자인 일본 군국주의 세력은 권력을 회복하고, 전쟁 피해자인 조선 민중은 해방 후에도 자주권과 생존권이 무참히 짓밟혔다. 일본 군국주의 세력에게 냉전은 생명수였고, 한반도 분단과 전쟁은 그들에게 영양소를 공급하는 자양분이었다.

한국 전쟁이 발발하면서 파산에 직면했던 일본 경제도 살아났다. 일본은 미국의 병참기지가 되어 전쟁물자를 공급했다. 막대한 이익이 창출되었다. 1950년부터 1952년까지 미국이 일본에서 구매한 군수물자 총액은 10억 달러에 달했다. 1950년부터 1955년까지 일본은, 한 해 국내총생산의 5분의 1에 해당하는 40만 달러를 한국 전쟁 특수로 벌어들였다. 즉 한국 전쟁은 일본 GDP를 20% 성장시켰다.

일본은 미군의 거점 역할까지 담당했다. 한국 전쟁 막바지인 1953년 일본 내 미군 기지는 733개로 확대되었다. 이들 주일 미군은 미국의 전쟁 수행을 위한 전진기지, 병사 및 물자의 중계기지, 병사들의 훈련 및 휴양을 위한 후방 기지 역할을 담당했다.

미국은 원산 상륙을 위한 기뢰 제거 및 미군 수송을 위해 8,000여 명의 일본인을 동원했다. 이는 유엔군에 군대를 파견한 16개국 중 6위에 해당하는 규모였다. 초대 주일 미 대사 로버트 머피가 "일본이 없었다면 미국은 한국에서 전쟁을 수행할 수 없었을 것"

이라고 발언한 것처럼 일본의 역할은 막대한 것이었다.

자위대 역시 한국 전쟁 시기 창설되었다. 1950년 8월 경찰예비대가 탄생했고, 1952년 해상 경비대가 탄생했다. 이들은 1954년 7월 자위대법에 따라 자위대로 통합, 개칭되어 오늘에 이른다.

그러나 미국은 해결해야 할 숙제가 더 있었다. 일본을 패전국의 굴레에서 벗어나게 하는 것 즉 일본 정치를 정상화하는 과정이 필요했다. 일본의 사죄라는 '번거로운 절차'를 밟고 싶지 않았던 미국은 한국 전쟁 상황을 이용해 일본 정치 정상화를 꾀했다. 중국(모택동의 중국)과 소련 등 일본의 사죄를 요구하는 나라들은 이미 전쟁의 반대편에 서 있었다.

한국 전쟁이 한창이던 1951년 9월 8일, 2개의 조약이 샌프란시스코에서 체결되었다. 샌프란시스코 강화조약과 미일 동맹 조약(구 조약)이 그것이다.

7장, 27조로 구성된 샌프란시스코 조약은 1장 1조에서 "일본과 연합국의 전쟁 상태 종료", "일본 국민과 일본 및 영해의 주권 회복"을 담고 있다. 이로써 태평양 전쟁은 공식적으로 종결되었고, 일본은 연합군 최고사령부의 군정에서 벗어나 정치적 독립을 확보하게 되었다.

샌프란시스코 조약을 통해 일본은 태평양 전쟁에 대한 사죄나 배상 없이 전범국의 굴레에서 벗어났다. 미국이 일본에 면죄부를 준 것이다. 일본의 침략을 받았던 많은 나라들이 불참한 이유다.

같은 날 체결된 미일 동맹 조약은 미국과 일본의 아시아 분업 체제의 출발을 알리는 것이었다. 미국은 일본을 포함한 아시아 국가에 안보를 제공하며, 일본은 그 기지를 제공하는 분업 체제를 형성했다. 또한 미국이 아시아 안보를 담당하고, 일본이 아시아 경제발전에서 중심적 역할을 하는 분업 체제가 형성되었다. 미일 동맹조약은 아시아 냉전을 강화하려는 미국과 전범국·패전국의 멍에에서 벗어나려는 일본 모두에게 이익이 되는 최적의 선택이었다.

한국전쟁과 샌프란시스코 조약으로 아시아 냉전은 완전히 고착되었다. 미국은 미일 동맹과 한미 동맹을 축으로 하여 소련 봉쇄, 반공 전초기지를 확보함으로써 냉전 정책을 추진할 수 있는 발판을 마련했다.

미국은 그 다음으로 한일 관계 정상화를 추진했다. 한일 관계가 정상화되고 한일 두 나라의 협력 관계가 구축되어야 미일 동맹과 한미 동맹이 원활하게 작동할 수 있기 때문이다. 미국이 이승만 정부 시기부터 한일 기본조약 체결을 종용해왔던 이유다. 그런 점에서 한일 기본조약은 미국의 냉전 정책의 산물이며, 한반도 문제에 대한 미일 결탁의 결과였다. 한일 기본조약은 미국의 이해관계, 일본의 이해관계를 대변했다.

한일기본조약 2조는 다음과 같이 적고 있다.

> 1910년 8월 22일 및 그 이전에 대한민국과 대일본제국 간에 체결된 모든 조약 및 협정이 이미 무효임을 확인한다.

일본의 전쟁 범죄와 식민 지배에 면죄부를 주는 굴욕 조항이다. 을사늑약, 한일병탄 등 일본이 조선에서 범한 범죄를 '없던 일'로 처리한 것이다. 미국이 일본의 전쟁범죄에 면죄부를 부여한 것이 샌프란시스코 강화조약이라면, 한일기본조약은 박정희 정부가 일본의 전쟁 범죄에 면죄부를 준 것이다. 연출자는 미국이었다. 한일기본조약의 3조는 다음과 같이 적고 있다.

> 대한민국 정부가, 국제연합 총회의 제195(III)호에 명시된 바와 같이, 한반도에서 유일한 합법 정부임을 확인한다.

이는 두 가지 측면에서 심각한 문제를 안고 있다.
첫째, 국제연합 총회 결의 제195호는 "대한민국이 유엔 임시위원단의 감시 하에 탄생한 한반도 내의 합법 정부"임을 선언했다. 대한민국이 한반도 전체를 대표하는 '유일한 합법 정부'라고 규정한 것이 아니다.

따라서 한일기본조약에서 "대한민국 정부가 한반도의 유일한 합법 정부임을 확인한다"는 표현은 유엔 결의의 취지를 왜곡한 것이며, 이는 국제법적 해석에 있어서도 중대한 문제를 야기한다.

둘째, 이와 같은 해석은 조선민주주의인민공화국을 국제적으로 '한반도를 무단 점령한 불법 단체'로 간주하는 결과를 초래한다. 한일기본조약은 분단 현실과 남북 대결 구도를 전제로 체결된 것이며, 이러한 구조 속에서 일본은 미국과 함께 대북 적대정책을 정당화할 수 있는 외교적 명분을 확보하게 되었다.

동시에 이 조약은 한국 정부의 평화적 접근 정책에 반대할 수 있는 근거로도 작용해 왔다. 일제 강점기로 가는 과정이 1차 미일 결탁이었다면, 냉전은 2차 미일 결탁의 산물이다.

탈냉전 시기와 신냉전 시기의 미일 결탁
:한미일 동맹의 완성

탈냉전기와 신냉전기를 거치면서 한미일 동맹이 완성되었다. 이 과정에서도 미일 결탁의 흔적이 엿보인다. 미일이 먼저 판을 깔고 한국이 여기에 편승하는 패턴이 반복되었다. 미일이 글로벌 동맹을 합의하면 한국이 여기에 따라가는 양상이다. 미일이 먼저 군사 협력의 틀을 잡으면 한국이 여기에 올라탔다.

미일의 결탁은 '북핵 위협론', '한미일 공조'를 내세워 남북 대화에 찬물을 끼얹는 과정에서도 확인되었고, 역사문제 등 한국과 일본 사이에 민감한 문제가 발생해 갈등이 표면화되었을 때, 미국이 일본의 입장을 반영하여 중재에 나서는 과정에서도 확인된다.

한미일 동맹의 구축은 냉전 시대부터 미국이 구상해오던 것이었다. 그러나 평화 헌법 체제 하에서의 일본의 제약, 한일 관계의 악화 등이 변수가 되어 한미일 동맹을 구축하려는 미국의 바람은 실현되지 못했다.

미국이 바람은, 역설적이게도, 탈냉전기를 거치면서 현실화되기 시작한다.

첫 출발은 일본의 군사 활동을 확대하는 것이다. 일본은 1996년 미국과 신 안보 공동선언을 채택하고 미일 동맹을 확대, 강화했다. 1997년엔 '미일 안보협력 지침(미일 가이드라인)'을 개정하여 한반도와 대만 등 주변 지역에서 긴급사태가 발생할 경우 미군에 제공하는 일본의 군사협력을 구체적으로 적시했다.

그 명분은 '북한 위협론'이었다. 특히 조선이 1993년 3월 중거리 노동미사일을 발사하고, 1998년 8월 인공위성을 발사하자, 조선의 미사일 위협을 제기하며 자신의 군사 활동 확대를 정당화했다.

다음으로 취한 조치는 미일 미사일 방어체제 구축이다. 1999년 8월 MD 체제 개발을 위한 미일 공동기술연구를 개시했다. 일본과의 안보협력을 필수로 여기고 있었던 미국은 일본에 헌법 9조 집단적 자위권 해석을 변경해서라도 MD 계획에 적극 동참할 것을 요구했다.

미중 전략경쟁이 본격화되던 2010년대로 접어들면서 일본의 무장화 정책은 본격화된다. 2014년 일본 아베 총리는 집단적 자위권 행사를 공식화했다. 집단적 자위권은 소위 미국의 전쟁에 일본이 참여할 수 있으며, 경우에 따라서는 선제공격도 할 수 있는 권리를 말한다. 일본은 평화헌법에 의해 집단적 자위권이 금지되어 있었다.

아베는 헌법 개정이 아닌, 헌법의 해석을 변경하여 일본이 집단적 자위권을 행사할 수 있다고 선포했다. 아시아에서 미국과 전쟁을 벌일 수 있는 나라는 중국과 조선이다. 즉 일본의 집단적 자위권 행사 선포는 중국, 조선을 상대로 전쟁을 할 수 있는 길을 연 것이다.

2015년 미일 양국은 가이드라인을 다시 개정하여 '중요 영향 사태'에서 지역적 제한을 없앴다. 즉 주변 지역을 넘어 전 지구적 범위에서 미국의 군사작전에 일본이 동참할 수 있는 길을 연 것이다. 미국과 일본은 글로벌 동맹으로 재탄생하게 된다. 이 시기는 한미 동맹이 작전계획 5015를 만들던 시기와 일치한다.

이로써 미국과 일본이 공동 군사행동을 할 수 있는 준비가 일단락되었다. 이제 필요한 것은 미일 동맹에 한국을 연결시키는 것이다. 2015년 12월 한일 위안부 합의가 체결되고, 2016년 11월 한일 지소미아가 체결된다. 전자가 한일 관계를 개선하는 외교적 조치라면, 후자는 한일 군사정보 협력을 강화해 한미일 동맹의 초석을 다지는 군사적 조치였다.

그런데 문재인 정부 들어와 한일 관계는 다시 악화되었다. 한국의 법원이 일제 강점기 강제 징용노동자들에게 일본 기업이 배상하라는 판결을 내리고, 일본이 우리에 대한 경제 보복과 무역 제재를 가한 후 한일 관계가 극도로 악화된 것이다.

윤석열 정부 출범과 함께 신냉전이 본격화되었다. 신냉전은 21세기 전쟁의 시기를 의미한다. 한미일 삼국 정부는 한일 관계를 재구축하고, 한미일 동맹에 박차를 가한다.

첫째, 2022년 11월 캄보디아 프놈펜에서 한미일 정상회담을 열고 한미일 군사동맹을 구축하기로 합의했다. 한미일 군사동맹 구축 협의가 시작된 것이다. 그해 12월 일본은 안보 관련 3대 문건을 개정하면서 "공격 능력 강화, 방위력 강화"를 천명하고 국방비 증액을 공식화했다.

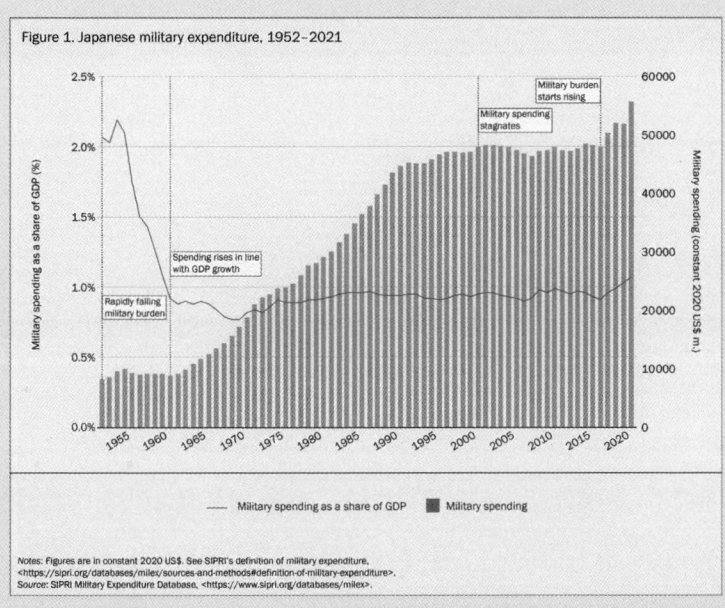

▲일본의 국방비는 1965년 후 급격히 오르기 시작했고, 2022년부터 두 번째 급증 패턴을 보인다.

둘째, 2023년 3월 윤석열 정부는 국내 기업으로부터 기부금을 받아 강제징용 피해자들에게 배상하는 이른바 '제3자 변제안'을 발표하고, 한일 정상회담을 개최했다. 강제징용 노동자 문제에서 일본의 요구를 전폭적으로 수용하고 한일 관계 정상화에 착수한 것이다. 3월 16일, 17일 양일 간 진행된 한일 정상회담에서 윤석열은 "한일 관계의 새로운 출발"을, 기시다는 "미래를 위한 일한 관계"를 강조했다. 윤석열과 기시다는 한일 셔틀 외교를 복원하기로 하고, 한일 지소미아 완전 정상화, 경제안보 협의체 출범도 공식화했다.

셋째, 2023년 8월 캠프 데이비드에서 열린 한미일 정상회담에서 한미일 동맹을 공식화했다. 동맹 구축 협의를 합의하고 9개월 만에 공식화한 것이다.

넷째, 2024년 6월 프리덤 엣지 한미일 군사연습이 시작되었고, 그해 7월 한미일 안보협력 각서가 체결되었다. 이로써 한미일 군사동맹을 공식 출범하게 되었다.

이제 남은 것은 한일 군사협력의 공식화였다. 한국과 일본 양 정부에서 공히 한일 군사지원협정(ACSA)을 공론화하기 시작한 것은 그 이유다. 2024년 5월 우리나라로 치면 해병대에 해당하는, 일본 자위대 수륙기동단 사령관이 처음으로 한국을 방문한 것도 같은 맥락이다.

그러나 지난해 12월 3일 윤석열이 내란을 일으키고, 12월 14일 탄핵되면서 한일 군사협력 공식화는 '잠시 멈춤' 상태에 있다. 2025년 한국 사회는 윤석열 내란 세력 척결과 함께 미일 결탁에 의한 한미일 동맹을 저지해야 하는 중대한 기로에 서 있다.

6

트럼프 제국주의와 자주화 전략

트럼프 제국주의의 침략성과 약탈성

도널드 트럼프는 미국 역사상 가장 예외적인 대통령 중 한 명으로 기록될 것이다. 하지만 그 '예외성'이 점차 미국 정치의 새로운 기준이 되어가고 있다는 사실은 더 충격적이다.

미국은 본래부터 국제규범을 자국의 이해관계에 따라 해석하고 위반해온 제국주의 국가였다. 하지만 트럼프는 그것을 더 노골적이고, 더 파괴적인 방식으로 추진했다. 그의 정책은 단지 그의 성격적 특이성이나 정치적 실험이 아니라, 미국의 본질을 적나라하게 드러낸 표출이었다. 그리고 그 흐름은 이제 되돌릴 수 없을 만큼 제도화되고 있다.

국제질서 파괴와 일방주의

역대 미국 정부 중 국제규약을 철저히 지킨 정부는 없었다. 그러나 트럼프처럼 그것을 공공연히 무시하고 일방적으로 탈퇴한 대통령도 드물다. 파리기후협정, 이란 핵합의(JCPOA), 세계보건기구(WHO) 탈퇴 등 트럼프는 미국이 참가한 여러 국제협약과 기구에서 일방적인 철수를 감행했다. 아들 부시가 군사적으로 일방주의를 추구했다면, 트럼프는 경제, 외교, 환경 등 모든 분야에 걸쳐 전방위적인 탈규범적 행보를 보였다.

트럼프는 동맹에 대한 가치마저 경제적 부담으로 환산하며, 북대서양조약기구(NATO) 방위비 분담을 문제 삼고, 이를 증액하지 않으면 탈퇴하겠다는 협박성 발언을 쏟아냈다. 동맹국들에게 공공연한 무시와 압박을 가하며, 세계 경찰국가로서의 미국의 전통적인 정당성마저 부정했다.

그의 이런 태도는 단지 국내 보수층의 열광을 위한 쇼가 아니라, 실제 정책의 방향성이었다. 2017년 그의 당선은 일회성으로 치부되었지만, 2024년 그가 다시 미국 정치의 전면에 복귀하자, 세계는 더 이상 그를 예외로 간주하지 않았다. 그 결과, 전 세계 주요 언론들은 '충격과 공포'라는 헤드라인으로 그 귀환을 다루며 그가 만들어낼 세계의 미래를 경고했다.

하지만 여기서 간과하면 안 되는 사실이 있다. '충격과 공포'는 단지 트럼프에게 적용될 수 없다는 것이다. 바이든 역시 그 기조를 정제된 언어와 외교적 포장으로 계승했을 뿐, 본질은 다르지 않았다.

바이든의 위선과 '연성 트럼프주의'

바이든은 국제 규범의 수호자처럼 보였지만, 실제로는 트럼프의 핵심 기조인 '미국 우선주의'를 더 정교하게, 더 효율적으로 집행한 인물이었다. 그는 민주주의 정상회의를 열고 '규칙 기반 국제질서'를 강조했지만, 현실에서는 그 규칙을 자기편에게만 적용했다.
가장 뚜렷한 예는 우크라이나 전쟁이다. 바이든은 젤렌스키의 대통령 임기가 2024년 5월로 종료되었음에도 불구하고, 여전히 그를 합법적 대통령으로 인정했다. 젤렌스키가 전시라는 이유로 계엄령을 연장하며 선거를 무기한 연기한 것을 눈감아준 것이다. 이는 명백한 민주주의 훼손임에도 바이든은 이를 묵인했다.
또 다른 사례는 이스라엘-가자지구 사태다. 2023년 10월 시작된 전쟁에서 이스라엘은 가자지구에 대해 인종 청소에 가까운 폭격을 자행했다. 유엔 보고서에 따르면 2024년 11월 기준으로 5만 명 이상의 팔레스타인인이 사망했고, 이 중 70%가 여성과 아동이었다. 병원과 민간 거주지를 공격하는 행위는 국제인도법을 명백히 위반하는 것이었지만, 미국은 179억 달러의 군사지원을 지속했다.

이런 바이든의 정책은 결코 트럼프와 다르지 않았다. 오히려 트럼프보다 더 치밀하고 실용적으로 제국주의를 추진했다. 외교에서는 '세일즈 외교'라는 이름으로 리쇼어링(Reshoring)을 추진하며 외국 자본을 대대적으로 끌어들였다. 2022년 기준 세계 외국인 직접투자(FDI) 중 약 25%가 미국에 유입되었고, 한국은 215억 달러로 최대 투자국이 되었다. 이는 단순한 경제 협력이 아니라, 자본 수탈 구조의 연장선이었다.

바이든의 보호무역주의는 인플레이션감축법(IRA)과 반도체과학법을 통해 더욱 공고해졌다. 전기차 보조금 지급에서 유럽, 한국, 일본 등의 우방국들을 차별했고, 삼성전자는 텍사스 반도체 공장에 250조원을 투자하고도 처음엔 보조금을 받지 못하는 수모를 겪었다. 결국 36.5조원을 더 투자한 후에야 겨우 일부 지원을 받게 되었다. 이것이야말로 정제된 약탈의 구조였다.

트럼프의 이름으로 고착된 미 제국주의

2024년 11월 대선을 앞두고 미국의 대표 언론인 뉴욕타임스에는 흥미로운 독자 에세이가 실렸다. 제목은 "트럼프는 이미 이겼다"였다. 이 글은 바이든 행정부가 무역과 이민 정책에서 트럼프의 노선을 사실상 그대로 답습하거나 오히려 강화했다는 점을 지적했다. 바이든은 180억 달러 규모의 중국 수입품에 대해 관세를 인상했고, 국경 장벽 확장과 불법 이민자에 대한 처벌 강화 등 트럼프 1기의 주요 정책을 그대로 계승했다.

설령 2024년 대선에서 트럼프가 패배하더라도, 그의 정책은 미국 정치의 중심에 자리잡았다는 것이다. 해리스가 당선되더라도, 트럼프가 만든 미국 우선주의와 보호무역주의의 틀에서 벗어날 수 없다는 결론이었다. 실제로 민주당조차 트럼프의 유산을 지우려 하지 않고, 오히려 효율적으로 계승하고 있다.

이제 중요한 것은 정책의 연속성이다. 바이든은 신사적이고 트럼프는 비신사적이라는 이분법은 허상이다. 바이든 역시 신사적이지 않았고, 국제 규범을 무시했다. 트럼프는 그 노골성을 숨기지 않았을 뿐이다.

트럼프가 국제질서를 무너뜨렸다면, 바이든은 그것을 더 교묘하게 해체했다. 두 인물의 차이는 표현 방식의 차이일 뿐, 미국 제국주의의 본질에 있어서는 전혀 다르지 않았다. 충격과 공포는 이미지일 뿐, 실제 내용은 미국 제국주의의 일관된 전략이었다.

트럼프의 귀환은 단지 한 정치인의 재등장이 아니다. 그것은 미국 제국주의가 더 노골적이고 더 약탈적으로 변해가는 현실의 표현이다. 보호무역주의와 미국우선주의는 트럼프의 독창적 발명이 아니다. 그것은 이미 미국의 전략이고, 구조이며, 미래다. 설령 트럼프가 물러난다 해도, 미국은 더 침략적인 제국으로 변신해갈 것이다.

트럼프의 시대는 끝난 것이 아니라, 시작된 것이다. 그의 정책은 이제 미국의 새로운 '정상'이 되었고, 그 누구도 그 경로에서 벗어나지 못하고 있다. 미국이라는 제국의 본질이 다시 한번 '충격과 공포'라는 이름 아래 전 세계를 향해 던져지고 있다.

트럼프 제국주의의 취약성과 위험성

현대 제국주의의 흥망성쇠

제국주의의 시대는 제2차 세계대전과 함께 종말을 고했다는 것이 일반적인 평가다. 그러나 제국주의는 사라지지 않았다. 제국주의의 형태가 바뀌어 제국주의가 사라진 것처럼 보일 뿐이다.

전통적 제국주의는 식민지를 거느리는, 직접 지배 형태를 띤다. 그러나 제2차 세계대전으로 그런 제국주의는 더 이상 존재할 힘과 명분을 상실했다.

2차 세계대전 후 공산주의권과 자본주의권으로 양분된 세상에서 자본주의권의 맹주가 된 미국은 새로운 제국주의적 질서를 창조했다. 자신이 우두머리가 되고, 과거의 제국주의 국가들을 수하로 거느리는 위계적 질서를 만들어냈다. 전쟁으로 폐허가 된 영국, 프랑스, 독일, 이탈리아 등 과거의 제국주의 국가들은 미국 중심의 위계적 질서에 편입하여 자신의 제국주의적 이익을 지키려했다. 미국 중심의 질서 하에서 프랑스는 베트남을 차지하고, 영국은 중동 지역에서 영향력을 확보하고, 일본은 군국주의 권력을 유지했다.

제3세계에 대한 제국주의 국가들의 지배형태는 직접 지배 형태에서 간접 지배 형태로 바뀌었다. 형식적이나마 제3세계 국가들의 주권을 인정하지 않을 수 없었던 것이다. 한국에서 이승만 친미 예속 정권이 등장했고, 베트남에서 고딘디엠(응오딘디엠) 친미 예속 정권이 등장했다.

이런 제국주의 질서는 과거의 전통적 제국주의 질서와 다른 형태를 보이기 때문에 현대제국주의로 볼 수 있다. 즉 현대 제국주의는 곧 미국 제국주의이다.

현대제국주의는 정치·경제·군사적 패권을 통해 형성되었고, 강화되었다. 정치적으로 미국은 유엔과 국제기구를 완전히 장악했다. 경제적으로 미국은 브레튼우즈 체제를 만들어 금-달러 본위제 즉 금과 연동된 달러를 기축통화로 만들었다. 군사적으로 미국은 핵무기를 독점했다.

그러나 현대제국주의는 시간이 갈수록 그 견고함을 상실해갔다.

제3세계 국가들이 자주독립국이 되면서 1960년대 유엔의 다수국이 되었다. 유엔은 이제 미국의 소유물이 될 수 없었다. 한국전쟁과 베트남전쟁을 거치면서 미국의 재정은 어려워졌고, 달러와 바꿀 수 있는 금 보유량이 줄어들었다. 소련, 영국, 프랑스, 중국 등이 핵무기를 개발하면서 핵무기의 독점적 지위도 상실했다.

결국 미국은 1970년대 패권 정책의 변화를 추진할 수밖에 없다. 우선 닉슨독트린을 통해 '아시아문제의 아시아화'를 선언했다. 아시아 국가들의 안보를 지켜줄 여력이 없음을 토로한 것이다. 금-달러 본위제를 폐기함으로써 브레튼우즈 체제를 해체했다.

그러나 미국의 패권적 질서가 붕괴된 것은 아니었다. '소련 위협론'에 포로가 되어 있는 자본주의 국가들은 미국에 의존할 수밖에 없었다. 모든 석유 거래를 달러로 한다는 '미국-사우디아라비아' 협정에 기초해 페트로 달러 체제를 만들어 달러 기축통화 체제를 지속했다. 5대 핵보유국은 핵확산금지조약(NPT)이라는 핵독점체제를 형성해 핵무기 확산 방지에 주력했다.

그럼에도 미국의 패권은 계속해서 흔들렸다. 1980년대 서독과 일본의 경제가 급부상하여 미국의 지위를 위협하는 지경에 이르게 되었다. 미국은 자신의 패권력을 가동하여 서독과 일본의 경제 성장을 억제했다. 1985년 '플라자 합의'가 그것이다. 이 합의는 미국이 인위적으로 달러의 가치를 하락시켜 다른 나라 화폐들 특히 일본의 엔화와 독일의 마르크화의 가치를 올리도록 했다. 그 결과 독일과 일본의 성장세는 주춤했고, 특히 일본은 장기침체 국면으로 들어갔다.

독일과 일본은 불만이었으나 미국의 요구를 수용할 수밖에 없었다. '동생 제국주의'의 운명이었다. 일본과 독일은 경제적으로는 급부상했으나 정치, 군사적 측면에서 현대제국주의의 우두머리인 미국에 저항한다는 것은 상상할 수 없는 일이었다.

힘겹게 패권 질서를 유지하고 있던 미국에게 있어서 소련의 붕괴는 신의 축복이었다. 소련의 붕괴로 미국은 절대 강자, 유일 패권국의 자리를 차지했다. 소련의 국제적 지위를 러시아가 계승했으나 심각한 경제난과 정치적 혼란을 겪고 있던 러시아는 더 이상 미국의 패권을 위협할 만한 강자가 아니었다.

중국 역시 1980년대부터 경제성장 정책을 추진하며 미국과 긴밀한 경제 협력 관계를 형성해 나갔다.

미국은 G7에 러시아를 편입시켜 G8 체제를 만들어 러시아를 미 패권 체제에 끌어들였다. 미국은 중국을 WTO(세계무역기구) 체제에 끌어들였다. '미국의 세기'가 영원할 것처럼 보였다.

최후의 제국주의

현대제국주의 체제는 외형적으로는 확장하고 견고한 것처럼 보였지만 내부적으로 모순이 심화되어 왔다. 미국의 경제는 활황과 불황을 주기적으로 반복하며 거품 경제를 양산하고 있었다. 미 제국주의자들은 유일 패권에 심취하여 제국의 확장을 추진하고 있었다. 나토의 동진이 그것이다.

2008년과 2009년 미국은 지금까지 있어본 적이 없던 두 가지 충격적인 현실에 직면하게 된다. 첫째, 2008년 미국발 금융위기다. 미국에서 발생한 부동산 위기가 금융 위기로 확산되고, 전 세계 경제를 강타했다. 경제 위기를 극복하기 위한 미국의 조치는 금융 위기를 다른 나라에 이전시키는 결과를 초래했다. 미국 경제의 나약함이 전 세계에 타전되었고, 세계 경제는 대혼란에 빠졌다.

둘째, 중국 경제의 부상이었다. 미국 질서 체제에 편입한 중국은 경제 성장을 지속하여 2009년, 일본을 제치고 미국 다음 가는 세계 2대 경제 대국으로 부상했다. 경제전문가들은 중국 경제가 미국을 따라잡을 날이 멀지 않았다는 연구 보고서를 경쟁적으로 발표하기 시작했다.

미국은 무언가 손을 쓰지 않으면 안되는 상황에 직면했다. 1985년 플라자 합의를 통해 서독과 일본의 경제 부상을 막았던 것처럼, 중국의 경제 부상을 저지해야 하는 상황에 처하게 된 것이다. 2010년부터 미국은 '중국 위협론'을 펼치며 대중국 포위망, 봉쇄망을 치기 시작했다. 유럽에 집중되어 있던 군사력을 아시아로 집중하고(Pivot to Asia, 아시아 회귀정책), 한미일 군사 협력, 경제 협력을 강화하기 시작했다. 일본 아베 총리가 '집단적 자위권'을 공식화한 것도 이 무렵이고, 한국군에 대한 전시작전통제권 환수를 연기하여 한국군에 대한 통제를 지속할 의사를 피력한 것도 이 무렵이다.

그러나 중국은 서독과 일본이 아니었다. 비록 WTO에 가입함으로써 미국 중심의 경제 체제에 들어갔지만, 미국의 '동생 제국주의'가 되고 싶지는 않았다. 미국의 압박과 봉쇄는 통하지 않았다. 중국은 미국과 맞서기 시작했다. 소위 미중 전략 경쟁이 시작된 것이다.

엎친 데 덮친 격이라고 해야 할까. 2014년에 우크라이나에서 '돈바스 내전'이 발생하고, 크림반도 주민들은 투표를 통해 러시아로의 편입을 결정했다. 러시아 군대는 크림반도를 장악하고 크림반도를 자국의 영토로 편입했다. 미국이 러시아에 제재를 가했지만 러시아 역시 '동생 제국주의'로 남고 싶지 않았다. 오히려 러시아는 나토의 동진을 멈추라고 요구했다. 미러 사이에서도 묘한 긴장감이 형성되기 시작했다.

지금까지 미국 중심의 제국주의 질서인 현대 제국주의의 탄생과 그 경과를 간략히 정리해봤다. 요약하자면 2차 대전 후 미국은 자국 중심의 제국주의 질서(현대제국주의)를 만들었고, 자신의 패권력으로 그 지위를 유지해왔다. 그러나 2010년대 미국은 큰 장벽에 부딪치게 된다. 지금까지 상대하지 않았던 패권 위협국을 만나게 된 것이다.

영국과 프랑스가 핵무기를 갖고 있었으나 생산 규모 면에서 두 나라는 미국이 패권에 도전할 위치가 되지 못했다. 일본과 독일은 경제적으로 급부상했으나 미국의 압력에 도전할 정치군사적 힘을 갖지 못했다. 결국 미국 제국주의 질서는 계속 유지되었고 강화되었다.

그러나 중국과 러시아는 달랐다. 러시아는 미국이 무시할 수 없는 강력한 군사력을 갖고 있는 나라였다. 미국의 제재에도 동요하지 않을 푸틴 중심의 정치 체제가 구축되어 있기도 했다. 미국의 압력은 러시아에 통하지 않았다.

중국은 미국, 러시아만큼은 강한 군사력은 아니지만 지속적으로 군사력을 강화하고 있었으며, 총생산에서 미국을 위협할 만큼 강력한 경제적 영향력을 갖게 되었으며, 시진핑 체제 아래 정치적, 경제적 안정성을 공고화하고 있었다.

중국과 러시아가 부상하는 동안 미국의 정치경제적 상황은 악화

일로를 걷고 있었다. 미국의 무역 적자는 갈수록 악화되었다. 미국의 재정 적자는 심화되었고, 국가 채무 역시 기하급수적으로 증가하였다.

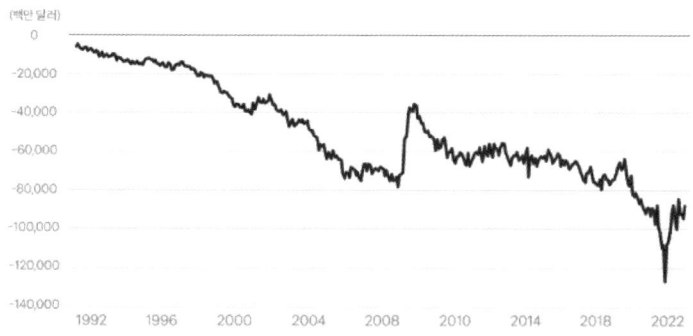

▲ 미국의 무역 적자 추이

미국의 불평등 역시 심화되어 갔다. 2010년대에 이르면 상위 1%가 총수입의 20%를 차지하고 하위 50%가 총수입의 13%를 차지할 정도로 불평등 정도가 심화되었다. 이는 중산층의 몰락을 의미한다. 특히 러스트 벨트(Rust Belt)의 중하위층 백인 남성 노동자들의 분노와 불만은 건드리면 터질 정도로 팽배해져 갔다. 러스트 벨트는 중공업과 제조업이 집중되어 있는 지역이다. 경제 호황기에 미국 경제를 이끌었던 이 곳 산업노동자들은 시간이 경과하면서 소득 하위층으로 전락하게 된 것이다.

▲ 미국의 불평등 추이

2010년대는 국내, 국제 차원에서 미국의 패권이 위협받는 상황이었다.

이 시기에 미국 패권이 마주한 중국과 러시아는 과거 '동생 제국주의'와 다른 양태를 보였다. 2012년 국가주석에 오른 중국 시진핑은 미국 대통령 오바마를 만나 "태평양은 넓다"며 '신형대국관계'를 주문했다. 중국의 세력권을 인정하라는 것이다.

러시아 대통령 푸틴은 2007년 뮌헨 안보회의에서 나토의 동진을 강하게 비판하며 "하나의 권력 중심, 하나의 무력 중심, 하나의 의사 결정 중심, 이제 세계의 주인이자 군주가 됐다"며 미 일극 체제를 성토했다. 푸틴의 이런 입장은 2010년대 들어와 더욱 강화되었다.

중국도, 러시아도 미국의 패권을 인정하지 않는 '도전적 자세'를 취한 것이다.

패권의 버팀목이었던 미국 경제 상황은 더욱 악화되었고, 그 여파로 불평등이 심화되어 미국 사회는 기성 정치권에 대한 분노가 형성되고 있었다.

바로 이 시점에 '듣보잡' 트럼프가 등장하여 2016년 대선에서 미국 정치의 최고 엘리트(남편이 미국 대통령 클린턴이었다)라 할 수 있는 힐러리 민주당 후보를 이기고 대선에서 승리했다. 트럼프의 당선을 결정한 것은 바로 백인 남성 노동자들의 표심이었다. 따라서 트럼프의 당선은 트럼프의 승리보다 미국 기성 정치 세력의 패배라고 보는 것이 더 정확할 것이다. 트럼프는 미국 기성 정치권에 대한 백인 남성 노동자들의 분노를 정확하게 포착하고 거기에 집중하는 선거 전술을 구사해 성공한 것이다.

미국의 백인 노동자들은 트럼프의 반이민 정책, 보호무역 정책 등 미국 우선주의 정책에 환호했다. 트럼프 집권기에도 미국 경제는 더욱 악화되었다. 그럼에도 트럼프의 슬로건이었던 미국 우선주의는 백인 남성 노동자들 뿐 아니라 미국 대다수 유권자들의 지지를 받았다. 패권이 위협받는 미국의 상황이 트럼프를 당선시켰고, 트럼프 정책을 강화시켰다.

트럼프 제국주의의 탄생과 그 본질

트럼프의 정책은 트럼프 정부의 정책으로 그치지 않았다. 앞서 지적했듯이 트럼프의 미국 우선주의는 바이든으로 계승되었고, 2025년 2기 트럼프가 출범하면서 더 강력해지고 있다.

2024년 트럼프의 당선은 2016년과는 또 다른 특징을 보인다.

첫째, 선거인단 득표는 말할 것도 없고 일반 득표에서도 트럼프가 승리했다. 일반 득표에서 힐러리에게 졌지만 선거인단 득표에서 이겨 당선된 2016년에 비해 압도적이고, 완벽한 승리라고 할 수 있다.

둘째, 7개의 경합주에서 모두 트럼프가 이겼다. 과거 경합주였던 플로리다와 오하이오는 레드 스테이트(공화당 지지 지역)으로 굳어졌다. 더 이상 경합주라고 부르기 어려운 상황이 되었다. 항상 민주당이 우세를 보였던 뉴잉글랜드주, 일리노이주, 뉴욕주, 캘리포니아주 등에서의 이탈 현상도 발견된다. 메인주와 뉴저지에서는 두 후보의 득표율 차가 한자리에 불과했다.

트럼프의 주장이 미국 사회 전반에서 보편적으로 수용되고 있다는 점은, 그의 정치적 기조가 단순한 개인의 의견을 넘어 미국의 국가 정책으로 고착화되고 있음을 시사한다.

그가 내세운 '미국 우선주의'는 미국 패권이 형성되고 강화되던 시기에 주도했던 자유주의 국제질서와 정면으로 충돌한다는 점에서, 현재 미국이 처한 정치·경제·군사적 위기 상황을 단적으로 드러낸다. 따라서 트럼프의 등장은 현대 제국주의의 중대한 분기점이라 할 수 있으며, 이는 미국의 패권이 쇠퇴기로 접어들고 있음을 보여주는 상징적 사건이라고 할 수 있다.

'트럼프-바이든-트럼프'로 이어지는 과정에서 형성되고 강화되는 현대 제국주의의 새로운 국면은 트럼프가 주도하고 있다는 점에서 '트럼프 제국주의'로 명명할 수 있을 것이다. 2017년 트럼프 제국주의가 탄생했고, 2021년 취임한 바이든은 트럼프 제국주의를 계승했고, 2025년 출범한 2기 트럼프는 '트럼프 제국주의'를 더욱 강화할 것이다.

우리는 이미 더욱 강화된 '트럼프 제국주의'를 눈으로 확인하고 있다. 우크라이나 젤렌스키를 패싱하고 러시아 푸틴과 '러-우 정전협상'을 진행하고 있다. 광물 협상에서 확인되듯이 트럼프는 우크라이나 광물에 눈독을 들이고 있다. 캐나다와 그린란드를 집어 삼키려 하고, 가자지구 접수를 공식화했다. 동맹국을 포함한 모든 나라를 관세 전쟁의 대상으로 선포했다. 한미일 동맹은 더욱 강화될 것이며, 아시아판 나토 구축은 더욱 속도를 낼 것이다.

앞서 트럼프 제국주의의 본질은 '충격과 공포'가 아니라고 한 바 있다. '충격과 공포'는 트럼프 현상에 대한 주관적 반응일 뿐이다.

'충격과 공포'는 트럼프 제국주의의 전략일 수도 있다. 충격과 공포에 사로잡히게 하여 트럼프 제국주의에 대한 공포감을 갖게 하고, 트럼프 제국주의에 순응하게 하려는 전략이다. 많은 언론이나 전문가들이 '미치광이 전략'이라고 하는, 바로 그것이다.

그렇다면 트럼프 제국주의의 본질은 무엇일까. 본질은 두 가지로 요약할 수 있다.

첫째, 탐욕과 약탈이다. 트럼프 제국주의는 전방위적인 탐욕과 약탈 정책을 추진한다. 바이든처럼 '은근하게' 할수도 있고, 트럼프처럼 '노골적으로' 할 수 있다. 그러나 '은근하건', '노골적이건' 트럼프 제국주의는 '탐욕과 약탈'을 추진한다. 탐욕과 약탈은 국가를 가리지 않는다. 미국에 순응하는 국가도, 미국에 불응하는 국가도 탐욕과 약탈의 대상이 된다.

둘째, 미제국주의, 현대제국주의 패권 위기의 산물이며, 패권 몰락 최후의 국면이다. 미 패권이 유지되는 상황이었다면, 트럼프 제국주의는 등장하지 않았다. 기존의 자유주의 국제질서를 안정적으로 관리하면 된다. 자유주의 국제질서로는 더 이상 미 패권을 유지할 수 없기 때문에 트럼프 제국주의가 등장했다.

또한 트럼프 제국주의는 미 제국주의의 마지막 단계이다. 트럼프 제국주의의 선택은 둘 중 하나이다. 현재와 같은 정치경제군사적 대결 정책을 지속하거나 패권 몰락을 인정하고 강대국 중 하나의 지위를 유지하는 것이다. 전자는 미 패권의 파국적 몰락 경로이며, 후자는 다극체제를 인정하고 다극질서에 합류함으로써 미 패권의 단계적이며 점진적 몰락 경로이다. 어느 경우가 되었건 트럼프 제국주의는 미 패권의 몰락으로 이어진다.

따라서 트럼프 제국주의는 미 패권의 취약성을 상징한다. 그는 '미국 우선주의'라는 구호 아래, 기존의 자유주의 국제질서를 부정하고 동맹국조차 경쟁 대상으로 간주하며, 자국 이익을 최우선하는 노골적인 이기주의를 표출했다. 이는 과거처럼 여유 있게 질서를 설계하고 유지하던 패권국의 모습이 아니라, 자신의 지위를 방어하기 위해 공격적으로 반응하는 불안정한 제국의 단면을 보여준다.

트럼프의 등장은 미국 패권이 이미 구조적 위기에 진입했다는 사실을 드러내며, 현대제국주의의 방향이 '지속과 확장'이 아닌 '방어와 수축'으로 전환되고 있음을 상징한다.

한편 트럼프 제국주의는 대단히 위험하다. 국제질서를 지탱해온 기본적인 규범과 동맹 구조를 무너뜨리고, 자국 중심의 일방주의를 정당화함으로써 국제적 갈등과 충돌을 심화시킬 가능성을 내포하고 있기 때문이다.

동맹국에 대한 공공연한 압박, 국제기구에 대한 불신, 보호무역과 고립주의적 정책은 세계 질서의 예측 가능성을 해체하고, 불안정성과 무력 충돌의 위험성을 증대시킨다. 특히 패권의 퇴조 국면에서 나타나는 이런 제국주의적 과잉은, 기존 질서의 연착륙이 아닌 격렬한 충돌과 재편으로 이어질 위험이 크다.

트럼프 제국주의는 단지 미국만의 문제가 아니라, 전쟁을 포함해 전 세계적 위기의 트리거가 될 수 있는 요소이기도 하다.

다극화 시대의 탈동맹 자주화 전략

저물어가는 '미국의 세기'

미국의 저명한 외교학자 조지프 나이는 2015년 "미국의 세기는 끝났는가?"(Is the American Century Over?)라는 책을 집필했다. 나이는 당시 유행처럼 번지고 있던 미국 패권 몰락설을 반박하며, 미국은 앞으로도 경제력, 군사력, 소프트파워 등 모든 면에서 유일초강대국의 지위를 유지할 것이라고 주장했다. 미국의 압도적 파워는 줄어들겠지만 미국의 패권을 무너뜨릴 국가는 출현하지 않을 것이라고 전망한다. 물론 저자는 미국 패권이라는 용어의 사용은 주저한다. 그 대신 사용된 용어가 '미국의 세기'였다.
'미국의 세기'라는 단어가 처음 사용된 시기는 1941년 2월로 거슬러 올라간다. 한 언론인이 유럽에서 발생한 2차 세계대전에 미국이 참전할 것을 주장하며 처음 이 단어를 사용한 것으로 전해진다. 이에 반했던 것이 '미국우선주의 위원회'(America First Committee)였다. 1940년 9월에 창설된 이 단체는 고립주의를 지지하며 미국의 참전에 반대하는 여론을 주도했다.

◀1941년 4월 초 미주리주 세인트루이스에서 열린 America First Committee 집회를 위한 전단지

당시 논쟁은 '미국의 세기론'의 승리였다. 중립을 유지하고 있던 미국은 1941년 8월 영국과 대서양헌장을 발표하고, 그해 10월 무기대여법을 제정하면서 연합국을 결성했다. 그리고 '때맞춰' 일본이 진주만을 공습했고, 미국의 참전은 공식화된다. 미국 우선주의 위원회는 진주만 공격 후 4일 뒤인 1941년 12월 11일 해체된다.

2차 세계대전은 연합국의 승리로 끝났고, 미국은 세계의 절반인 자본주의권의 맹주가 되었다. 참전의 논리가 되었던 '미국의 세기'가 현실화된 것이다. 미국의 세기 이전이 '고립주의 시대'였다면, 미국의 세기는 '자유주의 시대'였다.

최근 고립주의가 미국 정치를 지배하고, 트럼프가 미국 우선주의를 표방한 것은 이런 역사적 배경을 갖는다. 트럼프의 미국 우선주의는 결국 '미국의 세기'에 대한 반박인 셈이다.

그렇다고 하여 트럼프의 미국 우선주의가 미국 패권의 포기를 의미하는 것은 아니다. 트럼프는 미 패권을 반박한 것이 아니라 '자유주의'를 반박한 것이다. 고립주의로의 회귀를 주장하며 미국 패권의 연장을 꾀한다. 그런 점에서 1940년대의 미국 우선주의와 트럼프의 미국 우선주의는 성격이 다르다고 할 수 있다.

조지프 나이의 2015년 바람과는 다르게 '미국의 세기'가 저물어가는 징표는 곳곳에서 포착된다. 미국 패권의 정치적 기초였던 유엔 안보리는 더 이상 작동하지 않는다. 미국 패권의 군사적 기초인 핵독점 카르텔은 붕괴되었다. 미국 패권의 경제적 기초인 달러 기축통화는 브릭스+의 도전에 직면해 있다.

트럼프 제국주의가 이런 흐름에 대한 반작용으로 등장했다는 사실은 이미 지적한 바 있다.

미국 패권 질서, 즉 현대 제국주의 질서가 붕괴하고 다극체제가 형성되는 국제적 현상을 자세하게 다루는 것은 이 책의 범위를 넘는다. 다만 몇 가지 징표만 간단하게 언급하고 넘어간다.

첫째, 미국의 동맹 체제가 흔들리고 있다. '러-우 전쟁'에 대한 미-나토 동맹은 굳건하지만, 중국에 대한 미-나토 동맹은 사실상 효력을 상실했다. 중국과의 경제 협력을 외면하고서 경제를 회생할 수 없다는 것을 서유럽 국가들은 인지하고 있다. 미국의 '디커플링(중국과의 교류 단절)'을 거부하고, '디리스킹(중국의 위험 요소 대응)'을 주장한 이유다. 트럼프 2기 들어온 후 '러-우 전쟁'에 대해서도 미국과 나토의 균열은 심화될 조짐을 보이고 있다.

둘째, 중국과 미국, 브릭스와 G7 사이의 경제력 격차가 커지고 있다. 구매력지수(PPP)를 활용한 실질 GDP에서 중국과 브릭스가 미국과 G7을 초월한 것은 이미 수 년 전의 일이다. 명목 GDP에서도 2030년 내에 역전될 것이라는 전망이 강하다. 게다가 G7 국가의 경제력은 약화되어 가고 있고(최근 독일의 마이너스 성장과 일본의 장기 경제 침체를 보라!) 브릭스에 가입하려는 국가들의 행렬이 늘고 있다.

2025년 현재 '브릭스 플러스'의 정회원국은 10개국이며, 10여개의 준회원국(파트너국)이 정회원이 되기 위해 대기하고 있고, 20여개의 나라가 파트너국이 되겠다고 신청한 상태다. 전세계 총 제조업 생산에서 중국의 비중은 35%이며, 미국은 12%에 불과하다. 브릭스 10개국이 차지하는 세계 GDP 비중은 40%가 넘는다. 놀랍게도 이런 통계의 출처는 지금까지 미국 패권을 경제적으로 뒷받침해왔던 IMF와 OECD이다.

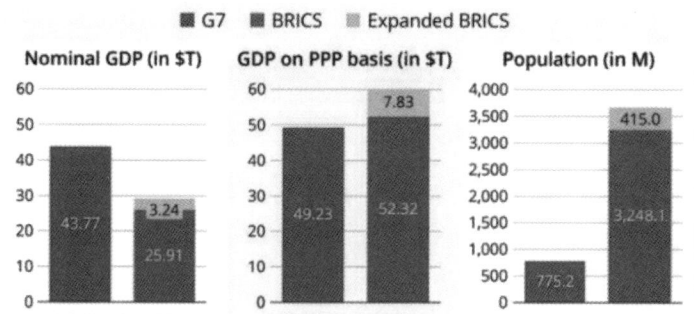

▲ G7과 브릭스의 명목 GDP와 구매력지수 GDP, 인구 비교 (이미지: Forbes)

셋째, 달러 기축 통화 체제가 심하게 흔들리고 있다. 브레튼우즈 체제 붕괴 후 달러 기축 통화 체제를 지탱해왔던 페트로 달러 체제는 사실상 해체되었다. 사우디아라비아가 2024년 페트로 협정의 연장을 거부했다. 가장 큰 경제 블록인 브릭스+ 국가들은 무역 대금 결제에서 자국 통화의 비중을 높이고 있다.

넷째, 미국의 국가채무가 37조 달러를 넘고 있다. 한해 지불하는 이자가 미국 국방예산을 초월했다. 대다수 전문가들은 채무 50조 달러를 미국 경제 붕괴선으로 보고 있다. 달러 신뢰도의 마지노선이 무너진다는 것이다.

미국의 패권은 붕괴를 향해 나아가고 있고, '미국의 세기'는 저물어가고 있다.

다극화: 우리가 마주 할 새로운 세계 질서

미국 패권의 붕괴 이후 어떤 세계 질서가 형성될 것인가를 두고 다양한 논란이 제기되고 있다.

어떤 이들은 중국 중심의 새로운 패권 질서를 예측하고, 또 다른 이들은 중국과 러시아의 연합을 통한 이중 패권 체제를 전망하기도 한다. 일부는 미국, 중국, 러시아가 세계를 삼분하여 지배하는 다극적 패권 질서 형성에 대한 우려를 표하기도 한다.

우선, 중국과 러시아를 미국과 동일한 제국주의 국가로 간주하는 인식에 대해 재검토할 필요가 있다.

제국주의란 자국 자본의 이익을 위해 타국을 침략하고 지배하려는 국가의 특성과 행태를 말한다. 그런 의미에서 중국과 러시아가 지금까지 미국과 유사한 형태의 제국주의적 침략을 자행한 뚜렷한 사례는 발견되지 않는다.

예를 들어, 중국의 홍콩 '민주화 시위'에 대한 무력 진압은 서구적 민주주의 관점에서 보면 억압으로 보일 수 있으나, 이는 중국의 '인민민주주의' 체제 특성에서 비롯된 내부 통치 방식의 연장선으로 해석할 수 있다. 러시아의 체첸 역시 마찬가지다. 체첸 문제는 러시아의 국내 문제이다. 러시아의 대응이 자유민주주의 체제에 부합하느냐 하는 논쟁은 제기될 수 있으나, 체첸에 대한 러시아의 정책을 제국주의 정책으로 규정할 수 없다.

또한, 중국이 남중국해 일대에서 영토 분쟁을 벌이고 군사력을 강화하고 있는 것도, 타국을 침략해 지배하려는 제국주의적 야망보다는 자국의 영토 보전과 해양안보 전략의 일환으로 보는 것이 타당하다.

중국과 러시아의 국제정치적 행위는 미국식 제국주의와는 질적으로 구별되는 측면이 있다. 따라서 동일 선상에서 단순 비교하거나 동일한 패권주의로 간주하는 접근은 현실을 왜곡할 수 있다.

조지아 그리고 우크라이나에서 보이는 군사적 움직임 역시 러시아의 영토보전, 자국 안정화 정책의 일환일지언정 그 나라를 침략하고 지배하여 그들의 경제를 약탈하려는 것은 아니다.

중국과 러시아의 그런 행태가 정당하다는 것인가? 항의하는 독자들이 있을지도 모르겠다. 중국과 러시아의 그런 정책의 정당성을 논하는 것은 아니니 오해는 마시라. 그들의 행태가 미 제국주의와 유사한 침략과 약탈의 형태를 띠지 않는다는 사실을 말하는 것

뿐이다.

브릭스 국가들 사이에서 보이는 중국과 러시아의 행태 역시 G7 국가들 사이에서 보이는 미국의 행태와 차이를 보인다. 미국과 그 외의 자본주의 국가들 사이의 관계는, 현대 제국주의의 특징인, 위계성을 갖는다. 그러나 중국과 러시아는 인도, 브라질 등과의 관계에서 위계성을 보이지 않는다. 브릭스 국가들 중 '러-우 전쟁'에서 러시아 편에 서 있는 나라는 거의 없다. 자신을 지지하라고 러시아가 다른 브릭스 국가들에게 압력을 가하지도 않는다. 국경선 분쟁 등으로 오랫동안 중국과 불편한 관계를 유지하고 있는 인도는 미국의 군사협력체인 '쿼드' 멤버이기도 하다. 브릭스 국가들은 힘의 격차는 있지만 수평적이다.

이상의 논의에 기초하면 미국 일극 체제가 무너지고 어떤 세계 질서가 형성될 것인가 하는 문제는 의외로 단순해진다. 만약 일극 체제가 형성된다면 중국이나 러시아의 일극이 새롭게 형성되는 경우이다. 그러나 중국과 러시아의 국가 총력은 상대방을 제압하고 일극을 형성할 만큼 압도적이지 않다. 2차 대전 후 자본주의권, 사회주의권 두 개의 세계에서 미국과 소련이 절대적 위상을 확보한 것은 미국과 소련이 그 세계에서 압도적인 국가 총력을 가졌기 때문이다. 그렇다면 신냉전 대결을 거치면서 중국이나 러시아는 다른 나라를 압도할만한 국가 총력을 가질 수 있는가. 그럴 가능성은 거의 희박하다. 미 제국주의와의 대결 과정에서 그들은 협력해야 한다. 그 협력은 브릭스 국가들과의 협력으로 이어진다. 협력 과정에서 발생하는 파이를 중국이나 러시아가 독식할 수 없다. 그럴 경우 협력 자체가 붕괴하기 때문이다. 중국과 러시아가 브릭스라는 수평적 국가 블록을 형성하는 이유이다.

또한 인도와 브라질 등 브릭스 국가들 내에서 부상하는 국가들이 있다. 중국이나 러시아가 일극 위계 체제를 형성하려한다면 이들 나라들과도 치열한 경쟁을 해야 한다. 2차 세계대전 후 미국 중심의 현대 제국주의 질서가 구축된 것은 구 제국주의가 기존의 방식으로는 제국주의 질서 유지가 불가능하다는 것을 깨달았기 때문이다. 중국과 러시아 역시 신냉전 대결 과정을 거치고 나서 자국 중심의 일극 위계 질서를 구축하는 것이 불가능하다는 것을 인지하고 있다.

여기서 조선과 이란 등 군사적으로 부상하는 국가들도 고려해야 한다. 조선과 이란은 지배주의에 반대하는 속성을 갖고 있다. 미국 일극 지배 체제에 장기간 맞서고 있다. 이들의 부상 역시 중국과 러시아의 일극 체제를 가능하지 않게 만드는 요소이다.

결국 미국 패권 몰락 후 새로운 세계 질서는 다극 질서일 수밖에 없다. 물론 다극 질서가 곧 국제 질서의 안정을 의미하는 것은 아니다. 다극 질서 하에서 국가는 대결과 경쟁을 하기도 하며, 경우에 따라 군사적 충돌을 일으킬 수도 있다. 다극 질서의 가장 큰 특성은 특정한 국가가 규칙을 결정하고 그것을 다른 국가들에게 강요할 수 없다는 것이다. 즉 패권을 시도하는 국가가 등장할 때 그 외 국가들이 연합하여 그것을 저지할 수 있다.

다극화 시대의 자주화 전략

국제질서는 지금 대전환기에 접어들었다. 현대 제국주의의 시대, 즉 미국의 패권 시대가 종말을 고하고, 새로운 국제질서를 형성하기 위한 치열한 각축이 벌어지고 있다.

단극체제의 붕괴는 단순한 세력 균형의 변화가 아니라, 냉전 이후 30여 년간 지속돼 온 세계 질서의 근본적 재편을 의미한다. 미·중 전략경쟁의 심화, 러시아-우크라이나 전쟁, 이란과 중동의 재부상, 브릭스(BRICS) 국가들의 결속과 글로벌 사우스(Global South)의 연대는 그 전조다.

이제 세계는 미국 중심의 질서를 벗어나, 다극화된 질서 속에서 '자국 중심'의 생존 전략을 모색하고 있다. 더 이상 미국의 그늘 아래 머무는 것으로는 안보도, 경제도, 주권도 온전히 지켜낼 수 없는 시대가 온 것이다.

이러한 격변 속에서 한국은 전략적 모호성조차 허락되지 않는 좁은 외교 공간에 갇혀 있다. 한미동맹은 강화되고 있지만, 그 강화가 자주적 선택의 여지를 축소시키는 방향으로 작동하고 있다는 점에서 '동맹이라는 이름의 예속'이라는 비판을 피할 수 없다.

지금 한국 사회가 마주한 과제는 단순한 외교적 줄타기가 아니다. 새로운 국제질서 속에서 한국이 어떻게 주변 강대국의 이해관계를 넘어, 독자적이고 자주적인 외교·안보 노선을 구축할 것인가, 그것이야말로 21세기 대한민국의 운명을 좌우할 열쇠다.

일각에서는 한미동맹의 조정을 이야기한다. 그러나 지금 필요한 것은 단순한 '조정'이 아니라, 구조적 종속 관계를 근본에서부터 재검토하는 일이다. 한미관계는 더 이상 상호 이익을 위한 협력관계라 보기 어렵다. 군사, 경제, 외교 전반에서 한국은 동맹이라는 미명 아래 사실상 미국의 전략에 종속돼 있으며, 그로 인한 피해는 고스란히 한국 사회 전체가 떠안고 있다.

'한미동맹 강화'라는 말은 더 이상 국민의 안보를 담보하지 않는다. 오히려 전쟁 리스크를 끌어들이고, 군사적 긴장을 일상화시키며, 평화를 위한 정치적 상상력을 억압하는 도구가 되고 있다. 동맹이 신성불가침의 영역처럼 다뤄지는 한 우리는 결코 주권을 온전히 행사할 수 없다.

지금 한국에 필요한 것은 냉정한 현실 인식이다. 우리의 안보를 타국의 의지에 맡긴 채 '동맹 강화'만을 되뇌는 것으로는 미래를 지킬 수 없다. '자주'는 선택이 아니라 생존의 조건이며, 이제는 굴종의 동맹을 넘어설 담대한 결단이 요구된다.

자주화 전략이 요구되는 시점이다. 세계 질서는 더 이상 특정 국가의 패권에 의존하지 않으며, 각 국가는 자국의 이익을 중심으로 외교·안보 전략을 재편하고 있다. 한국 역시 예외일 수 없다. 동맹이라는 틀에 갇혀 과거의 냉전체제에 안주할 수는 없으며, 새로운 질서 속에서 주도적 역할을 하려면 자주화는 더 이상 선택이 아니라 필수다.

자주화의 대전제는 미군 철수이다. 미군이 한반도에 주둔하는 한, 한국의 군사·외교 정책은 구조적으로 미국의 전략에 종속될 수밖에 없다. 모든 대외 정책이 미국의 이해관계를 우선시하는 조건에서, 진정한 의미의 주권은 실현될 수 없다. 미군의 존재는 단지 안보 문제를 넘어서, 국가의 결정권 전반을 제약하는 구조적 족쇄가 되어왔다.

일각에서는 미군 없는 동맹을 이야기한다. 이는 동맹이라는 구조 자체의 본질적 문제를 외면한 채, 단지 주둔 병력의 수만을 조절하는 수준에 그치는 미봉책에 불과하다.

현 전환기 국제질서에서 미군이 스스로 철수할 것이라는 기대는 비현실적이다. 미국은 결코 전략적 요충지인 한반도를 자발적으로 포기하지 않는다. 특히 미·중 패권경쟁이 격화되는 상황에서, 한반도는 인도·태평양 전략의 핵심 전선이자 군사적 거점으로 더욱 중요해지고 있다.

따라서 미군 철수는 외부의 자발적 결정이 아니라, 한국의 정치적 결단과 국민적 요구를 통해 쟁취해야 할 과제다. 안보를 외세에 의존한 대가로 주권을 내어주는 현실이 지속된다면, 한국은 앞으로도 전략적 독립성을 회복할 수 없을 것이다.

더 나아가, 동맹이라는 틀 자체가 미국의 세계 전략에 종속된 구조인 이상, 미군의 주둔 여부와 관계없이 한국의 외교·안보 노선은 계속해서 제한받을 수밖에 없다. '미군 없는 동맹'은 자주를 말하면서도, 여전히 종속의 구조를 벗어나지 못하는 이율배반적 구상일 뿐이다.

냉정하게 말해, 미군은 미국의 세계 전략을 실행하기 위해 존재한다. 그 현실을 직시하지 못한 채, 막연한 희망이나 동맹 신화에 기대는 것은 역사 앞에 무책임한 태도다.

지금 필요한 것은 '철수하길 기다리는 것'이 아니라, '철수하게 만드는 힘'이다. 그리고 그 힘은 오직 자주적인 국민과 주권의지에서 나온다.

진정한 자주화는 동맹의 형식을 유지한 채로 이루어질 수 없다.

그것은 구조의 문제이며, 지위와 권한, 그리고 결정권을 누구에게 둘 것인가의 문제다. '미군 없는 동맹'이 아닌, '동맹 없는 자주'를 결단할 때다.

한민관계 독본

ⓒ 민플러스, 2025
초판 제1쇄 인쇄 2025년 6월 25일
초판 제1쇄 발행 2025년 6월 25일
글쓴이　　장창준 한신대 특임교수
펴낸곳　　도서출판 민플러스
펴낸이　　김재하

등록　　　2017년 9월 1일 제300-2017-118호
주소　　　서울시 종로구 삼일대로 446-22, 1층
전화　　　02-707-0665
팩스　　　02-846-0615
전자우편　minplus5.1@gmail.com
저자와의 협의에 의해 인지를 생략함.

ISBN 979-11-91593-18-1